천재를이긴천재들

천재를이긴천재들

세 계 를 바 꾼 불 멸 의 아 이 디 어 **02 세 계 의 확 장**

이종호 지음

글항아리

이 책은 천재를 이긴 천재들에 관한 이야기다. 가장 독창적이고 획기적인 아이디어를 궁극적으로 만들어준 자연철학자와 과학자들, 그들의 삶과 정신의 핵심에 접근하는 '과학사 오디세이'라고 할 수 있다.

1권과 2권을 합쳐 이 책엔 200명에 가까운 과학자들이 나온다. 노벨상을 수상하거나 그에 버금가는, 쉽게 말해 교과서 인물들이 대부분 등장한다. 어떻게 한 권에서 그 많은 사람들을 다룰 수 있냐는 의문이 나올 만하다. 물론 전부 자세히 다룰 순 없지만 걱정할 일은 아닌데, 왜냐하면 이들 200명 모두가 주인공이 아닐 뿐더러 이 책에서는 하나의 역사적 배경에 가깝기 때문이다. 나는 가장 근본적인 생각, 가장 큰 틀에서의 아이디어를 발명한 사람들이 누구인지 살펴보고자 했다. 그 사람이 없다면 지금 우리가 살고 있는 문명의 절반 정도는 허물어질 정도로 혁명적인 영향을 미친 이들은 누구냐는 것이다.

이런 엄정한 기준으로 추려보니 200명이 22명으로 줄어들었다. 탈레스와 피타고라스 등 고대 그리스 철학자들은 정말 중요하기 때문에 1권 1장에서 다루고 있지만, 통계에는 포함시키지 않았다. 대신 2권 10장에 소개된 왓슨과 크릭은 2명으로 계산했다. 이들 22명의 천재 중엔 물과 공기처럼 익숙한 이름도 있고 그렇지 않은 이름도 있다. TV와 컴퓨터는 모르는 사람이 없지만 판즈워스와 튜링의 이름은 생소한 것이 사실이다.

왜 22명을 과학사의 전면에 부각시키고 다른 이들을 배경으로 처리했는가에 대한 설명이 필요할 것 같다. 우리는 살아가면서 정말 중요한 것, 모든 일의 핵심이 무엇인지 잘 찾지 못하거나 잃어버릴 때가 많다. 원리로부터 첫걸음을 떼어야 하는데, 중간에 잘못 들어갔다가 고생만 하고 포기할 때도 많다. 과학의 역사에서도 마찬가지다. 수많은 발견과 발명, 연구와 개발이 있지만 이들이 가능했던 건 아주 간단한 몇 건의 '생각'이나 '발견' 때문이다.

고여놓은 돌을 빼면 탑 자체가 허물어지고 마는 그런 생각을 한 사람들이 있다는 것이다. 호킹이 블랙홀에서도 질량이 완전히 없어지지 않아 시간이동이 불가능하다며 자신의 이론을 수정하는 논문을 발표했을 때, 그동안 나온 공상과학소설이 모두 거짓말이 되는 것과 같은 이치다. 또한 출발선이 있기 때문에 100미터 달리기를 할 수 있는 것과 같은 논리다. 이 책에서는 똑같은 사물을 같이 보고도 오직 한 사람만이 해낼 수 있었던 생각을 한 이들은 과연 누구이며, 동시대의 다른 천재들과는 어떻게 달랐는지 비교를 통해 살펴보고, 그것이 주는 궁극적인 메시지를 전달하고자 했다.

글의 흐름은 고대부터 현대까지 거슬러 올라오는 방법을 택했다. 가장 근본적인 생각은 아주 먼 과거에 생겨났고, 인류가 그것을 실마리로 앎을 심화시켜 왔다는 것은 부정할 수 없는 사실이다. 1권 '생각의 발견'에서는 우리가 보통 과학적이라고 부르는 사유, '생각의 방법'을 만든 사람들을 위주로 다뤘다. 직관에서 추론으로, 질에서 양으로, 나열에서 구조로 이행하는 중에 어떤 생각이 결정적인 영향력을 발휘했는지 파악할 수 있을 것이다. 2권 '세계의 확장'에서는 미시세계와 우주에 대한 탐색을 통해 시공간이 급속하게 확장하는 과정을 짚어보았다. 이를 보면 불가능을 가능하게 하는 탐색정신의 진면모를 만나볼 수 있다.

22명의 천재 말고도 이 책에서 다양한 과학자들을 다룬 이유는, 무대장치가 없으면 연극 자체가 불가능하듯이, 동료 과학자들이 제공하는 지적 콘텍스트 속에서 이들 천재의 가치를 진정으로 깨달을 수 있기 때문이다. 그들에게는 영감을 주는 선배들이 있고, 위협적인 경쟁자가 있다. 심지어 누군가는 90퍼센트 정도 완성된 다른 사람의 아이디어에 약간의 창조적 변형을 가해 인류사에 명성을 남기는 경우도 있다.

하지만 이 미세한 차이는 실로 엄청난 것이며 여기서 승자와 패자는 명확히 구분된다. 이런 엎치락뒤치락하는 발명의 자세한 뒷이야기는 우리에게 매우 색다른 브레인스토밍을 요구하며, 과학사를 살펴보는 진정한 재미를 안겨주기도 한다.

만약 방사선을 발견한 베크렐이, 아끼는 후배였던 퀴리 부인에게 자신의 연구를 석사논문으로 발전시켜볼 것을 권유하지 않았다면 라듐 발견은 아예 불가능했을 수도 있다. 경제적인 조건이나 정치적인 상황도 위대한 발견의 조건이다. 주기율표를 만든 멘델레예프는 사회참여적인 성향이 매우 강했으며 평소 "나는 조국 러시아를 위해 일한다"라고 말할 만큼 확고한 정치적 신념을 갖고 있었다. 그는 특이하게도 실험 한 번 하지 않고 주기율표를 완성할 수 있었으며, 완성 당시 아직 발견되지는 않았지만 지구상 어딘가에 존재할 거라고 그가 예언했던 원소들은 추후에 거의 모두 발견되었다. 이런 천재적인 통찰은 그가 견지했던 창조적인 과학 연구 태도와 무관하다고 보기 힘든 것이다.

근대화학의 시조 라부아지에는 고리대금업을 통해 번 돈으로 실험실을 차려

위대한 발명을 할 수 있었다. 하지만 라부아지에는 자신의 경제적 기반 때문에 부메랑을 맞았다. 프랑스혁명의 과격파에 의해 단두대의 이슬로 사라진 것이다. 수학자 라그랑주는 "그의 머리를 치는 일은 몇 초의 시간이면 된다. 그러나 그런 두뇌를 낳으려면 적어도 100년의 시간이 필요할 것이다"라고 한탄했다.

이 책에 나오는 많은 위대한 과학자들은 진정한 천재들의 주변을 행성처럼 돌면서 스스로의 한계를 절감하거나 아니면 빼앗긴 명예를 한탄하고 있을지도 모르겠다. 하지만 독자 입장에서는 과연 '천재를 이긴 천재들'이 진정 그 가치가 있는 것인지 다른 과학자들과 비교하면서 과학 발명의 역사를 내밀하게 이해하는 기회가 될 것이다. 또한 방대한 과학사를 중요한 인물별로 살펴보고 왜 그들이 교과서에 이름과 함께 자신이 발명한 '용어'를 올릴 수 있었는지, 그 필연성을 이해하는 계기가 될 것이다.

매우 중요한 사람이 제외됐다고 생각하는 이도 있겠으나 이는 독자의 이해를 필요로 하는 대목이다. 특히 세계를 바꾼 가장 중요한 사람이라 여겨지는 구텐베르크 같은 사람이 제외된 것은 엄밀한 의미에서 그의 역할을 과학이나 철학으로 분류하는 것이 타당하지 않다는 지적 때문이다. 금속활자를 개발해 현대 문명이 태어나는 데 결정적인 역할을 한 사실은 인정되지만, 적어도 세계 최초의 아이디어가 아닌 데다 그가 과학적 업적을 쌓아 올린 것은 더더욱 아니다.

그러한 관점에서 본다면 에디슨이나 호킹 같은 사람도 제외되어야 한다는 지적이 있지만 이들이 왜 포함됐는지는 글을 읽으면서 충분히 이해할 것으로 생각한다.

고려 말 사람인 최무선을 다룬 것에 대해서는 약간의 설명이 필요하다. 앞서 밝혔듯 이 책은 가장 독창적이고 획기적인 아이디어를 궁극적으로 만들어준 사람만이 등장하도록 기획했다. 국가별로 인물을 배려하거나 고려하지 않았다. 그와 같이 엄중한 선정 과정을 거쳤음에도 불구하고 독자들은 고려 말에 살았던 한국인 최무선이 이들과 같은 반열에 들어갈 정도로 중요한 업적을 세웠느냐고 반문할 수 있다.

나는 단호히 자격이 있다고 생각한다. 최무선의 아이디어가 독창적인 과학 이론이나 정치적인 논쟁거리의 대상은 아니지만 세계사를 바꾸는 데 기여한 것은 틀림없다. 다만 아이러니하게도 그의 업적은 유럽이 다른 세계를 지배하는 결정적인 계기가 되었고, 세계사를 유럽 중심으로 옮겨가는 역할을 했다. 국내에서 최무선의 업적이 돋보이지 않는 것은 정보가 미흡해 한국인들이 모르고 지나쳤기 때문이다. 세계를 바꾼 최무선의 아이디어가 무엇인지 독자들이 스스로 생각하고 알아보는 것도 이 책을 읽는 즐거움 중의 하나다.

그동안 많은 과학 관련 책들을 펴냈지만, 이 책만큼 오래 붙잡고 있으면서 공을 들이고 서술의 밀도를 높이려고 애를 쓴 작품은 없다. 책에 등장하는 천재들과 관련된 문헌을 최대한 탐색하고, 최신의 과학 관련 기사까지 참조해가면서 오랫동안 내용을 업데이트해왔다. 이 책을 통해 독자들이 위대한 천재성의 비밀을 엿보는 즐거움을 갖고, 과학사에 대한 이해를 풍부하게 하는 계기가 됐으면 하는 바람이다.

2007년 11월
이종호

고정관념을 버리고 내 눈앞의 진실에 충실하라
방사능 | 마리 퀴리

천재에겐 자유가 필요하다
상대성이론 | 알베르트 아인슈타인

진리는 증거로 쌓아올린 산더미 위에 있다
대륙이동설 | 알프레드 베게너

믿기지 않는 행운이 천재를 만들어낸다
마법의 탄환 | 알렉산더 플레밍

날아다니는 사진을 꿈꾼 가난한 소년
텔레비전 | 필로 판즈워스

이보다 공격적인 상상력은 없다
컴퓨터 | 앨런 매티슨 튜링

하나의 질문이 세기를 뒤흔들다
레이저 | 찰스 타운스

가치의 확산 가능성이야말로 위대함의 기준
DNA 이중나선 | 왓슨과 크릭

꿈은 이루어진다
타임머신 | 스티븐 호킹

상상과 직관으로 이뤄낸 원소들의 정밀 지리학

주기율표

드미트리 멘델레예프 Dmitry Ivanovich Mendeleev, 1834~1907

멘델레예프는 원자량만으로도 원소들의 유사성과 차이점을 설명할 수 있으리라 확신했다. 하지만 가장 가벼운 원소인 원자량 1의 수소부터 당시 가장 무거운 원소로 알려진 92의 우라늄에서 끝을 맺는 식으로 단순 나열하는 것은 의미가 없다고 했다. 멘델레예프는 35세가 되는 1868년 2월 17일 꿈에서 원하던 원소의 모든 순서를 보았다. 꿈에서 깨어나자 그는 직사각형의 주기율표에서 종으로, 즉 북에서 남쪽으로 특성이 비슷한 원소들을 배열시켰다. 또한 좌에서 우로 배열시킨 원소들은 점진적으로 복합적인 특성을 나타냈다.

그 외 등장인물

브란트 Hennig Brand • 인을 발견함 | **돌턴** John Dalton • 근대 원자설 제창 | **아보가드로** Amedeo Avogadro • 원자설 기체에 적용 | **베르셀리우스** Jons Jacob Berzelius • 원자 질량 최초 측정 | **칸니차로** Stanislaro Cannizzaro • 산소 질량 수치화 | **리처드** Theodore William Richards • 모든 원자 질량 정확하게 측정 | **되베라이너** Johann Wolfgang Döbereiner • 삼조원소설 제창 | **드 샹쿠르투아** A. E. Beguyer de Chancourtois • 원소의 주기성 발견 | **뉴런즈** John Newlands • 옥타브의 법칙 제시 | **마이어** Julius Lother Meyer • 멘델레예프와 동시에 주기율표 발표 | **크룩스** William Crookes • 분광 장치 개발 | **라우에** Max Theodor Felix von Laue • X선의 회절 현상 규명 | **헨리 브래그** William Henry Bragg 부자 • X선 파장의 계산법 개발 | **모즐리** Henry Moseley • X선 파장이 주기율표에 따라 규칙적으로 감소함을 발견 | **바클라** Charles Glover Barkla • 원자가 무거울수록 전자가 많음을 발견 | **시그반** Karl Manne Georg Siegbahn • X선 분광기 발명

영혼을 소생시키는 정밀 과학

—

서양 중세 시대의 특이한 사회상 중 하나가 마녀사냥이다. 수많은 무고한 사람이 빗자루를 타고 하늘을 날아 마법의 파티에 참가했다는 죄목으로 화형을 당했다. 많은 이들이 중세 시대에 화형당한 마녀들이 연금술사였다고 믿는다. 하지만 연금술사들은 마녀들과 무관했다. 오히려 연금술을 법으로 금지한 일부 기간을 제외하고 마녀사냥이 가장 극심할 때에도 만병통치약이라는 고약한 물질을 만든 사람들은 학자로서 존경받았다.

물론 연금술사들이 황금을 만들고자 한 시도는 단 한 번도 실현된 적이 없다. 그렇기에 사이비 연금술이 왜 이 책에서 다뤄지는가 의문을 품는 사람들도 있을 것이다. 더구나 연금술사들은 이미 19세기부터 화학자라고 이름이 바뀌었으니 말이다. 물론 연금술 자체는 틀린 이론으로 시종일관했지만 그로 인해 현대인들은 화학이라는 학문을 도입하는 계기를 마련했고 물질문명은 발달하게됐다. 즉 이 책에서 연금술을 다루는 것은 연금술이 추구했던 것이 추후에 노벨상으로 공인받은 것이나 마찬가지이기 때문이다.

넓은 의미로 연금술은 중세의 화학적인 연구활동은 물론 생명이 없는 물질의 형성이나 생명의 신비를 꿰뚫는 철학체계로 볼 수 있다. 따라서 이것은 자신의 감각에 푹 빠져 있는 인간의 현존 상태에서 원래 인간이 만들어졌을 때의 신성한 상태로 영혼을 소생시키는 철학적인 정밀 과학이라고 불린다.[1]

인류의 영원한 꿈 연금술

—

연금술의 기본 원리는 그리스 스토아학파의 4원소설에 근거한다. 연금술사들은 액체 성분을 물과 동등한 것으로, 즉 기체를 공기, 연소물을 불, 나머지 재를 흙과 동등한 것으로 보았고, 4원소 각각의 성질을 교체하면 상호 변환될 수 있다고 생각했다. 즉 4원소의 구성비만 알면 일반 금속을 금으로 바꿀 수 있다고 믿었던 것이다. 14세기의 연금술서인 『완성대전Summa perfectionis』에는 "자연이 아주 오랜 시간에 걸쳐서야 완성할 수 있는 것을 우리는 기술에 의해서 단기간에 완성할 수 있다"라고 적혀 있다. 당시 연금술사들은 금속의 성장을 동물의 태생학에 비교했다. 따라서 알에서 부화하는 병아리처럼 어떤 금속이라도 대지의 태내에서 이뤄지는 일련의 자연현상에 의해 결국 금이 될 것이라고 믿었다.

그들은 자연계의 금속을 7가지(금 · 은 · 구리 · 수은 · 주석 · 철 · 납)로 구분하고, 그중 금을 가장 완벽한 것으로 보았다. 또 금을 제외한 나머지는 금처럼 완벽에 도달하고자 애쓰는 물질로 보았다. 모든 금속은 금으로 변화하려는 경향을 갖고 있다는 것이다. 연금술사들은 그런 과정을 당겨주는 기술자라는 자부심을 갖고 있었다.

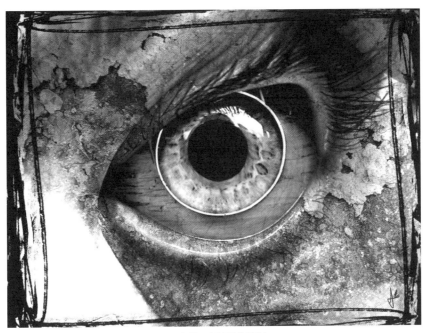

중근세 인간들의 눈은 영원히 변하지 않는 불멸의 보석을 찾는 일에 중독돼 있었다.

금은 비중이 19.3으로 매우 무겁다. 황색의 광택이 나며 공기 중이나 물속에서 잘 산화되지 않고 황과도 작용하지 않는다. 보통의 산에는 녹지 않지만 셀렌산에는 녹는다. 이외에 금을 녹일 수 있는 것으로는 시안화알칼리의 수용액이나 진한 염산 3과 진한 질산 1의 비율로 된 왕수王水가 있을 뿐이다. 녹는점은 1063도씨, 끓는점은 2970도씨로 높다. 금속 중에서는 은, 구리 다음으로 전기와 열전도율이 높고, 전성과 연성이 풍부해 두께 1만분의 1밀리미터의 금박도 만들 수 있다. 원자의 지름을 1억분의 1센티미터라고 할 때 이것은 원자 1000개 분에 해당한다.

몇천 년이 지난 유물들이 땅속에서 발견됐을 때, 다른 모든 물건은 부식되거나 사라졌는데 금만은 예전의 아름다운 모습 그대로를 보여줘 모두 경탄의 눈으로 바라보는 것은 당연한 일이었다. 이처럼 금이 불러일으키는 경외심은 재산으로서의 가치를 높여준다. 금이야말로 고대인들이 가장 선호하는 귀금속이었다. 세계를 놀라게 하는 투탕카멘 파라오의 황금관, 미케네에서 발굴된 아가멤논의 황금 마스크, 스키타이의 황금 장식물, 한국 신라의 금관, 잉카제국이나 마야문명의 황금 전설 등이 금에 대한 인간의 신비로운 감정을 단적으로 보여준다.

장식품과 재산 가치로만 금이 활용되는 것은 아니다. 현대에는 공업 분야에서 그 가치가 더욱 높아지고 있다. 금은 적외선이나 자외선을 대부분 반사하기 때문에 우주 비행사의 헬멧이나 정밀하게 공기 조절이 필요한 건물의 창유리에 붙이기도 한다. 전기전도율이 높고 부식성이 없기 때문에 전기 접점, 프린터 회로, 반도체 부품 등을 만들거나 의치를 만드는 데도 사용된다. 현재 1년에

연금술 장면과 황금 덩어리.

약 1000톤 정도가 생산되는데 공업, 산업, 치과용으로 사용되는 양이 20~30퍼센트나 된다. 비록 금의 효용도가 고대부터 인간에게 깊은 인상을 심어줬지만 유럽에서는 금 생산량이 많지 않았다. 독일, 오스트리아, 스페인 등에서 나오지만 대단한 양은 아니었다. 이것이 금 자원이 빈약한 유럽인들이 비금속을 금으로 만들려는 시도를 하게 되는 근본 요인이 됐다.

연금술사들은 자연계의 모든 물체, 즉 생명체는 물론 광물에도 완전하고 본질적인 정령이 존재한다고 생각했다. 이 정령을 시금석, 투사 분말 또는 현자의 돌이라고 불렀으며, 정령은 다른 물질들을 자신의 성질로 변화시키는 힘을 갖고 있다고 여겼다. 예를 들면 어떤 연금술사가 장미꽃 속에 숨어 있는 정령을 얻는다면 들꽃이나 나무, 개나 말 심지어는 사람까지도 정령을 사용해 장미로 변하도록 만들 수 있다. 따라서 금의 정령을 가진 '현자의 돌'을 발견한다면 전 세계의 모든 사물을 금으로 바꿀 수 있는 것이다. 그리스 신화에서 마이더스의 손에 닿는 것은 사람을 포함해 모두 금으로 변하는데, 바로 이 마이더스의 손을 찾는 것이 연금술사들의 궁극적인 목적이었다. 현자의 돌은 반짝이는 루비색이며 단단하면서도 유리처럼 부서지기도 쉽고 가루로 만들 수도 있다고 믿어졌다.

연금술사들이 금을 만드는 데 사용한 일반적인 순서는 이러하다. 우선 구리, 주석, 납, 철의 네 가지 비금속의 합금을 만든 후 여기에 비소나 수은 증기를 씌워 백색을 띤 '은의 형상'을 만든다. 그다음에 황금으로 만드는 씨의 역할을 하도록 소량의 황금을 촉매제로 첨가한다. 마지막으로 변성을 마무리하기 위해 또 한번 표면처리를 하면 황금색으로 보이는데 이것을 황금이 됐다고 했다. 이같이 짜인 변성의 순서에 따라 비금속이 합금으로 돼 각자의 개성을 잃었을 때, 즉 그 특수한 형상 또는 넋을 잃었을 때 비금속은 죽은 것으로 간주됐다. 표면의 착색에 따라 처음에는 은으로, 다음에는 황금색으로 새로운 형상을 갖게 되는 것은 부활의 과정이라 여겨졌다.

22톤의 인공 금으로 장미 주화 찍어

—

순수한 금을 만들려는 작업은 주로 중세 유럽에서 이뤄졌다. 그렇지만 교회는 이를 터부시해 연금술사들을 탄압하기도 했다. 기독교는 순수하고 의심의 여지가 없는 신앙을 기초로 하는 데 반해 연금술사들은 추리로써 진리에 도달하려 했기 때문이다. 교회는 연금술사의 저서를 인쇄하는 것조차 금지해 연금술은 물론 궁극적으로 과학기술의 발전을 방해하는 요인이 됐다. 그럼에도 불구하고 연금술사들은 비밀리에 연구에 열중했고 결국 교회도 연금술사에 대한 제재를 철회했는데, 그 이유는 금에 대한 욕구가 교회의 재정을 위해서도 유익하다고 판단했기 때문이다.

지금까지 영국 의회를 통과한 법률 중에서 가장 짧은 것은 1405년에 제정된 '금 또는 은을 만드는 것을 중범죄로 간주한다'는 법이다. 이 법은 금을 캐거나 제련하는 것을 금지하는 것이 아니며 가짜 금

다소 신화적인 상상력이 가미된 근세의 연금술 장면.

제조를 근절하기 위한 것은 더더욱 아니었다. 사실은 연금술사들이 정말로 비금속을 금으로 바꾸는 데 성공할지 모른다고 생각했기 때문에 국회의원들이 비상조치를 강구한 것이다. 만약 연금술사들이 헨리 4세를 위해 싼값으로 금을 만들어준다면 헨리 4세는 의회에 머리를 숙여 국고의 자금을 타 쓰는 번거로운 절차를 생략해도 된다. 왕으로서는 예산의 심의권을 지닌 골치 아픈 의회와 더이상 타협하지 않고 마음대로 군림하는 전제군주로 변신할 수도 있다. 그것은 곧바로 의원들에 대한 탄압이 될 것으로 생각하고 서둘러 이 법률을 통과시킨 것이다. 물론 그들의 우려와는 달리 어느 누구도 금을 만들지는 못했다.

그럼에도 불구하고 현대인들의 귀를 의심케 하는 것은 연금술사들이 고대하던 변성에 성공했다는 기록이다. 영화〈해리포터〉에서 연금술사로 나오는 프랑스의 니콜라 플라멜은 이상스런 붉은 돌과 수은을 사용하는 연금술을 익혀 1382년부터 대량의 순금을 제조했다. 그는 파리에 14개의 병원과 3개의 예배당, 7개의 교회를 세워 이를 기부했고, 고아들을 위해 30년 동안이나 황금을 제공했다. 일설에는 그가 연금술로 재산을 모은 게 아니라 아내의 지참금과 부동산에 투자해서 번 돈이라고 하지만, 그가 연금술로 막대한 재산을 모았다는 것을 당시 대다수 사람들은 사실로 받아들였다. 또한 30년 전쟁

13세기의 대연금술사인 니콜라 플라멜.

(1455~1485) 당시의 스웨덴 국왕 구스타프 아돌프는 금으로 변성된 금속으로 금화를 주조했다. 이 금화 한쪽 면에는 그의 얼굴이 새겨져 있고 다른 쪽에는 수성과 금성을 나타내는 기호가 그려져 있다.

에드워드 2세는 연금술로 만든 22톤의 금으로 장미 금화를 주조하도록 명령했고, 페르디난드 3세는 리히트하우젠이라는 연금술사로부터 받은 가루로 직접 변성 작업을 주도했다. 그는 낟알 크기만 한 기적의 가루를 3파운드의 수은에 넣어 금속을 금으로 변성시키는 데 성공했다. 이 사실을 기념하기 위해 만든 기념 메달은 당시 쓰이던 금화 300개에 해당하는 값어치였다. 오스트리아 빈의 역사박물관에는 크기 40센티미터, 무게 7킬로그램의 기묘한 메달이 있다. 윗부분의 3분의 1은 은이며 아랫부분은 황금으로 돼 있는데, 1677년에 수도사 웬체르가 연금술을 써서 은을 금으로 변화시켜 만든 것이라고 한다. 게다가 연금술사들은 금속과 광석은 그렇게 빠르지는 않지만 식물처럼 땅에서 자란다고 믿었다. 프랑스의 유명한 리슐리외 추기경은 한 연금술사에게 30년 전쟁의 비용 지불을 위해 금을 생산해달라고 촉구했고, 루이 14세 때 한 관리가 부하들에게 금광이 스스로 소생할 수 있도록 고갈된 금광의 입구를 봉하도록 한 명령서가 지금도 남아 있다.

이런 이야기는 충격적으로 들릴지 모른다. 하지만 연금술사들이 단기간 동안이나마 성공할 수 있었던 이유는 궁극적인 목적이 순수한 금을 만드는 것만은 아니었기 때문이다. 그들의 목적은 빛깔이 금과 비슷한 물질을 찾는 것이지 자연산 금과 똑같은 성질의 금을 만드는 것은 아니었다. 그들은 귀금속 시장의 요구에 영합할 필요가 없었기 때문에 자신들이 만든 인조금이 자연산 금보다 가치가 더 뛰어나다고 생각했다. 변성으로 만들어진 금은 여러 화학적 성분들의 정령을 갖고 있기 때문에 자연의 금보다 뛰어나다는 것이다.

연금술사의 실험실.

　순수한 금을 만드는 것은 원자분해에 대한 개념조차 없는 상태에서 이뤄진 것으로, 결국 과학기술 정보의 부족과 무지에 의해 과장과 실패로 점철되어간 것이다. 몇몇 연금술사들의 성공은 실제로는 금으로 보이는 합금을 만든 것이다. 연금술에 과학적인 면은 존재하지 않으며, 연금술의 비결은 정신적인 진보를 위한 상징이나 은유에 불과하다는 혹평도 있다. 하지만 연금술로 얻은 지식에 의해 뒤섞인 물질을 정제해 순수한 물질을 추출해내는 기술이 발전할 수 있었다. 연금술의 이러한 정제 기술은 채광, 야금, 약을 제조하는 데 쓰였다.

하지만 화학의 발전은 같은 시기의 물리와 생물학에 비해 현저히 뒤떨어져 있었다. 이것은 스토아학파의 4원소설을 대체할 만한 새로운 이론이 정립되지 않았기 때문이다. 중세나 르네상스기의 대학들은 화학은 손을 더럽혀야 한다는 이유로 귀족들이 할 일이 아니라고 생각했다. 그들은 시험관 만지는 것 자체를 거부하고 아예 장인匠人들에게 맡겨놓았으며 제자들에게 가르치려고 하지도 않았다.

물질을 분해하려는 노력, 학문의 길로

—

1000여 년을 걸려 금을 만들려고 했던 노력이 모두 헛된 것은 아니다. 금을 얻진 못했지만 연금술 과정에서 여러 가지 발견이 이뤄졌기 때문이다. 1669년에 헤니히 브란트Hennig Brand는 황금을 만들 수 있는 현자의 돌은 생명력의 근원과 같은 것이므로 인체에서 나오는 배설물에 혹시 그것이 있지 않을까 생각했다. 그는 요즈음 뇌전색증의 막힌 혈관을 뚫는 데 효과가 있다는 유로키나제를 얻기 위해 열심히 소변을 받아서 실험한 결과 인을 발견했다.

질산과 알코올의 발견도 연금술 덕분이었다. 연금술사들은 안티몬, 아연, 암모니아 같은 금속과 광물원소들을 추출했다. 비소 황화물, 수은 황화물과 같은 천연원소들의 특성도 알아냈고 황산이라든가 왕수, 수은 염화물, 초산, 황산나트륨과 같은 인공원소들도 만들어냈다. 백연白鉛이나 연단鉛丹과 같은 착색제를 사용하는 방법도 개발했다. 이런 가운데서 보일Robert Boyle, 샤를Jacques Charles, 캐번디시Henry Cavendish, 셸레Karl Wilhelm Scheele, 라부아지에 등에 의해 연금술

왼쪽부터 근대 화학의 길을 터준 베르셀리우스, 아보가드로, 칸니차로, 리처드.

은 화학이라는 이름으로 변하며 황금을 좇는 몽상가의 연구가 아닌 과학의 중요한 일부분이 되기 시작한다. 특히 영국의 화학자 돌턴John Dalton이 근대 원자설의 토대를 마련하면서 화학은 새로운 길로 들어선다.

사실 만물이 더이상 쪼개지지 않는 원자라는 알갱이로 이뤄져 있다는 생각은 그리스 시대부터 있었다. 하지만 그리스의 데모크리토스가 내세운 원자론은 철학적이면서도 모호한 것으로 돌턴의 원자론과는 근본이 다르다. 돌턴의 원자설은 원자에는 여러 가지가 있으며, 여러 원소가 결합해 화합물을 만들 경우, 각 원소가 반응하는 양에 따라 그들의 상대적인 중량을 결정할 수 있다는 이론이기 때문이다.

한 가지 타당한 이론이 나오면 곧바로 이와 연관된 연구가 계속된다. 이탈리아의 화학자 아보가드로Amedeo Avogadro는 같은 부피의 기체는 같은 수의 입자로 이뤄져 있다는 가설을 발표해 원자설을 기체에 적용시켰다. 이 입자들은 처음에는 원자로 추측됐으나 점차 작은 원자들의 집합체인 분자로 구성돼 있음이 밝혀졌다. 이제 학자들의 관심은 한 가지에 몰렸다. 여러 종류의 화합물이 어떻게 조성됐는가를 규명하는 것이다. 이는 원자들의 상대적인 무게를 측정하면 알 수 있다. 즉 원소의 원자량을 밝히면 되는 것이다.

물론 당시까지 미세한 원자들의 질량을 잴 수 있는 기술은 나오지 않았다. 스웨덴의 베르셀리우스Jons Jacob Berzelius는 화합물로부터 분리된 각 원소의 질량을 측정하고 원소들의 화학작용을 통해 추론함으로써 원자들의 상대적인 질량을 측정할 수 있다고 생각했다. 하지만 이 방법은 다른 학자들로부터 인정받지 못했다. 이탈리아의 칸니차로Stanislaro Cannizzaro가 보다 간단한 기준치로 산소의 질량을 제안했기 때문이다. 산소는 여러 원소와 쉽게 결합하므로 기준치로 정하는 데 유리했다. 곧바로 산소의 원자량이 16으로 결정됐고 가장 가벼운 원소인 수소의 원자량은 대략 1(정확히 1.0080)로 결정됐다.

칸니차로 이후 화학자들은 원자량을 더 정확히 계산하는 방법을 탐구했고, 1904년에 미국의 화학자 리처드Theodore William Richards는 이전에는 불가능했던 정확도로 원자량을 결정했다. 이 연구로 그는 1914년에 노벨 화학상을 받았다. 드디어 연금술, 정확히 말하면 물질을 정확히 분해하려는 노력이 화려하게 과학의 일원으로 등장해 노벨상을 독점하기 시작한다.

원소를 배열하는 옥타브의 법칙

—

19세기 중반에 학자들은 이미 63개의 원소를 모두 발견했고 아직 확인되지 않은 몇 가지 원자들도 예측했다. 하지만 이들 원소의 특성이 너무 달라 어떤 공통점이 있는지 파악하는 것은 간단한 일이 아니었다. 산소, 수소, 염소, 질소와 같이 기체 상태로 존재하는 것도 있고 수은, 브롬같이 정상 조건에서는 액체 상태인 것도 있으며, 나머지 원소들은 고체 상태로 존재했다. 또한 백금이나 이리듐처럼 단단한 금속이 있는가 하면 나트륨과 칼륨처럼 무른 것도 있었다.

리튬은 금속인데도 물에 뜨는가 하면 오스뮴은 물의 22.5배에 달하는 무거운 금속이었다. 연금술사들이 애용하던 수은은 금속의 속성을 지니지만 고체가 아닌 액체 상태로 존재했다.

화학자들은 어떤 원소들은 산소 원자 하나와 결합하지만 또다른 원소들은 산소 원자 두 개, 세 개 이상과 결합하는 것을 발견했다. 따라서 이들 원소 간에 어떤 질서가 있는지를 파악하는 게 간단한 일은 아니었다. 그렇더라도 지구상에서 발견되는 원소들 간에는 분명히 어떤 상관관계가 있다는 것을 의심치 않았다. 원소를 체계적으로 분류하려는 시도는 영국의 화학자이자 물리학자로 알려진 존 돌턴으로부터 시작된다. 그는 1803년에 물질은 무게가 서로 다른 원자들로 구성돼 있으며 간단한 무게비로 결합된다고 주장했다. 그를 근대 자연과학의 선구자라고 평가하는 이유다.

각 원소의 원자량을 확인하는 방법론이 제시되자 화학자들은 원자량 간의 상관관계에 도전했다. 하나는 원소를 공유하는 물질 사이에 무슨 연관성이 있는지를 알아내는 것이고, 다른 하나는 특성상의 유사성이 구조의 유사성까지 나타내는지를 확인하는 것이었다.

1817년 독일의 화학자 요한 되베라이너는 스트론튬의 원자량이 이것과 화학적 특징이 유사한 칼슘과 바륨의 원자량 중간에 위치해 있음을 알아냈다. 또한 할로겐인 염소, 브롬, 요오드 등 세 개의 원소가 비슷한 성질로 묶일 수 있다는 것을 파악했고, 알칼리 금속인 리튬, 나트륨, 칼륨도 역시 비슷한 성질로 묶일 수 있다는 것을 파악했다. 즉 자연은 삼조원소三組元素로 구성돼 있다는 것이다. 그의 주장은 크게 각광받진 못했지만 학자들의 주목을 받았고, 계속된 연구로 화학적 관계 유형이 세 개에만 국한되지 않고 더 큰 그룹, 즉 족族으로 확장될 수 있다는 것을 발견했다.

이제 학자들은 화학적으로나 물리적으로 유사한 특성을 나타내는 원소의 순서를 생각하기 시작했고, 이것을 주기율표라고 부른다. 주기율표를 처음으로 제시한 사람은 프랑스의 지질학자 드 샹쿠르투아A. E. Beguyer de Chancourtois이다. 그는 1862년 원소의 특성은 원자번호의 특성이라며 원자량 순으로 원소 목록을 원통에 그려넣었다. 또한 원소의 특성이 일곱번째 원소마다 반복된다는 것을 처음으로 발견했고 이들 반복은 '주기성'을 뜻한다고 했다.

드 샹쿠르투아의 주기율표는 이온과 화합물도 원소로 취급했다는 점에서 큰 결함이 있었지만, 1865년 존 뉴런즈John Newlands가 간단한 물리적 특성을 기초로 56개의 원소들을 11개의 족으로 분류해냈으며, 이를 '옥타브의 법칙'이라고 한다. 이는 원소들의 원자량을 8단위로 끊어 유사한 쌍으로 묶을 수 있다는 것으로, 같은 족에 속한 원소들은 옥타브가 같은 음들처럼 유사한 관계를 갖고 있다고 설명했다.

러시아 황제를 위한 과학

—

지구상에 있는 원소들을 간단명료한 주기율표 속에 넣는다는 것은 간단한 일이 아니다. 다행히도 인류사를 보면 어려운 일이 있을 때 꼭 그 문제를 해결하는 것이 자신의 임무라고 여기는 사람이 태어난다. 주기율표에 관한 한 그 어려운 작업을 한 사람은 사실상 겉모습만 보면 학자 상과는 거리가 멀었다. 나이가 들수록 외모에 신경을 쓰지 않아 '머리카락이 모두 제각각으로 뻗어 있었다'고 알려졌고, 1년에 한 번 정도 머리를 깎고 수염을 손질할 정도였다. 그는 바로 멘델레예프Dmitri Ivanovich Mendeleev다. 외모는 결코 사람들로부터 호감을 사지 못했지만 그는 탁월한 과학자이자 철학자였고, 이상주의를 신봉하는 정치운동가였다. 그러면서도 자신의 학문은 러시아 황제를 위한 것이라고 표현하는 데 주저하지 않았다.

멘델레예프는 1834년 2월 7일, 시베리아의 토볼스크에서 부유한 유리 공장 주인의 딸인 마리아 드미트리예브나 코밀리예프와 덕망 있는 교장 선생인 이반 파블로비치 멘델레예프의 열다섯 자식 중 막내로 태어났다. 그가 어렸을 때 아버지는 실명하고 교직에서 물러났으며, 어머니가 친정에서 물려받은 유리 공장으로 가사를 이끌며 아이들 교육을 책임졌다. 하지만 오랫동안 투병생활을 하던 아버지가 사망하고 유리 공장마저 원인 모를 화재로 타버리자 가세는 급격히 기울었다.

그럼에도 불구하고 어머니는 드미트리가 러시아 최고의 교육을 받을 자격이 있다고 믿었다. 그녀는 가산을 정리하고 멘델레예프와 함께 장장 6000킬로미터의 장거리 여행을 시도해 모스크바대학에 입학 허가를 신청했다. 하지만 그는 시베리아 출신이라는 이유로 입학을 거절당했다. 이들 모자는 굴하지 않고 상트페테르부르크로 가서 김나지움에 입학해 상트페테르부르크대학의 입학을 준비했고, 결국 성공했다. 그의 어머니는 멘델레예프의 학업 뒷바라지에 진

주기율표 작성을 자신의 임무라고 느끼고 해결에 나선 멘델레예프.

력을 다한 후 그가 입학에 성공하자 곧바로 세상을 떠났다.

대학 3년에 그는 결핵에 걸렸는데 2년밖에 살 수 없다는 진단을 받았다. 하지만 자신의 야망을 이룰 때까지 전혀 죽을 생각이 없었다. 그는 고작 스물한 살이었고 의사의 선고와는 달리 건강을 회복해 대학을 수석으로 졸업했다. 이후 멘델레예프는 시골인 크리미아로 내려가 2년간 중학교 교사를 했는데, 이때 건강을 회복하며 국비 유학생 시험에 합격했다.

1857년에는 프랑스로 건너가 화학을 공부하고 이어서 독일 하이델베르크대학에서 연구를 계속해 유명한 과학자인 분젠과 키르히호프의 지도를 받았다. 1866년에 러시아로 돌아온 멘델레예프는 알코올과 물의 연관성을 연구해 박사 학위를 받았으며 페테르부르크대학 교수로 임명됐다. 그곳에서 무기화학 분야의 강의를 맡았는데 적당한 교재가 없자 직접 집필했다. 그것이 1868년에 발간된 유명한 『화학 원론』이다.[2]

다방면에 소질이 있고 열정적이었던 그는 화학에만 관심을 집중시키지 않았다. 멘델레예프는 과학으로 인간생활에 얽힌 문제를 해결하는 게 자신의 임무라고 역설하면서 농작물의 질과 생산성을 높이려는 실험을 했다. 또한 러시아의 석유자원이 외국자본에 의해 착취되고 있으므로 석유자원을 개발해야 한다고 역설했다.

그의 사생활은 구설수 일색이었다. 1882년 조카딸의 친구인 안나 이바노파 포포바라는 어린 여자와 결혼하려 했는데, 교회는 그의 결혼을 반대했다. 러시아 정교회법은 이혼 후 7년 동안 재혼할 수 없도록 금지했다. 그는 신부를 매수해 간단히 식을 올렸지만 정교회법상 멘델레예프는 중혼자였다. 더구나 그의 결혼을 주재한 신부는 성직을 박탈당했는데 그는 개의치 않았다.

THE PERIODICITY OF THE ELEMENTS

The Elements	Their Properties in the Free State				The Composition of the Hydrogen and Organo-metallic Compounds	Symbols and Atomic Weights		The Composition of the Saline Oxides	The Properties of the Saline Oxides			Small Periods or Series
	t	a	d	$\frac{A}{d}$	RH_m or $R(CH_3)_m$	R	A	R_2O_3	d'	$\frac{(2A+n'16)}{d'}$	V	
	[1]	[2]	[3]	[4]	[5] $m=1$	[6]		[7]	[8]	[9]	[10]	[11]
Hydrogen	<−200°		<0·05	20		H	1	1 = n	0·917	19·6	<−20	1
Lithium	180°		0·59	12		Li	7	1†	2·0	15	−9	2
Beryllium	(900°)		1·64	5·5		Be	9		3·06	16·3	+2·6	
Boron	(1300°)		2·5	4·4	4 3 − − −	B	11	— 3	1·8	39	10	
Carbon	>(2500°)		<2·0	6	4 − − −	C	12	1 — 3*— 5*	>1·0	<88	<19	
Nitrogen	>−203°		<0·7	20	3 − −	N	14	1 — 3*— 5*	1·64	66	<5	
Oxygen	<−200°		<1·0	16	2 −	O	16					
Fluorine					1	F	19					
Sodium	96°	071	0·98	23		Na	23	1†	Na₂O 2·6	24	−22	3
Magnesium	500°	027	1·74	14	2 −	Mg	24	— 2†	3·6	22	−3	
Aluminium	600°	023	2·6	11		Al	27	— 3†	Al₂O₃ 4·0	26	+1·3	
Silicon	(1200°)	008	2·3	12	4 3 − − −	Si	28	— 3 4	2·65	45	5·2	
Phosphorus	44°	128	2·2	14	3 − −	P	31	1 — 3* 4* 5*	2·39	59	6·2	
Sulphur	114°	067	2·07	15	2 −	S	32	1 — 2 — 4* 5* 6*	1·96	82	8·7	
Chlorine	−75°		1·3	27	1	Cl	35½	1 — 3 — 5*— 7*				
Potassium	58°	084	0·87	45		K	39	1†	2·7	35	−55	4
Calcium	(800°)		1·6	25		Ca	40	— 2†	3·15	36	−7	
Scandium			(2·5)	(18)		Sc	44	— 3†	3·86	35	(0)	
Titanium	(2500°)		(5·1)	(9·4)		Ti	48	— 3 4	4·2	38	(+5)	
Vanadium	(2000°)		5·5	9·2		V	51	1 — 2 3 4 5	3·49	52	6·7	
Chromium	(2000°)		5·5	8·0		Cr	52	— 2 3 — 6*	2·74	73	9·5	
Manganese	(1500°)		7·5	7·3		Mn	55	— 2† 3 4 — 6* 7*				
Iron	1400°	012	7·8	7·2		Fe	56	— 2† 3 — 6*				
Cobalt	(1400°)	013	8·6	6·8		Co	58½	— 2† 3 4				
Nickel	1350°	017	8·7	6·8		Ni	59	— 2† 3 4				
Copper	1054°	029	8·8	7·2		Cu	63	1† 2†	Cu₂O 5·9	24	9·8	5
Zinc	433°		7·1	9·2		Zn	65	— 2†	5·1	25	4·5	
Gallium	30°		5·96	12	3 − − −	Ga	70	— 3	Ga₂O₃ (5·1)	(36)	(4·0)	
Germanium	900°		5·47	13	4 − − −	Ge	72	— 2 — 4	4·7	44	4·5	
Arsenic	500°	006	5·7	13	3 − −	As	75	— 3 — 5*	4·1	56	6·0	
Selenium	217°		4·8	16	2 −	Se	79	1 — 4 — 6*				
Bromine	−7°		3·1	26	1	Br	80	1 — 5*— 7*				
Rubidium	39°		1·5	57		Rb	85	1†				6
Strontium	(600°)		2·5	35		Sr	87	— 2†	4·3	48	−11	
Yttrium			(3·4)	(26)		Y	89	— 3†	5·05	45	(−2)	
Zirconium	(1500°)		4·1	22		Zr	90	— 4	5·7	43	−0·2	
Niobium			7·1	13		Nb	94	— 3 — 5*	4·7	57	+6·2	
Molybdenum			8·6	12		Mo	96	— 2 3 4 — 6*	4·4	65	6·8	
Ruthenium	(2000°)	010	12·2	8·4		Ru	103	— 2 3 4 — 6 — 8				7
Rhodium	(1900°)	008	12·1	8·6		Rh	104	— 2 3 4				
Palladium	1500°	012	11·4	8·3		Pd	106	1† 2 — 4				
Silver	950°	019	10·5	10		Ag	108	1†	Ag₂O 7·5	31	11	7
Cadmium	320°	031	8·6	13	2 −	Cd	112	— 2†	8·15	31	2·5	
Indium	176°	046	7·4	14	3 − −	In	113	— 3	In₂O₃ 7·18	38	2·7	
Tin	230°	023	7·2	16	4 − − −	Sn	118	— 2 — 4	6·95	43	2·8	8
Antimony	432°	012	6·7	18	3 − −	Sb	120	— 3 4 5	6·5	49	2·6	
Tellurium	455°	017	6·4	20	2 −	Te	125	1 — 4 — 6*	5·1	68	4·7	
Iodine	114°		4·9	26	1	I	127	1 — 3 — 5*— 7*				
Caesium	27°		1·88	71		Cs	133	1†				
Barium			3·75	36		Ba	137	— 2†	5·1	60	−6·0	
Lanthanum	(600°)		6·1	22		La	138	— 3†	6·5	50	+1·3	
Cerium	(700°)		6·6	21		Ce	140	— 3 4	6·74	53	2·0	
Didymium	(800°)		6·5	22		Di	142	— 3 — 5				
Ytterbium			(6·9)	(25)		Yb	173	— 3	9·18	43	(−2)	10
Tantalum			10·4	18		Ta	182	— — — 5	7·5	59	4·6	
Tungsten	(1500°)		19·1	9·6		W	184	— 2 3 4 — 6	6·9	67	8	
Osmium	(2500°)	007	22·5	8·5		Os	191	— 3 4 — 6 — 8				11
Iridium	2000°	007	22·4	8·6		Ir	193	— 3 4 — 6				
Platinum	1775°	005	21·5	9·2		Pt	196	— 2 — 4				
Gold	1045°	014	19·3	10		Au	198	1 — 3	Au₂O (12·5)	(33)	(13)	11
Mercury	−39°		13·6	15		Hg	200	1† 2	11·1	39	4·5	
Thallium	294°	031	11·8	17	3 − − −	Tl	204	1† — 3	Tl₂O₃ (9·7)	(47)	(4·3)	
Lead	326°	029	11·3	18	4 − − −	Pb	206	— 2† — 4	8·9	53	4·2	
Bismuth	268°	014	9·8	21	3 − −	Bi	208	— 3 — 5				
Thorium			11·1	21		Th	232	— — — 4	9·86	54	2·0	12
Uranium	(800°)		18·7	13		U	240	— — — 4 — 6	(7·2)	(80)	(9)	

주기율표. 저 목록을 채우기 위해 인류가 기울인 노력은 상상을 초월한다.

유사성 · 차이점을 모두 설명해줄 인자

—

멘델레예프는 당시까지 알려져 있는 원소 63개에 대한 정보를 바탕으로 다른 학자들이 찾아내지 못한 원소 사이의 상관관계를 분석하기 시작했다. 그는 존 뉴런즈가 제시한 삼조원소를 비판하며 원소들 간의 유사성과 차이점을 모두 설명할 수 있는 인자를 찾아야 한다고 생각했다. 즉 주기율표는 처음부터 큰 틀에서 유사한 특성을 보이는 원소들을 조직화시켜야 한다고 믿었다. 그렇게 원소들의 성질을 점검해나가면서 할로겐, 알칼리금속, 알칼리토금속의 특성과 원자량의 패턴을 발견했다. 멘델레예프는 자신의 발견을 토대로 다음과 같이 예견했다.

> "원자 질량과 원소 사이에는 분명 어떤 관련성이 있다. 또한 궁극적으로 물질이 원자로 표현되듯이 그 기능도 원자량과 원소의 개별적 특성 사이에 존재하며 이곳에서 발견될 것이다."

그는 원자량만으로도 원소들의 유사성과 차이점을 설명할 수 있으리라 확신했다. 하지만 가장 가벼운 원소인 원자량 1의 수소부터 당시 가장 무거운 원소로 알려진 92의 우라늄에서 끝을 맺는 식으로 단순히 나열하는 것은 의미가 없다고 했다. 멘델레예프는 35세가 되는 1868년 2월 17일(러시아에서 사용하던 율리우스력) 꿈에서 원하던 원소의 모든 순서를 보았다고 한다. 꿈에서 깨어나자 그는 직사각형의 주기율표에서 종으로, 즉 북에서 남쪽으로 특성이 비슷한 원소들을 배열시켰다. 또한 좌에서 우로 배열시킨 원소들은 점진적으로 복합적인 특성을 나타냈다.

그는 반응성이 좋은 금속들(리튬·나트륨·칼륨·루비듐·세슘)을 1족으로 분류했고 거의 반응하지 않는 금속들(플루오르·염소·브롬·요오드)은 7족으로 분류했다. 또한 자신의 기준에 따라 그전까지 이해됐던 17개의 원소들을 새로운 자리로 이동시켰다. 뉴런즈가 암시한 대로 멘델레예프는 원자량의 '주기성'이 원자의 특성이라는 사실도 알아냈다. 어떤 족에 속한 한 원소의 특성을 알아내면 그 족에 속한 나머지 원소들의 특성도 알 수 있다. 현재 주기율표의 수직 열을 '족'이라 하고 수평 열을 '주기'라고 하는데, 놀라운 것은 멘델레예프는 직접 실험을 하지 않고도 주기율표를 작성했다는 점이다.

물론 1870년 독일의 마이어Julius Lother Meyer(1830~1895)가 멘델레예프와 거의 동일한 주기율표를 발표했다. 두 명의 과학자가 독립된 연구를 통해 동일한 발견을 한 경우가 종종 일어나는데, 역사는 멘델레예프에게는 영광을 마이어에게는 무명이라는 결과를 안겨주었다.

멘델레예프가 주기율표를 만든 방법은 다른 과학자들이 시도한 방법과 크게 다르지 않다. 하지만 다른 과학자들이 그때까지 발견된 원소들이 이 세상에 존재하는 원소의 전부라고 생각했던 반면, 멘델레예프는 그런 고정관념을 버렸다는 게 차이점이다. 멘델레예프는 아직 알려지지 않은 원소들의 특성을 예측했는데 그것은 어김없이 들어맞았다. 쉽게 가열되며 명반을 만드는 칼륨(1875년), 스칸듐(1879년), 게르마늄(1886년)의 성질은 그의 예측과 정확히 일치해 주기율표는 확고부동한 명성을 얻었다.[3]

멘델레예프가 화학에 기여해 세계적인 명성을 얻었지만, 그의 견해가 워낙 혁신적이며 사회개혁을 지지하므로 러시아 정부는 그를 위험인물로 분류했다. 1890년에는 부당한 조건에 항의하는 대학생들을 옹호하기까지 했다. 교육부 장관은 교수가 정치에 관여한다며 그의 지위를 박탈했다. 물론 그의 명성이 위낙 높았기에 그는 도량국장으로 임명됐고 소신을 굽히지 않았다.

원래 노벨상 위원회에서는 멘델레예프를 제1회 노벨상 수상자로 고려했다. 하지만 그의 주기율표는 당시에 이미 교과서에 게재돼 있을 정도로 유명했기에 대과학자에 대한 결례라 하여 취소했다는 일화도 있다. 멘델레예프가 사망한 1907년에 그의 주기율표에는 87개의 원소 목록이 올랐다.

장례는 국장으로 성대히 치러졌고 학생들은 거대한 주기율표를 들고 운구 행렬을 뒤따랐다. 그는 자신을 끝까지 뒷바라지한 어머니의 묘지가 있는 상트 페테르부르크에 어머니와 나란히 묻혔다. 그 뒤 과학자들은 멘델레예프의 업적을 기리기 위해 1955년에 발견된 101번째 원소에 '멘델레븀(원소기호 Md)'이라는 이름을 붙였다.[4]

노벨상이 쏟아져 나온 주기율표 연구

—

크룩스William Crookes는 원소가 갖고 있는 고유한 스펙트럼을 측정할 수 있는 분광 장치를 개발했다. 원소의 특정 스펙트럼은 마치 지문과 같아서 원소의 종류를 구별하거나 새로운 원소를 규명하는 데 큰 도움이 됐다.

뢴트겐의 X선 발견은 원소를 찾을 수 있는 새로운 장을 열었고 주기율표가 완성되는 계기가 된다. 라우에Max Theodor Laue는 실험에 의해 꼭 짜인 기하학적 모양의 고체로서 결정의 면은 특정한 각을 이루고, 대칭 구조를 지니며 수정을 통과하는 X선은 회절되고 파동의 성질을 갖기 때문에 사진 건판에 어떤 형태가 나타난다는 것을 발견했다. 영국의 물리학자 헨리 브래그William Henry Bragg와 로렌스 브래그William Lawrence Bragg는 이 회절 패턴으로부터 X선의 특별한 형태의 파장 계산법을 개발했다. 이러한 방법으로 X선은 결정의 원자구

바클라의 노벨상 수여 증서.

조를 이해하는 새로운 장을 열었다. X선에 관한 연구로 라우에는 1914년에 노벨 물리학상을 받았고, 브래그 부자는 1915년에 노벨 물리학상을 받았다.

1914년에 영국의 젊은 물리학자 모즐리Henry Moseley는 여러 금속에 의해 생성된 특정 X선의 파장을 결정하고, 파장은 주기율표의 차례에 따라 규칙적으로 감소한다는 중요한 발견을 했다. 즉 X선 파장의 역수 제곱근이 원자핵의 전하(원자번호)와 비례한다는 것이다. 이로써 특정 X선의 파장을 측정하면 원소의 원자번호가 결정돼 원소들이 주기율표에서 일정한 자리를 차지할 수 있게 됐다. 모즐리는 불행히도 1915년 제1차 세계대전 중에 28세의 나이로 전사했지만, 바클라Charles Glover Barkla가 그의 연구를 이어나간다.

바클라는 원자가 무거울수록 더 많은 전자를 포함한다고 추론했는데, 이는 원자수라는 개념을 향한 움직임이었다. 그는 X선이 물질에 의해 흡수될 때 2차

복사(K와 L복사선)가 있다는 것을 보여준 최초의 인물이었다. 하나는 질적으로 변화되지 않으면서 산란되는 X선이고, 다른 하나는 산란물질의 형광복사 성질로 원래 광선의 선택적 흡수를 동반한다는 것이다. 더구나 빛의 세기에 대해 그가 유도한 방정식과 실험 자료를 비교해, X선이 실제로 전자기 복사선이고 맥스웰-로렌츠 이론과도 일치하며 물질과 상호작용한다고 결론지었다. 바클라는 1917년에 노벨 물리학상을 수상했다. 노벨상이 제정된 이래 가장 아까운 인재로 모즐리를 꼽는 이유는 사망하자마자 그의 이론이 노벨상을 수상했기 때문이다.

모즐리가 남긴 업적을 바클라만 이어받은 것은 아니다. 스웨덴의 물리학자 시그반Karl Manne Georg Siegbahn은 X선 분광기를 발명해 1초/arc의 정확성을 이룩했다. 이것은 파장을 10만분의 1의 정확성으로 측정할 수 있다는 뜻이다. 그는 바클라의 연구를 계속해 M복사선도 발견했고 모즐리에 의해 발견된 K선이 이중으로 돼 있다는 것을 밝혔다. 그 역시 1924년에 노벨 물리학상을 받았다.

현재 주기율표에는 103개의 원소가 실려 있는데, 이중에서 11개는 자연 상태에 존재하지 않는 인공원소다. 하지만 학자들은 지구에 존재하는 원소의 양을 정확히 분석한 결과 원소 간에 심각한 편중 현상이 있다는 것을 발견했다. 지층에 가장 풍부하게 존재하는 11개의 원소가 차지하는 비율이 99.43퍼센트나 되는 것이다.

하지만 우리가 속해 있는 우주는 지구와는 전혀 다른 원소의 분포를 보여주고 있다. 지구에서 흔히 발견되는 원소들이 우주 전체로 볼 때 매우 미미하다는 것은 지구에 그런 원소들이 어떻게 많이 존재할 수 있게 됐는지 의문을 품게 한다. 이것이 바로 학자들로 하여금 천문학을 연구하지 않을 수 없게 하는 이유다. 더구나 자연현상을 원자의 규명만으로는 해석할 수 없다는 문제점이 나타났다. 가장 대표적인 것이 원자의 변환이다. 원자가 더이상 쪼개질 수 없는 궁극적인 입자라면 분해되거나 변하지 말아야 하는데, 한 원소가 다른 원소로 변할 수 있다는 것이 밝혀졌기 때문이다.

연금술사들이 궁극적으로 원했던 원소를 변하게 하는 바로 그 작업이 꿈만은 아니었던 것이다. 단지 시험관만으로 원소를 변환시키는 것이 불가능했을 뿐이었다.

헛다리품을 두려워하지 말라

백 열 전 등

토머스 알바 에디슨 Thomas Alva Edison, 1847~1931

심리학자들은 '발명왕' 에디슨도 다 빈치와 마찬가지로 전형적인 ADHD를 갖고 있는 치료하기 어려운 문제아로 간주한다. 호기심이 왕성한 에디슨은 이상한 행동이 많았고 집단생활에 적응하지 못했다. 에디슨은 주위의 어른들을 붙잡고 '왜?' 라는 질문을 연발해서 납득할 수 있는 답이 얻어질 때까지 어른들을 골치 아프게 했다. 오늘날 심리학자들은 ADHD 아동들이 정서불안으로 감정이 급변하지만 대단히 뛰어난 특수 능력을 가진 경우가 많다며 주의 깊게 지도하라고 한다. 이런 아이들은 자신이 좋아하는 일을 하면 아주 높은 집중력과 능력을 발휘해 역사에 이름을 남기는 경우가 많기 때문이다.

그 외 등장인물

데이비 Humphry Davy • 아크전등 발명 | **테슬라** Nikola Tesla • 에디슨의 숙적, 교류전기 발명 | **프리스** William Preece • 필라멘트 입자 분출을 '에디슨 효과' 라 명명 | **플레밍** John Ambrose Fleming • 전자공학의 기틀 마련 | **리처드슨** Owen Willans Richardson • 열전자방출 · 광전효과 등 증명 | **셀러스** Coleman Sellers • 사진과 마법의 원반 결합 | **뤼미에르** Lumiere **형제** • 영상을 스크린에 쏘는 장치 고안

백열등의 전야 – 고래기름에서 목탄까지

—

전기가 만든 마술 가운데 가장 중요한 것은 밤을 낮으로 만든 것이다. 요즘도 천재지변에 의해 갑자기 정전이 발생하면 온통 암흑천지가 되며 수많은 문제점이 생긴다. 집 안에 있는 모든 가전제품의 작동이 중단되는 것은 물론, 비상전원 시설이 없는 공장에서는 기계 가동의 중단으로 생산에 차질을 초래한다. 정전 시간이 길어지면 암흑을 틈탄 각종 범죄가 기승을 부린다. 실제로 몇 년 전 뉴욕 시 전체가 몇 시간 동안 갑자기 정전되자 수많은 상점이 폭도들에 의해 피해를 입었다.

당연한 얘기지만 전기가 없었던 시대에 살던 고대 사람들은 해가 진 후 장작불, 햇불, 기름등잔 또는 촛불로 어둠을 극복했다. 이런 방식으로 불을 켜면 불편한 일이 많다는 것은 차치하더라도 화재의 위험성이 항상 뒤따랐다. 그때 대안으로 나온 것이 대도시의 거리에 등장한 고래기름을 사용한 등이다. 이 등은 급속히 보급돼 가로등은 물론 가정에서도 사용됐다. 자연스럽게 등에 사용하

는 연료인 고래기름에 대한 수요가
급등했고 고래를 잡기 위해 포경선
이 세계 구석구석을 누비고 다녔다.
허먼 멜빌의 『백경』이라는 소설은 바로
이 가로등으로 소비되는 고래기름을 얻기 위해 출
어한 포경선과 모비딕이라는 흰 고래의 싸움을 다루고 있
다.

　하지만 고래기름 역시 문제점이 있었다. 소기
름에 비해 빛 효율이 훨씬 뛰어나고 냄새가 적
었지만 기름이 엎질러져 화재가 발생할 위험
은 여전했다. 런던의 대화재도 그 때문에 발
생했다. 18세기 초반에 스코틀랜드의 발명가
머독은 가스등을 고안했다. 그는 파이프를 통해 불

고래기름 램프.

이 켜지는 곳으로 석탄가스를 보내 가스등의 화구에서
석탄가스가 나오면서 타게 만들었다. 가스등은 곧바로 가로등, 공장, 가정을
파고들면서 고래기름등을 대체했다. 대도시의 밤이 가스등으로 밝혀지자 범죄
율이 감소하고 시민들의 안전이 증대되는 등 획기적인 개선이 이뤄졌다.
　하지만 이러한 조명 장치에도 화재의 위험성이 따라 보다 안전한 것을 개발
할 필요가 있었다. 1802년에 영국의 데이비Humphry Davy는 볼타Count Alessandro
Volta가 개발한 전지를 실험하다가 두 가닥의 철심 끝에 목탄 조각을 붙인 후 서
로 가까이 대면서 전기를 계속 흐르게 하면 방전이 일어난다는 것을 발견했다.
이는 전선을 타고 흐르던 전자들이 탄소라는 소재를 거치면서 저항 때문에 빛
과 열로 바뀌기 때문이다. 그는 1806년에 유리관을 씌운 아크전등을 발명했고,

2년 뒤에 가로등으로 만들어 파리의 콩코르드 광장을 밝히는 데 성공했다.

하지만 곧바로 아크등의 문제점이 발견됐다. 전극의 양쪽에 붙여놓은 탄소가 열 때문에 곧 타버려 매일 전극을 갈아줘야 했고, 불빛도 너무 강렬하며 전기의 가격이 비싸 실용화하기에는 난점이 많았다. 여기서 에디슨이 등장한다.

에디슨은 84세에 눈을 감을 때까지 무려 1100여 개의 발명을 했다. 4중 전신기, 전화기, 축음기, 활동사진기 등을 발명해 사실상 20세기의 문을 연 장본인으로도 일컬어진다.

하지만 그의 최대의 발명은 전기 시대의 도래를 알린 백열전등이다. 그는 유리관을 진공상태의 원형으로 만들어주면 필라멘트가 산화되지 않고 빛을 낼 수 있다고 생각했다. 무려 9000여 개의 물질을 실험한 끝에 그의 집념은 결국 성공을 거뒀다. 필라멘트로 사용될 수 있는 물질을 찾아낸 것인데, 그것은 놀랍게도 불에 그을린 무명실이었다. 이 필라멘트를 사용한 전등은 45시간 동안 계속 켤 수 있었다.

레오나르도 다 빈치는 눈으로 사물을 보는 힘을 강조했다.

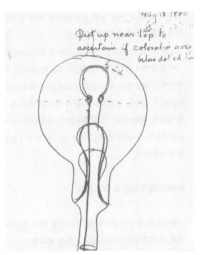

에디슨의 전구 스케치와 발명품 전구.

"눈은 세상의 아름다움이 반영되는 곳이며 눈을 잃는다는 것은 자연에 대해 그가 가질 수 있는 모든 것을 잃어버리는 것과 마찬가지다. 눈은 그만큼 탁월하다. 눈을 통해 자연현상이 정신에 전달되며 정신은 이러한 눈이 있기 때문에 육체라는 감옥에 만족한다. 눈을 잃은 사람은 영원히 빛을 볼 수 없는 감옥에 갇힌 것과 같다. 밤이라는 짧은 기간 동안의 암흑을 지긋지긋하게 여기는 사람이 만약 평생을 암흑 속에서 살아가야 한다면 어떻게 될까."

다 빈치의 글은 눈의 중요성에 대해 극찬한 것이지만 한편으로는 밤의 어두움이 얼마나 불편한가를 강조하는 뜻도 된다. 에디슨은 전등을 발명해 태양이 아닌 새로운 빛으로 밤을 낮으로 바꿔줬다. 전등의 탄생으로 비로소 인간의 눈은 보다 새로운 환경, 즉 24시간을 모두 낮과 같이 사용하는 환경에 적응하게 된다. 전기가 없는 생활은 상상할 수 없는 악몽이 된 것이다.

이를 역으로 말하면 인간의 삶을 원천적으로 바꾸게 한 에디슨이야말로 인류에게 가장 필요한 문명의 이기를 갖다줬으며, 세계를 바꾼 사람이라고 칭해도 별 무리가 없다. 그에게 '발명왕'이라는 명칭을 부여하는 것도 인류가 그에게 큰 빚을 지고 있다는 것을 표현하는 방법 중 하나일 뿐이다.

달리는 기차에 실험실을 차리다

에디슨에게 특히 흥미를 불러일으킨 책은 『자연실험철학』이었다. 철학이란 이름이 붙어 골머리 아프게 생각하겠지만, 이 책은 전기분해나 열전도와 같은 아주 기본적인 실험을 다루고 삽화가 나오는 등 오늘날의 참고서와 비슷했다. 에디슨은 이 책에 나와 있는 모든 실험을 직접 해보려고 했다. 그는 자신의 집

에디슨의 소년 시절 모습.

지하실 구석에 실험실을 차리고 전기나 화학에 관계된 실험에 몰두했다. 물론 실험을 위해서는 많은 돈이 필요해 12세 때부터 그랜드 트랭크 철도 기차 안에서 신문팔이를 시작했다. 그는 단 3개월만 초등학교를 다니고 더이상 다니지 않았으므로 시간은 충분했다.

15세가 되자 기차 안에 들여놓은 인쇄기로 주간지 그랜드 트랭크 헤럴드를 직접 발행했다. 이 신문은 세계 최초의 차내 신문이었다. 물론 철도회사가 신문을 발행하는 것은 아니지만 여하튼 회사의 허가를 얻었다. 신문 판매가 순조로워 어느 정도 자금이 모이자 화물차의 빈 공간에 화학 실험실까지 만들었다. 기차 안에 실험실을 차린 것은 행운이었지만, 어느 날 운 나쁘게도 열차가 급커브를 돌 때 생긴 원심력으로 인해 실험 장치가 엎어지면서 불이 나고 말았다. 열차는 급정지했고 다행히 불을 끌 수 있었지만, 이를 좋게 보지 않았던 승무원이 에디슨의 귀중한 실험 도구를 모두 열차 밖으로 던져버렸다.

에디슨은 이때 승무원에게 주먹으로 오른쪽 귀를 맞아 고막이 파열돼 난청이 됐다고 알려진다(실제로는 중이염 등 병 때문으로 추측된다). 이유야 어떻든 에디슨은 후에 중요한 모임에서는 난청인 귀를 안 보이게 하려고 반대쪽 귀를 사람들이 있는 쪽으로 향하게 하는 것을 원칙으로 했다고 한다.

웬만하면 이 정도에서 좌절할 만한데 에디슨은 그야말로 왕고집이었다. 소위 자신만큼 발명에 자질 있는 사람이 없다고 생각하며 그를 이해하지 못 하는 사람과는 어떤 타협도 하지 않겠다고 하던 중 절호의 기회가 찾아온다. 철로 위를 걸어가던 마운트클레멘스 역의 역장인 맥킨지의 두 살 난 아들을 달려오는 열차로부터 구해낸다.

이 당시에 가장 각광받는 분야는 전신 기술이었다. 철로망이 전국으로 퍼져나가자 전신망도 전국으로 퍼져나갔다. 전신 기술은 누가 보다 빠른 정보를 얻느냐로 금전적 희비가 엇갈려, 정보가 늦은 회사를 순식간에 파국으로 몰아가기도 하고 극적으로 회생시키는 등 마법의 기술이었다. 따라서 누구나 전신기사가 되기를 원했지만 전문직이기에 아무나 배울 수 있는 것도 아니었다. 정통 서부영화를 보면 모르스부호를 치고 있는 전신기사들이 당시 모든 사람이 가장 선호하는 직업임을 알 수 있다. 그들이 서부극에서 항상 깨끗한 옷을 입고 있는 것도 그 때문이다.

여하튼 아들의 구출에 감명받은 맥킨지는 에디슨에게 전신 기술을 가르쳐주었다. 초등학교도 3개월 만에 중퇴한 에디슨이 놀랍게도 전신기사 대회에서 우승했다. 그가 많은 전문가를 제치고 우승할 수 있었던 것은 마침 숙련된 많은 전신기사들이 남북전쟁에 소집된 이유도 있지만, 남보다 빨리 전신 내용을 보낼 수 있는 기계를 이미 고안하고 있었기 때문이다. 미국 제일의 전신기사 타이틀은 에디슨의 신화가 일어날 서막을 알려주는 징조에 불과했다.

뭐든지 해보지 않으면 알 수 없다

—

전신기사로 근무할 때 에디슨은 당시로 보면 첨단 전문 서적으로 분류될 수 있는 영국의 물리학자 마이클 패러데이(1791~1867)의 『전기학의 실험적 연구』를 접했다. 이 책은 에디슨의 약점인 수학을 사용하지 않았기 때문에 안성맞춤이었다. 그는 책에 나오는 실험을 대부분 직접 해봤다.

하지만 끊임없이 상상력이 발동되는 에디슨 같은 사람에게 전신기사 일은 따분하기만 했다. 발명에 타고난 재능을 보인 그는 좀더 넓은 분야에 손을 대기 시작했다. 바로 발명에 투신한 것이다. 그가 첫번째 특허를 얻은 것은 1869년 '전기투표 기록기'이다. 투표기 자체는 나무랄 바 없었지만, 의회에서 투표가 빨리 이뤄진다고 해서 반드시 좋은 것은 아니므로 그의 최초의 특허는 실패로

끝났다. 이때부터 에디슨은 합리적인 것만이 아니라 '무언가 소비자에게 도움이 되는' 발명을 해야 한다고 인식했다. 두번째 특허는 '주식상장 표시기'였는데 남북전쟁 직후 투기 붐을 타서 상당히 많은 돈을 벌었다. 그후에도 그는 갖가지 발명품을 팔아 1876년 뉴저지 주의 멘로파크에 거대한 응용과학연구소를 세웠다. 1871년 에디슨은 16세의 메리 스틸웰과 결혼하고 가정도 함께

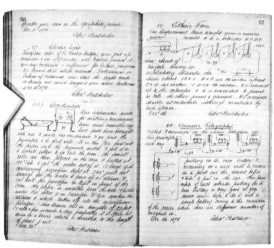

에디슨의 천재성은 타협하지 않는 것과 좌절하지 않는 삶의 태도에서 나왔다.

빛의 퍼레이드.

옮긴다.

이 연구소는 한마디로 발명 공장이라 볼 수 있다. 에디슨이 아이디어를 내면 세밀한 부분을 분업으로 개발했다. 이 연구소에서 탄생한 에디슨의 최대 발명 중 하나가 앞서 말한 탄소 필라멘트 백열전등이다. 그의 발명 방법은 '뭐든지 해보지 않으면 알 수 없다'는 것이었다.

오늘날에는 사전에 방침을 정하고 그 계획에 따라 어느 정도 결과를 예측한 다음 샘플을 제작한다. 컴퓨터를 사용할 경우 시뮬레이션으로 결과를 예측할 수 있다. 하지만 당시에는 하나의 발명이 우연히 다른 발명으로 연결되는 경우가 자주 있었으므로 에디슨은 생각나는 대로 직접 실연했다. 효율성은 그야말로 뒷전이었다. 이런 방법은 당연히 오랜 시간의 노동을 필요로 한다.

에디슨의 전설 중의 하나는 하루 20시간 이상 연구에 몰두했으며 잠은 많아야 4시간 정도 잤다는 것이다. 한 직원은 에디슨이 자는 것을 본 적이 없다고 했다. 일벌레인 에디슨이 건강을 돌보지 않았음에도 84세까지 살았음을 볼 때 그는 건강조차 특별한 사람이었던 모양이다.

그는 마치 나뭇가지와 같이 하나의 발명을 통해 다른 발명을 계속하는 종합적인 기술 개발을 원칙으로 했으므로 독창적인 아이디어만 발명한 것은 아니다. 그는 기존의 아이디어가 자신의 종합적인 개발에 필요하다면 주저 없이 사용했다. 특허권으로 분쟁이 벌어질 때 자신이 불리하면 공동으로 사업을 추진했다. 예를 들면 에디슨의 최대 역작인 백열전등은 처음 아이디어를 낸 것이 아니다. 그가 전등을 발명하는 데 사용한 핵심 재료인 탄소도 그보다 50년 전에 이미 실험용 전등의 재료로 사용됐다. 학자들은 적어도 12명의 발명가가 전등을 발명했다고 믿는다. 그럼에도 불구하고 에디슨을 유일한 전등 발명가로 인정하는 것은 발명과 아이디어를 실행에 옮길 수 있는 방법론을 갖고 있었기 때문이다. 어떤 발명이라도 실험실이라는 조건에서만 가능하다면 쓸모없는 아이디어에 불과하다.

에디슨을 제외한 발명가들 역시 전등을 생산하는 데 성공했지만 그것들은 소규모로만 가능했다. 반면 에디슨은 처음부터 전력을 생산하기 위한 발전기와 그것을 분배하고 통제하기 위한 전선과 퓨즈를 갖춘 종합 시스템으로 설계했다. 오직 에디슨만이 램프와 전력계가 단일한 구성단위로 작동하고 서로 맞아야 한다고 생각했다.

에디슨은 전등이 실험실이 아닌 밖에서도 작동하기 위해서는 수많은 부속 기자재가 필요함을 인식했고, 이를 위해 수많은 발명을 유도했다. 송전을 위한 설비가 필요해지자 배전판과 적산전력계가 개발됐고 케이블, 스위치, 소켓, 안전용 퓨즈가 부산물로 탄생한 것이다. 에디슨은 실험실에서 처음부터 전등을 위한 전체 시스템을 구상하고 이것으로 뉴욕 시를 밝히기 위해 발전소를 세웠다. 그는 자신의 전등이 다른 발명가들의 것보다 더 탁월하다는 것을 대중이 믿을 수 있게 언론을 다룰 줄도 알았다. 이 같은 처신은 에디슨이 발명으로 모은 부로 인해 가능했지만, 자신의 발명이 실제로 활용되기 위해서는 어떤 시스템을 채택해야 한다는 확고한 신념을 탱크처럼 밀고 나갔기 때문이기도 하다. 그가 과학사에 미친 중요성은 발명과 실용을 함께 다뤄야 한다는 점을 부각시켰다는 것이다.

진공관도 백열전등을 발명하는 과정에서 생긴 것이다. 백열전등의 내부는 진공이다. 여기에 필라멘트를 하나의 전극이라 생각하고 또 하나의 전극을 추가하면 이극 진공관이 된다. 두 개를 덧붙이면 삼극 진공관이 된다.

에디슨에게 따라다니는 가장 유명한 말은 '천재란 90퍼센트의 노력과 10퍼센트의 영감으로 만들어진다'이다. 어떤 강연에서는 좀더 과장해 '99퍼센트의 노력과 1퍼센트의 직관이 필요하다'라고 말했다. 이 말은 천재라고 불리는 사람들이 대단한 노력가인 경우가 많다는 것을 뜻한다. 대단한 노력에는 대개의 경우 배고픔과 피곤함이 뒤따른다. 중도에 포기해도 되지만 그 어려움을 넘어서 집중력을 유지해야 성공의 길로 들어갈 수 있다.

실험을 해봐야 정확히 알 수 있다는 에디슨의 생각은 당시 미국이 선진국 유럽을 따르기 위해서는 절대적으로 필요한 것이었다. 하지만 기술 개발에는 헛수고가 따르기 마련이다. 헛수고를 많이 해봐야 예상외로 신기술이 나타난다. 에디슨도 수없이 실패했지만 헛다리품을 두려워하지 않고 실천하는 의지를 보여줬기 때문에 지금까지도 빛을 발하는 것이다.

"등에 칼 꽂은 인간과 함께 상 받으라고?"
—

전등을 발명해 인류에게 최대의 선물을 안겨준 에디슨에게 노벨상 수상의 기회가 전혀 없었던 것은 아니다. 노벨상 위원회는 1912년 물리학상 수상자로 발명가인 에디슨과 테슬라를 지목했다. 하지만 테슬라와 공동 수여하겠다는 심사 비밀이 누설된 게 문제가 됐다. 테슬라는 교류 전기를 발견해 전기의 실용성을 획기적으로 촉진시킨 사람이다. 그런데 공교롭게도 에디슨과 테슬라는 앙숙의 차원을 넘어서는 철천지원수였다.

에디슨은 자신이 발명한 전등을 더욱 개량해 수명을 늘리는 데 주력하는 한편 전기 공급에 필요한 송전선, 소켓, 스위치, 퓨즈 등의 부품을 개발했다. 하지만 그는 송배전에 110볼트의 직류전류를 사용했기 때문에 낮은 전압과 전선의 저항에 의

에디슨의 숙적 테슬라.

한 손실로 발전소에서 2~3마일 정도밖에 송전할 수 없었다. 그러던 중 철도용 에어브레이크의 발명으로 큰 성공을 거뒀던 사업가 웨스팅하우스George Westinghouse(1846~1914)가 전력 공급 사업에 새로 뛰어들었는데, 그는 중간 손실이 큰 직류송전 방식의 문제를 해결하기 위해 변압기를 통한 교류송전 방식을 추진했다. 변압기는 패러데이의 전자기유도법칙에 의해 전압을 변환해주므로 전압을 원하는 곳에서 원하는 비율로 바꿔줄 수 있으며, 오옴Ohm의 법칙에 따라 송전손실은 전압의 제곱에 반비례하게 된다.

웨스팅하우스는 변압기 관련 특허를 사들이고 '웨스팅하우스 전기회사'를

설립해 본격적인 원거리 송전 사업을 시작했다. 발전소에서 송전할 때는 전압을 크게 해 중간 손실을 줄이고, 수신소에서는 전압을 낮춰 수신함으로써 일반 가정에서는 안전한 낮은 전압을 쓰도록 하는 오늘날과 같은 송전 방식을 이용한 것이다. 웨스팅하우스 전기회사는 추수감사절 날 밤 버팔로 시의 수많은 전등을 켜는 등 각광을 받았으나, 교류송전 방식에도 약점은 있었다. 당시에는 효율적인 교류전동기가 없었는데, 이로 인해 전기업계·학계에서는 교류가 좋은가, 아니면 직류가 좋은가로 상당한 논란을 벌였다.[5]

잘 알려진 직류와 교류에 대해서 간단하게 짚어보자. 직류는 (+)와 (−)극을 가진 전기로 건전지, 휴대전화 전지, 자동차 전지 등에서 사용된다. 반면에 벽에 있는 콘센트는 교류로 (+)와 (−)극의 구분이 없어 가전제품의 플러그를 어느 쪽으로 꽂아도 전기가 흐른다. 현재 가정에서 사용되고 있는 전기는 모두 교류다. 그런데 전기라면 기본적으로 (+)와 (−)극이 있어야 한다. 사실 교류도 극성이 없는 것은 아니지만 계속 바뀌기 때문에 극성의 구분이 없는 것처럼 보인다. 우리나라의 경우 1초에 60번 (+)와 (−)가 바뀌며 유럽은 1초에 50번 바뀐다. 따라서 유럽의 가전제품을 국내에서 사용하려면 한국 전기에 맞는 것을 골라야 오래 쓸 수 있다.

그런데 송전하려는 전력 차원에서만 본다면 송전 중에 열에 의한 손실이 관건이다. 열 손실은 송전하는 전류의 제곱에 비례해 증가하는데, 전압을 높일 수 없는 직류에서는(전력=전압×전류) 전류가 크지 않으면 안 되므로 필연적으로 열 손실이 커진다. 반면에 교류에서는 트랜스에 의해 전압을 상당히 높게 조절할 수 있으므로 열 손실이 적어진다. 에디슨의 직류송전 방식은 송전 범위가 발전소 주변에 국한될 정도이므로 송전 사업 자체를 두고 볼 때 치명성을 갖고 있었다. 더구나 에디슨은 정규교육을 받지 못했으므로 교류 이론을 이해하지 못했다.

때마침 에디슨 연구소에 근무했던 테슬라가 교류송전에 적합한 전동기를 발명하자, 웨스팅하우스 사는 즉시 이 특허를 구입해 대도시에 알맞은 교류 전력망을 설계해 교류송전에 박차를 가했다. 테슬라도 수백 건의 특허를 가진 사람이며 에디슨과 마찬가지로 동시대에 전설적인 인물이 될 자질을 갖고 있었다.

테슬라의 전동기에 의해 송전 사업이 위협을 받게 되자 에디슨은 교류송전 방식은 위험하다고 적극적인 선전 공세를 펼쳤다. 특히 에디슨의 친구인 브라운은 근본적으로 교류는 낮은 전압에서도 직류보다 위험하다고 주장했다. 고압선에서 매년 수십 명의 사람과 말이 감전사 당하고 있었기 때문에 많은 사람이 솔깃해했다. 브라운은 전압 때문에 감전사하는 것이 아니라 교류가 원래 위험하기 때문에 감전사가 일어난다고 주장했고, 모든 도시에서 300볼트 이상의 고압선을 불법화할 것을 요구했다. 에디슨의 연구소에 기자, 시민, 학계 인사들을 초청한 후 개, 고양이들을 고압의 교류 전류로 태워 죽여 시민들의 공포감을 조성하기도 했다.

때마침 뉴욕 주가 교수형을 대신할 인도적인 사형집행 방법을 찾고 있을 때, 에디슨은 교류가 위험하다는 것을 강조하기 위해 웨스팅하우스로 하여금 사형집행기를 제작하도록 유도한다. 하지만 그 실험은 오히려 전류 전쟁에서 교류가 승리하는 데 결정적인 도움이 됐다. 교류를 흘린 전기의자로도 사형수를 단번에 죽이지 못했기 때문이다. 에디슨 측의 적극적인 방해 공작에도 불구하고 웨스팅하우스 측은 1893년 시카고의 만국박람회에서 25만개의 전등을 켜는 계획에서 에디슨 진영을 제치고 낙찰을 받았다. 또한 나이아가라폭포에 세계 최초의 수력발전소를 건설하는 대규모 공사도 따내서 성공시켰다. 송전 방식을 둘러싼 대결은 결국 교류의 승리로 끝나고 말았다. 오늘날 전 세계의 가정

곳곳에 교류전류가 송전되고 있는 이유다.[6]

에디슨은 송전 사업의 실패로 커다란 손실을 입고 자신이 운영하던 '에디슨 제너럴 일렉트릭'을 기업 사냥꾼 모건에게 양도한다. 회사명에도 에디슨의 이름이 빠진다. 이것이 세계 최대의 기업 중의 하나로 성장하는 제너럴 일렉트릭 GE이다. 이러한 전력 때문에 에디슨과 테슬라는 원수 같은 관계였는데, 함께 노벨상 수상자로 거론되자 테슬라는 공동 수상을 거부하겠다고 선언했다. 결국 1912년 노벨상은 또다른 발명가 달렌Nils Gustaf Dalen에게 돌아갔고, 더이상 그들에게 기회는 돌아오지 않았다.

달렌의 노벨상 수상 발명은 조명 표지등과 부표light buoy 등에 쓰이는 기체완충 장치와 연결해서 이용할 수 있는 자동조절 장치인데, 간단히 말해 등대에서 사용하는 조명등을 개발한 것이다. 이 수상을 포함해 몇몇 수상작에 대한 구설수로 노벨상에서 발명가나 공학자들이 수상에서 제외되는 비운을 겪게 된다.

순수 과학자의 반열에 오르게 만든 '에디슨 효과'

—

에디슨이 노벨상을 받을 수 있는 자격을 갖춘 것은 발명품 때문만은 아니다. 그가 전등의 밝기를 증대시키기 위해 탄화시킨 대나무 필라멘트를 실험하고 있을 때였다. 대나무 필라멘트에 있는 탄소가 아주 높은 전압으로 열을 받자 증발해, 전등 안쪽의 유리벽에 거무스름한 침전물이 계속 나타나는 것을 보았다. 에디슨은 탄소 분자들이 전기 작용으로 필라멘트로부터 유리 전등 표면으로 전도된다고 추리했다.

이때 에디슨은 탄소검정 속에 필라멘트 고리의 가장자리와 나란히 뚜렷한 줄무늬가 나타난 것을 보았다. 탄소 원자들은 필라멘트 고리의 한쪽에서 밀려

나왔고, 그 고리의 다른 쪽에는 '흰 그림자'가 생겼다. 발명가로서 이 기이한 현상을 놓칠 리 없었다. 1883년 진공관에서 어떻게 이런 현상이 나타나는가를 밝히는 실험에 몰두했다. 에디슨은 필라멘트 노릇을 하던 머리핀같이 생긴 탄소 고리의 두 끝 사이에다 금속판 하나를 갖다놓고 백금으로 만든 도선을 연결했다. 전등에 직류를 공급하고 계기를 금속판과 필라멘트의 도입 전극에 연결하면 계기는 강한 전류를 나타내지만, 금속

에디슨이 발명한 초기 활동사진 영사기로 촬영한 모습.

판과 배출 전극에 연결하면 아무런 전류도 나타내지 않는 것을 발견했다. 바로 유명한 '에디슨 효과'다.

전선도 없이 전기가 흐르는 것을 이상하게 생각한 에디슨은 자신이 과학사적으로 엄청난 발견을 했다는 것을 알아차리지 못하고, 기이한 현상을 증명하는 특별한 램프를 만들어 특허를 획득하고는 곧바로 다른 일에 몰두했다. 반면 1884년 영국 우편국의 수석 엔지니어인 윌리엄 프리스는 필라델피아 국제전자박람회에 에디슨의 전등이 전시돼 있는 것을 보고 이상하게 생긴 금속판 전극을 지닌 전등 하나를 구입했다. 프리스는 그 전등을 실험한 후 뜨거운 필라멘트로부터 음전하된 입자가 분출되는 현상을 '에디슨 효과'라 불렀다. 이때 에디슨 전기회사 자문역인 존 암브로스 플레밍John Ambrose Fleming은 교류전압이 필

라멘트에 가해질 때에도
전류가 흐르며, 전등으로
부터 흘러나오는 전류는
더이상 교류가 아니라 이
미 직류로 전환됐다는 것
을 발견했다.

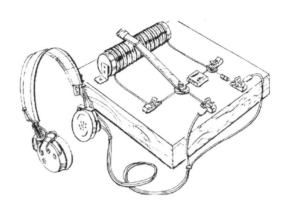

최초의 라디오.

이 발견은 진공관 라디
오의 발명으로 이어졌으
며 근대 전자공학의 문을
열도록 유도했다. 플레밍은 에디슨의 발견을 면밀히 추적한 공로로 조지 5세
로부터 기사 작위를 받아 '암브로스 경'이 됐다. 한편 영국의 물리학자 리처드
슨Owen Willans Richardson은 1900년에서 1903년 사이에 실험을 통해 에디슨 효
과가 진공상태에서 자유전자의 발생과 이동으로 생겨난 현상이라는 것을 증명
했다. 이 공로로 리처드슨은 1928년 노벨 물리학상을 받았다. 이 효과가 20세
기에 들어서 라디오, 소리 증폭, TV, 전파탐지기에서 사용되는 등 많은 전기기
구의 기초를 이룬다.

에디슨이 자신의 발견에 크게 주목하지 않고 신기한 현상으로만 간주한 첫
번째 이유는 청력이 약해서라고 학자들은 추정한다. 1920년대에 라디오가 인
기를 얻기 시작했을 때도 에디슨은 그것이 그저 지나가는 유행이라고 생각했
다. 초창기 라디오 소리는 쉭쉭거리고 잡음이 많아 에디슨처럼 청력에 문제가
있는 사람들에게는 특히 좋지 않게 들렸다. 따라서 라디오, TV 등 현대 문명의
근간이 되는 '에디슨 효과'를 발견하고서도 자신이 직접 관심을 갖고 있지 않
는 한 관심을 접었다. 혹자는 에디슨이 정규교육을 받지 않았으므로 이론 규명

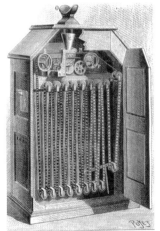

에디슨이 발명한 축음기, 활동사진영사기, 전신기사기.

을 누구보다도 싫어했기 때문이라고 말한다.

여하튼 에디슨은 테슬라와의 개인감정 때문에 노벨상을 놓쳤고 비정한 사람이라고 사망할 때까지 매도됐다. 더구나 그의 잘 나가는 회사는 제너럴 일렉트릭에 인수된 후였다. 에디슨의 가장 중요한 업적은 밤을 낮으로 변모시킨 전등의 발명이다. 하지만 에디슨의 전구, 즉 백열전구는 발명된 지 120여 년 만에 고에너지 낭비의 주범으로 지구상에서 퇴출될 전망이다.

여기에 가장 앞선 나라는 호주다. 호주는 온실가스 배출을 줄이기 위해 오는 2010년까지 기후변화의 주범으로 지목되고 있는 백열전구를 에너지 효율이 높은 형광등으로 모두 교체하겠다고 발표했다. 호주 전역에서 백열전구를 완전히 퇴치시킨다면 2012년까지 400만 톤의 온실가스 배출을 줄일 수 있다고 한다. 뉴질랜드 정부도 호주의 경우를 모델로 삼아 백열전구 퇴치에 동참하겠다고 발표했다.

이처럼 백열전구가 경원시되는 것은 형광등에 비해 에너지소비효율이 훨씬 낮은 것은 물론 수명도 짧아 에너지 낭비의 주범으로 지적되기 때문이다. 이를 형광등으로 바꿀 경우 전기 소비량은 80퍼센트 이상 줄어든다. 제너럴 일렉트릭과 월마트, 포드 자동차 등 세계 100대 기업들도 온실가스 배출 감소 움직임에 동참한다고 발표했다. 또한 미국 캘리포니아 주와 뉴저지 주 등에서 백열전구 사용을 금지하는 법안이 주 의회에 제출되는 등 에디슨의 백열전구는 조만간 지구상에서 사라질 것으로 예상된다.[7]

에디슨, 일생일대의 실수를 하다

—

에디슨의 발명품 중에서 영화도 결코 빼놓을 수 없다. 그는 축음기에 이어 오락문화에 대혁신을 불러올 새로운 연구에 몰두한다. 바로 영화였다. 영화는 '영상의 지속(잔상)'이라는 현상을 이용하는 것으로 일련의 정지된 사진을 빠르게 돌리면 마치 연속적인 동작인 것처럼 보인다. 그의 영화 연구는 매우 빨라 1880년대에 이미 동료인 윌리엄 딕슨W. K. L. Dickson과 함께 2만 4000달러라는 거금을 투입해 활동사진 촬영기와 영사기 개발에 착수했다.

원래 영화는 사진기가 발명되기 전(1839년)부터 시작됐다고 해도 과언이 아니다. 1830년대 유럽에서는 '마법의 원반'이 응접실용 장난감으로 유행했다. 정지된 원반에 뚫린 좁은 틈을 통해 또 하나의 돌아가는 원반을 보면 원반 주위에 그려진 조그만 그림들이 움직이는 것처럼 보였다. 거울이나 '마법의 등불(정교한 광선 상자)'을 이용해 그림을 스크린 위에 투사하는 개량된 형태도 등장했다. 1860년대 필라델피아의 콜먼 셀러스는 사진과 마법의 원반을 결합하면 연속적인 동작을 볼 수 있다는 데 착안했다. 그는 두 아들이 못을 박는 모습을 연속 동작으로 찍은 여섯 장의 사진을 바퀴 모형으로 돌려 사람이 실제 움직이는 것처럼 할 수 있었다.

10년 뒤 필라델피아의 헨리 헤일은 두 남녀가 왈츠를 추는 모습을 한 장 한 장 연속 동작으로 찍어서 이를 스크린 위에 투사해 춤추는 모습을 재현했다. 또한 에드워드 제임스 뮤브리지는 동물과 사람의 연속 동작을 사진에 담기 위해 24대나 되는 카메라를 사용했다. 1882년에 프랑스의 발명가 에띠엔 마리는 장총의 개머리판과 방아쇠를 고속 셔터와 연결시킨 한 대의 '사진 총'을 사용해 새들이 나는 모습을 회전원통에 감긴 인화지에 담을 수 있었다.

1888년 뮤브리지는 자기가 발명한 '동물생태관찰기'를 가지고 에디슨을 만났다. 뮤브리지의 발명에 대해 큰 관심을 기울이지 않던 에디슨은 우연한 기회에 '눈을 위한 축음기'에 관한 아이디어를 떠올렸다. 그는 사람들이 좋아하는 가수나 연주자의 음악을 귀로 들을 뿐 아니라 눈으로 볼 수 있게 하면 축음기가 더 잘 팔릴 것이라고 생각했다. 1889년 그는 조수 딕슨과 함께 조지 이스트맨이 발명한 15미터짜리 신축성 셀룰로이드 필름을 감을 수 있는 스프로킷(사진기의 필름을 감는 톱니바퀴)을 개발했다. 에디슨이 1891년에 발명특허를 낸 '키네토스코프'는 활동사진을 들여다보는 장치에서 잇따라 등장하는 모든 활동사진 장치의 선구자 역할을 한다. 특히 그는 35밀리미터짜리 필름을 사용했는데, 그후 이 필름의 폭은 국제표준규격이 됐다.

여기서 에디슨은 일생일대의 실수를 한다. 키네토스코프와 축음기를 동시에 작동시켜 동작과 음을 일치시키는 것은 매우 어려운 작업이었다. 따라서 그는 자신의 발명품이 장래성이 없다고 판단했고 국제특허를 내는 데 추가로 드는 비용 150달러마저 아깝다며 특허 제출을 포기했다. 이것이 다른 나라 발명가들이 에디슨의 방식을 본떠 유사품을 만들어낼 수 있는 계기였다.

물론 그는 축음기와 영화를 연결시키는 것은 포기했지만 키네토스코프 자체는 활용성이 있다고 판단해 권투경기에서 촌극에 이르기까지 단편영화 제작에 착수했다. 하지만 낮 동안의 일사량이 영화를 제작하는 데 다소 부족했다. 그는 죄수 호송차를 가리키는 속어인 '블랙 마리아'라는 검은색 건물을 건설해 영화사상 최초의 스튜디오로 사용했다. 이 건물은 더욱 많은 빛을 얻기 위해 지붕은 개폐식으로 했고 건물 자체를 회전시킬 수도 있었다. 블랙 마리아에서의 촬영은 계속됐고 때때로 야외촬영을 하기도 했다. 그의 발명품은 부와 행운을 낳는 거위로 1894년 4월 첫번째 키네토스코프 전문점이 뉴욕에서 선을 보인 후 미국과 유럽에 불길처럼 번져 보급됐다. 5센트짜리 동전만 내면 조그맣게 뚫린 구멍을 통해 실제와 똑같이 움직이는 모습을 15초 동안 볼 수 있었다. 『리더스 다이제스트』를 보면 당시에 에디슨 연구소의 직원 프레드 오트가 재채기하는 모습을 찍은 필름이 큰 인기였다.

이때 프랑스 리용 출신의 뤼미에르Lumiere 형제는 쉽게 운반할 수 있는 카메라와 키네토스코프의 필름에 담긴 영상을 큰 스크린에 투사할 수 있는 장치를 고안했다. 그들이 만든 영사기는 매우 가벼웠고 소형인 데다 에디슨의 문제점을 완벽하게 해결했다. 그들의 발명품은 양쪽에 구멍이 뚫린 필름이라는 개념을 빌려오기는 했다. 하지만 에디슨의 필름 측면에는 네모난 구멍이 네 개 있는 반면, 뤼미에르의 필름에는 동그란 구멍이 양쪽에 하나씩 있었다. 그들의 아이디어는 간단했다. 필름이 일정한 간격으로 움직이고 필름이 멈추는 순간과 셔터가 열리는 순간을 일치시켜 확대된 영상을 스크린 위에 투사하는 것이다.

그들은 1895년 12월 파리 까쀠신사 14번지에 있는 지하실을 빌려 의자 100개를 놓고 요금을 내고 들어온 관중에게 자신의 발명품을 최초로 보여줬다. 영화사에서는 이날, 즉 1895년 12월 28일을 영화가 탄생한 날로 간주한다. 유럽에서 자신이 발명한 키네토그래프의 원리를 이용해 뤼미에르형제가 대성공을 거두었다는 소식을 들은 에디슨은 자신의 실수를 깨닫고 곧바로 바이터스코프라는 영사기를 개발한다.

바이터스코프는 1896년 4월 뉴욕의 코스터앤드비알 음악당에서 미국의 일반 시민들에게 처음으로 공개됐다. 그것은 에디슨도 예상치 못할 큰 센세이션을 불러일으켰다. 어떤 기자는 다음과 같이 보도했다.

> "프로그램에는 멋진 금발머리 아가씨들이 춤추는 모습과 익살스러운 권투시합, 노한 파도가 들어 있었는데 하나같이 놀랍도록 사실적이며 기막히게 재미있었다."[8]

영화가 급속도로 보급될 수 있었던 것은 발명된 지 얼마 되지 않아 파리국제박람회가 열린 탓도 있었다. 뤼미에르형제는 에펠탑에 거대한 스크린을 매달아 방문객들에게 보여주려 했으나, 당시의 기술 수준으로 무리가 따르자 박람회장 안에 아주 작은 스크린을 설치했다. 이 작은 스크린도 가로 21미터, 세로 18미터에 달했다. 1만 5000명을 수용할 수 있는 박람회는 6개월이나 계속됐는데, 326회의 무료 시사회를 통해 영화가 무엇인지를 사람들에게 확실하게 보여주었다.[9]

하지만 영화 오락은 곧바로 반발을 불러일으킨다. 여성들이 권투시합을 찍은 영화를 보려고 줄을

파리국제박람회.

서자 도덕성 시비가 일어났다. 상반신을 벗은 남자들이 서로 치고받는 권투경기를 여성들이 보는 것이 품위 있는 행동인가 하는 이의가 제기됐던 것이다. 더구나 에디슨의 영화 장치는 다소 복잡한 면이 있어서 시장 진입에 실패하고 영화 산업에서 완전히 손을 뗀다. 반면 일부 영화제작자들은 연극을 필름에 담은 영화들이 다른 어떤 형태의 오락보다 더 많은 이익을 가져다주자 여기에 투자하기 시작했다. 특히 따뜻한 햇볕과 값이 싼 땅이 많은 LA 지역으로 제작자들이 몰려들기 시작했고 이것이 현재 영화의 메카인 할리우드의 모태가 됐다. 1920년경에 이미 할리우드 최대의 스튜디오인 칼 라에믈레Carl Laemmle의 유니버설시티는 매년 250편의 연속물, 단편, 뉴스 영화, 저비용 장편영화를 만들어 낼 정도였다.[10]

영화에서는 실패했지만 에디슨의 연구는 계속돼 X선, 전차 엔진, 비행 기계 등에 관심을 쏟았고 축전지 개발에도 손을 댄다. 그의 마지막 연구 과제는 미국 내에서 고무 원료를 찾아내는 것이었다. 제1차 세계대전과 그에 따른 국제적인 무역질서의 붕괴는 산업 기자재의 원료를 외국에 의존하는 것이 얼마나 위험한가를 알게 해주었다. 따라서 20세기를 주름잡을 자동차 산업에서 필수품인 타이어의 재료, 고무의 확보는 미국으로서 매우 중요한 일이었다. 그는 친구인 '자동차의 왕' 헨리 포드의 재정 지원을 받아 고무를 생산하는 식물에 대한 연구에 몰두했다.

에디슨은 사망하기 전날까지도 고무와 관련된 일을 했고 일부 식물에서 고무의 원료가 될 고순도의 원료를 추출해내는 데 간신히 성공했다. 하지만 고무에 대한 독점은 불가능했고, 고무의 가격이 떨어지자 그의 마지막 연구는 아무런 성과를 내지 못했다. 그는 79세인 1926년에 비로소 공식적인 업무에서 은퇴했다. 1929년 친구인 헨리 포드는 '빛의 50주년'을 개최해 그가 밤을 낮으로 만든 공로를 기렸지만 그의 건강은 매우 나빠져 식장에서 준비된 짧은 원고를 겨우 읽을 수 있었다.

에디슨은 1931년 10월 18일 84세의 나이로 세상을 떠났다. 10월 21일 글렌몬트에서 열린 장례식 때, 후버 대통령은 고인에게 가장 어울리는 조의를 표하자고 제의했다. 그날 밤 10시에 전국의 모든 전등을 소등하자는 것이다. 에디슨이 남긴 수많은 업적, 그와 떼어놓고는 결코 생각할 수 없는 것들, 백열전등, 전신기, 축음기, 전화기와 발전기, 키네토그래프는 그를 살아 있는 전설로 만들었다. 그는 살아생전에도 정당한 평가를 받았으며 죽은 후에도 그러했다.

오늘날 '하이테크'라 불리는 연구소도 에디슨이 시도한 발명품이라고 할 수 있다. 그는 19세기의 조악한 작업장과 현대 기업들의 연구 개발 부서를 연결하는 과도기의 핵심적인 인물로도 큰 역할을 했다. 에디슨이야말로 과학적 지식을 종합적으로 활용해 인간의 생활을 보다 풍족하게 만드는 데 기여한 공헌자였다.

다시 직류로 돌아가자

—

요즘 각 가정은 마치 전선의 숲을 방불케 한다. TV의 유선방송선, 오디오와 비디오 기기선, 컴퓨터의 인터넷선은 물론 어댑터까지 달려 있어 복잡하기 그지없다. 왜 이렇게 복잡할까? 전선 수를 획기적으로 줄일 수 있는 방법은 없을까 생각해본 사람이 한두 명이 아닐 것이다. 책상 위도 복잡하기는 마찬가지다. 휴대전화, MP3플레이어, 디지털카메라, PDA 때문에 책상이 아예 충전기 진열대가 돼버릴 지경이다. 충전기를 없애버리고 기기들을 콘센트에 바로 꽂아 충전할 수는 없을까? 더구나 오랫동안 가동한 전기기기를 만져보면 따뜻함이 느껴진다. 이것은 전기에너지가 열에너지로 낭비되고 있다는 증거로 발명가라면 전력 낭비를 줄일 수 있는 방법을 반드시 생각해봤을 것이다.

이처럼 '전선 공해'라는 말을 듣는 이유는 우리가 사용하는 전기 자체에 원인이 있다. 전기의 종류를 근본적으로 바꿔주지 않으면 이 문제들은 해결될 수 없다. 그것은 에디슨과 테슬라의 전쟁으로 되돌아가는 화두이기도 하다.

전기에는 직류와 교류 두 가지가 있다. 엄밀한 의미에서 교류 대신 직류를 사용하면 각 가정에서 사용하고 있는 전기 제품에 대한 많은 문제가 해결된다. 그럼에도 교류를 사용하는 이유는 에디슨과 테슬라의 직류-교류 전쟁에서 에디슨이 참패했기 때문이다. 물론 교류를 사용하면서 전선의 수를 줄이는 방법도 있는데, 무선통신과 전력선통신이 그것이다. 무선통신은 가전기기 간 통신을 모두 무선으로 한다는 것인데, 가령 DVD 플레이어에서 TV나 프로젝터로 가는 신호를 선으로 연결시키지 않고 무선으로 한다는 개념이다. 요사이 각광받고 있는 유비쿼터스가 무선통신의 대표적인 예다.

그런데 무선을 사용하면 전선의 수는 획기적으로 줄어들지만 전자파가 많아진다. 예를 들어 블루투스에서 채택한 주파수는 2.45기가헤르츠로, 이것은 전자레인지 주파수와 같다. 즉 사람들이 약한 전자레인지 속에서 살게 되는 것이다. 게다가 전력 낭비도 많아진다. 가전기기들은 언제 날아올지 모르는 무선 신호를 항상 기다리고 있어야 하므로 '스탠바이' 상태를 유지하기 위한 전력을 소모해야 한다. 반면 전력선통신은 전력선에 통신 신호까지 함께 보내는 방법으로, 통신선을 줄여 결과적으로 선의 개수를 줄이는 방법이다. 무선통신과는 달리 공중을 날아다니는 전자파를 거의 발생시키지 않고 전력의 낭비도 커지지 않는다.

하지만 전력선통신이 인터넷 신호를 받는 것 이상의 용도로 사용되지 않는 이유는 가전기기에 붙어 있는 전원장치 때문이다. 대부분의 가전기기 내부에는 직류가 사용되지만, 공급되는 전기는 교류이므로 기기마다 교류를 직류로 바꿔주는 전원장치가 필요하다. 어댑터도 전원장치의 일종인데 이것의 문제점은 전력선통신에 필요한 통신 신호가 이런 장치를 통과하지 못한다는 점이다. 따라서 전력선통신으로는 수많은 전선 중 인터넷 선 하나만 줄어들 뿐 나머지 기기들의 전선이 사라지는 것은 아니다.

교류를 사용하는 한 충전기 문제도 항상 도사리고 있다. 충전이란 전지에 전기를 흘려 저장시키는 것인데 전지에는 직류가 흘러야 한다. 그런데 가정에 들어오는 전기는 교류이므로 이를 직류로 바꿔주는 충전기 회로가 필요하다. 교류를 사용하는 한 교류를 직류로 바꾼 후 전지에 전기를 공급해주고 충전이 다되면 전원 공급을 중단해주는 충전기는 필수불가결한 제품이다. 물론 전력 낭비도 문제다. 거의 모든 가전기기에는 어댑터와 같은 전원장치가 있고 거기에는 변압기가 들어 있다. 보통 변압기는 기기가 전혀 전기를 사용하지 않는데도 전력이 조금씩 새어나가게 돼 있다.

가전기기에 직류를 직접 공급해주면 이런 문제가 모두 해결된다. 우선 가전기기에 전원장치가 없어도 되므로 크기와 무게가 감소한다. 학자들은 개인용 컴퓨터의 크기를 노트북 크기로 줄일 수 있다고 말한다. 더구나 가전기기끼리 전력선통신이 가능해지기 때문에 전선 수가 획기적으로 줄어들고 변압기의 전력 낭비도 없어진다. 교류를 직류로 바꿔주는 충전기가 필요 없으므로 휴대전화를 직접 콘센트에 꽂아 사용할 수 있는 것이다.

직류를 사용하면 분산 발전에도 도움이 된다. 최근 전력 사용량이 증가하면서 대형 발전소 건설이 화두인데 부지는 물론 송전선을 건설하는 것도 만만치 않다. 이에 작은 발전기를 곳곳에 설치하는 분산 발전이 현실적인 대안으로 떠

오르는데, 가령 대규모 아
파트 단지마다 작은 발전
소를 지어 공급하는 것이
다. 분산 발전에서는 직류
를 발전시키므로 가정에서
직류를 사용해도 문제가
없다. 더구나 태양에너지
나 연료전지들은 모두 직
류를 생산하므로 차세대
발전 방식으로 직류를 고
려하는 것이다. 물론 현재
교류 시스템에서는 발전기
마다 직류를 교류로 바꿔
주는 인버터라는 장치를
부착하면 된다.

왕성하게 활동할 당시 실험실에서의 에디슨.

직류를 사용할 경우 가장 큰 장점 중의 하나는 대규모 정전 사태를 막을 수
있다는 점이다. 우리나라는 섬을 제외한 전국의 전력망이 하나로 연결돼 있어
전국 어느 곳에서나 전기는 똑같이 60헤르츠이고 전압과 위상이 모두 맞아야
한다. 위상이 맞는다는 것은 한 부분이 (＋)극이 될 때 다른 부분이 (－)극이 되
는 일이 없어야 한다는 뜻이다. 즉 전국의 전기가 '박자를 맞춰' 함께 움직여야
한다. 만약 한 부분의 전력 사용이 갑자기 변하는 등 사고가 생길 경우 전국의
전기가 함께 동요되므로 수많은 도시에서 한꺼번에 정전이 발생할 수 있다. 직
류는 이런 동요가 생기지 않는다.

또한 무효전력 문제도 해결된다. 교류로 전력을 전송할 경우 전송망은 소비되는 전력 외에 어느 정도의 전력을 갖고 있어야 하며 이를 무효전력이라고 하는데, 직류를 사용하면 무효전력이 사라진다. 더구나 직류를 사용하면 송전선의 수가 줄어드는 것은 당연하다. 교류를 사용하는 현재의 송전 방식으로는 송전선이 3~4개 필요한데 직류로 하면 2개만 있으면 된다. 선을 접지할 경우에는 한 가닥이면 돼 감전 위험까지 줄어들어 교류보다 안전하다.

직류와 같은 전력을 내보내기 위해 교류는 최대 전압이 배가 돼야 한다. 그런데 같은 전력을 전송할 경우 직류는 교류의 70퍼센트만으로도 똑같은 효과를 낼 수 있기 때문에 그만큼 위험이 줄어드는 것이다. 무엇보다도 수백 볼트 이하의 약한 전압에서는 교류가 훨씬 위험한데, 교류는 진동수가 60헤르츠이기 때문에 사람을 1초에 60번 잡고 흔드는 것과 같은 충격을 준다. 반면 직류는 한 번 충격을 줄 뿐 반복되는 충격이 없다. 이미 세계적으로 직류의 유용성을 인식하고 직류의 사용을 시도하려는 움직임들도 있다. 일본에서는 NTT 통신회사가 교환실을, JR 철도회사가 전철을 직류화하고 있다. 미국에서는 직류를 포함한 다중 주파수의 송전을 검토 중이라고 한다.[11]

에디슨이 주장한 것처럼 교류가 직류보다 더 위험한 것인지는 앞서 설명했다. 가정용 직류와 교류를 비교했을 때, 심장마비를 일으킬 확률은 교류가 직류보다 세 배나 더 높다. 결국 에디슨이 개인적으로 가장 크게 공격받았던 전류 싸움에서 그가 옳았다는 게 증명됐지만 이미 시간은 지나간 후였다. 다시 직류의 시대가 된다면 테슬라와 에디슨이 뭐라고 말할지 궁금하다.

고정관념을 버리고
내 눈앞의 진실에
충실하라

방 사 능

마리 퀴리 Marie Curie, 1867~1934

마리 퀴리만은 오류에 빠져들지 않았다. 그녀는 방사능 물질의 광선이 스스로 발생한 것이라고 주장하며 우라늄을 비롯해 플로늄이 이상한 현상을 일으키는 것을 '방사성(방사능)'이라 부르자고 제안했다. 사실 엄밀한 의미에서 X선을 포함한 방사선을 발견한 이들은 뢴트겐과 베크렐이지만, 마리 퀴리가 더욱 중요시되는 것은 그녀가 '방사능'이란 단어를 제창한 것은 물론 방사선의 원리에 대해 이론적인 토대를 세웠기 때문이다. 순전히 가설에 불과한 원자 구조의 신비가 그녀로부터 밝혀지게 된 것이다.

그 외 등장인물

레나르트 Philipp Eduard Anton von Lenard • 음극선 발견 | **뢴트겐** Wilhelm Konrad Röntgen • X선 발견 | **쾰리커** Rudolf Albert von Kölliker • 신경섬유의 존재 규명 | **베크렐** Henri Becquerel • 방사선(베크렐선) 발견 | **톰슨** Joseph John Thomson • 원자모형 제시 | **러더퍼드** Daniel Rutherford • 원자 핵분열설 최초 제시, 질소 발견 | **보어** Niels Hendrik David Bohr • 양자물리학의 개시자 | **채드윅** James Chadwick • 전하 없는 소립자 · 중성자 발견 | **페르미** Enrico Fermi • 37가지 원소의 방사능 동위원소를 찾음 | **한** Otto Han • 원자폭탄 제조 계획의 초석을 놓음 | **하이젠베르크** Werner Karl Heisenberg • 불확정성의 원리 제창 | **이렌느 퀴리** Irene Joliot Curie 부부 • 인공 방사성 발견

뷔르츠부르크 물리의학협회에 투고된 한 편의 논문

—

현대 문명이 만든 단어 가운데 가장 부정적으로 인식되는 것 하나가 '방사능' 이다. 국내에서 원자력발전소 건설은 물론 재처리 시설을 설치할 때마다 주민들이 결사적으로 반대하는 것도 방사능 때문이다. 이 방사능이 인간에게 알려지기 시작한 것은 고작 100여 년에 지나지 않는다.

1892년 레나르트Philipp Eduard Anton von Lenard는 크룩스관을 사용한 실험에서 얇은 알루미늄 막을 투과하는 음극선을 발견했다. 음극선은 눈에 직접 보이지는 않지만 형광물질이 칠해져 있는 스크린에 비추면 스크린상에 형광이 발생하므로 검출할 수 있었다. 뢴트겐도 레나르트가 발견한 형광 현상을 재현하는 실험을 하고 있었다. 1895년 11월 8일 뢴트겐은 산란된 형광이 유리관의 벽면에서 유출되는 것을 철저히 막기 위해 검고 두꺼운 종이로 크룩스관을 덮었다. 그는 실험실의 불을 끄고 크룩스관의 전원을 켰다. 동시에 가까이에 두었던 백금시안화바륨을 바른 스크린이 도깨비불처럼 희미한 빛을 내기 시작했

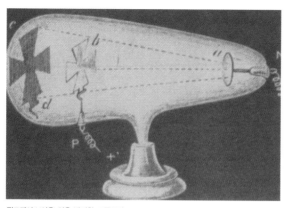
뢴트겐이 X선을 처음 발견한 크룩스관.

다. 크룩스관과 스크린 사이에 두툼한 책을 두거나 스크린을 더 멀리 놓아도 여전히 방전 때마다 형광이 관찰됐다. 하지만 이것은 뢴트겐이 관찰하려고 했던 음극선은 아니었다. 음극선의 위력은 책을 관통할 만큼 강력하지 않기 때문이다. 이전에 단 한 번도 언급된 적이 없는 무언가가 크룩스관에서 나와서 1미터 이상의 공기를 통과해 형광 스크린을 빛나게 한 것이다. 뢴트겐은 이 정체를 알 수 없는 방사선을 X선이라고 불렀다.

그는 실험을 계속해 X선이 1000쪽에 달하는 책은 물론 나무, 고무 등 많은 물질을 통과할 수 있다는 것을 알아냈다. 반면 X선을 차단하려면 적어도 1.5밀리미터 두께의 납으로 막아야 함도 발견했다. 여기서 뢴트겐은 아주 중요한 아이디어를 떠올렸다. 보통 광선이 사진 건판에 감광돼 사진이 찍히듯이 X선도 건판에 감광될지 모른다고 생각한 것이다.

그는 X선이 통과하는 길에 사진 건판을 놓고 아내를 설득해 손을 그 사이에 놓도록 했다. 건판을 현상한 그는 예상대로 손가락뼈가 똑똑히 나타난 사진을 얻을 수 있었다. 뼈 둘레 근육의 모습은 희미하게 나타났다. 산 사람의 뼈가 사진으로 찍힌 것은 역사상 처음이었다. 뢴트겐은 X선을 발견한 후 뷔르츠부르크 물리의학협회에 '신종 방사선에 관하여'라는 제목으로 편지를 썼다. 그의 논문을 접수한 협회는 그 중요성을 알아차리고 곧바로 협회 기관지에 게재하도록 서둘렀다.

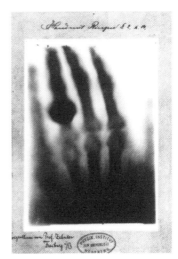

X선이 발견됐다는 소식이 전 세계로 확산되기까지는 불과 15～20일밖에 걸리지 않았다. 뢴트겐이 다음해인 1896년 1월 23일 구두로 논문을 발표했을 때는 이미 전 세계 학자들이 그 내용을 알고 있었다. 더욱이 이 기간에는 크리스마스와 신년 휴가가 끼어 있었다. 이 사이에 10쪽에 달하는 논문이 심사되고 발간이 결정된 후 교정을 거쳐 인쇄에 들어가고, 저자에게 우송함과 동시에 신문에 발표까지 된 것이다. X선의 발견이 준 충격은 그만큼 대단한 것이었다.

특히 발표장에서 당시 80세인 스위스의 해부학자이자 동물학자인 쾰리커R. kölliker가 실험 대상이 되겠다고 자청했다. 쾰리커는 현미경을 이용해 난자와 정자가 세포임을 확인했고, 신경섬유가 가늘고 길게 뻗은 세포임을 밝힌 사람이다. 뢴트겐은 그의 손을

뢴트겐 부인의 엑스레이 사진과 뢴트겐.

X선으로 찍어서 사람의 손뼈가 똑똑하게 나타난 것을 보여줘 청중들을 경탄케 했다. 이후 단 1년 동안 X선에 관한 논문이 1000종, 단행본이 50권 출판됐고, 1897년에는 뢴트겐협회가 결성됐다. 그해 11월 5일 뢴트겐협회에서 톰슨Elihu

Thompson이 발표한 내용은 당시의 상황을 가장 적절히 표현하고 있다.

"발견의 역사상 이것만큼 즉각적이고 널리 과학적으로 응용된 전례는 없다."

하지만 뢴트겐이 사람을 해부하지 않은 채 살아 있는 사람의 뼈를 보았다는 소문은 대중과 공공매체에서 많은 두려움과 오해를 불러일으켰다. 뉴저지 주의 한 정치가는 오페라 극장의 쌍안경에 X선 사용을 금지하는 법안을 제출할 정도로 X선이 개인의 사생활에 종식을 가져올지 모른다는 우려가 널리 퍼졌다. 런던의 란제리 제조업체는 "X선이 통과하지 않음을 보증하는 속옷"을 광고했다.

하지만 이러한 두려움은 근거 없는 것이었고 곧 유용성이 나타났다. 뉴햄프셔 주의 한 병원에서 X선을 골절을 진단하는 데 사용했고, 베를린의 어느 의사는 손가락에 꽂힌 유리 파편을 찾아냈다. 리버풀의 한 의사는 X선으로 소년의 머리에 박힌 탄환을 확인했고, 맨체스터의 교수는 총 맞은 여자의 두부를 촬영했다.

이후 X선이 응용되는 속도는 타의 추종을 불허했다. X선이 갖고 있는 과학과 의학에서의 잠재력을 파악한 노벨상 위원회에서 1901년 제1회 노벨 물리학상 수상자로 뢴트겐을 선정한 것은 최초의 수상자라는 명예에 걸맞았다.

자체적으로 빛을 내는 돌

—

X선이 뢴트겐에 의해 발견된 다음해인 1896년 앙리 베크렐(1852~1908)이 방사선을 발견하고 곧바로 퀴리 부부의 라듐 발견으로 '방사능'이라는 단어가 태

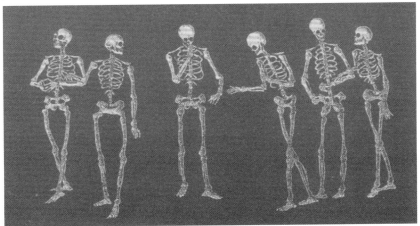

뢴트겐의 논문 이후 X선이 통과하지 않는 속옷 광고가 등장하는 등 한바탕 소동이 일었다.

어난다. 인류사에 가장 큰 공헌을 한 발견이 거의 동시에 일어난 것이다. X선에 의해 과학이 획기적인 발전을 이룰 수 있었던 것과 마찬가지로 방사능 때문에 과학은 또한번의 비약적인 발전의 계기를 얻었다.

마치 누군가가 X선 하나만이 아니라 방사선과 방사능도 함께 알려줌으로써 인류의 키가 껑충 자라라고 도와주는 듯했다.

뢴트겐이 X선을 발견했다는 소식을 들은 세계의 과학자들은 모두 놀라면서 그 현상을 재현하려 했다. 파리에 있는 에콜 폴리테크닉의 물리학 교수였던 베크렐도 예외는 아니었다. 그는 '형광과 인광 등을 내는 물질(형광 물질은 빛을 조사照射하면 빛을 내지만 어두운 곳으로 옮기면 형광은 없어진다. 반면 인광 물질은 조사가 중단된 후에도 잠시 동안 빛을 낸다)이 동시에 X선도 방사하고 있는 것이 아닌가' 하고 생각했다. 우라늄 원자를 포함하고 있는 황산칼륨우라늄염potassium uranyl sulfate이라는 형광 물질이 X선을 포함하는지를 알아보기 위해 베크렐은 검은 종이로 싼 사진 건판 위에 이것을 얹어 햇빛에 노출시켰다. 자외선이 이 형광 물질을 들뜨게 하기 위해서였다.

베크렐.

몇 시간 후에 종이를 펼치자 예상했던 대로 건판이 검게 돼 있었다. 베크렐은 이 실험 결과를 토대로 음극선관을 사용하지 않고도 X선을 만드는 것이 가능하다고 생각했다. 그후 그는 검은 종이로 사진 건판을 포장한 후 어두운 서랍 속에 우라늄염과 함께 넣어두었다. 며칠 후 그가 다시 건판을 꺼내보았을 때 놀랍게도 건판은 전보다 심하게 감광돼 있었다. 이것은 빛을 쬐지 않더라도, 즉 형광이나 인광의 발광과는 관계없이, 우라늄염이 X선이 아닌 다른 방사선을 내고 있다는 것을 의미했다.

물질에서 자발적으로 방출되는 방사선이 처음 확인된 것이다. 베크렐을 더욱 놀라게 만든 것은 우라늄에 의해 방출되는 방사선이 우라늄의 화학적 상태나 물리적 조건에 영향을 받지 않는다는 것이었다. 그는 순수한 우라늄이 우라늄염보다 더 강한 방출 물질인 것으로 보아 우라늄 자체가 방사선의 근원일지 모른다고 생각했다. 하지만 이 당시만 해도 베크렐의 발견이 갖고 있는 엄청난 중요성을 알아차린 사람은 거의 없었다.

베크렐의 발견은 마리 퀴리에 의해 그 진가가 발휘되기 시작한다. 마리 퀴리는 1867년 11월 7일 바르샤바에서 블라디슬라브와 브로니슬라바 슬로도프스키의 다섯 자녀 중 막내인 마리아 슬로도프스키로 태어났다. 아버지는 몰락한 물리 교사였고 어머니는 기숙학교 교장이었다. 어머니는 마리가 열 살 때 결핵으로 세상을 떠났는데, 독실한 가톨릭 신자인 어머니가 죽자 마리는 종교에 반감을 갖고 평생 무신론자로 살았다. 당시 폴란드는 독립국이 아닌 러시아의 한 지방이었고 러시아는 폴란드 문화를 짓밟았다. 이런 시대 배경으로 그녀는 김나지움에서 부당한 대우를 받았고 학과 성적이 뛰어났음에도 고등교육을 받을 수 없었다. 결국 1883년 김나지움을 졸업하자 체제 전복을 꿈꾸는 여성해방론을 따르며 비밀리에 '이동대학교'에 관계했다.

1886년 18세가 된 마리는 언니 브로냐와 파리에서 공부를 하자며 가정교사로 일하면서 우선 언니를 파리로 보낸다. 브로냐는 파리에서 의사자격 시험에 합격하고 폴란드 유학생 카디미르 도르스키와 결혼하자 마리가 파리에서 공부할 수 있도록 주선한다. 마침내 마리는 1891년 파리대학의 입학 허가를 받고 1893년 여자로서는 첫 수석으로 소르본대학에서 물리학 학위를 받는다. 1894년에는 2등으로 수학과를 졸업했다.

그녀는 공부를 마치고 폴란드로 돌아갈 생각을 하고 고국을 잠시 방문했는데, 그때 조국의 상황이 매우 어렵다는 것을 절감하고 프랑스에 남기로 결심했다. 이때 피에르 퀴리를 만난다. 마리보다 여덟 살이 많은 피에르는 고등물리화학연구소에서 실험을 지도하는 한편 결정구조에 관한 연구를 하고 있었다. 마리는 피에르와의 만남을 다음과 같이 기록했다.

"우리는 이야기를 나누자마자 곧 친해졌다. 조국은 달랐지만 그의 생각과 사고방식은 놀라우리 만치 나와 닮은 점이 많았다."

두 사람은 1895년 결혼식을 올렸고 신혼여행 기간에 자전거를 타고 프랑스 지방을 여행했다. 결혼 후에는 파리 글라시에르 거리의 세간도 없는 아파트에서 살았다. 마리가 살림살이를 좋아하지 않았기 때문이다. 피에르 퀴리는 가난했지만 1880년 형 조제프와 함께 압전기押電氣효과, 즉 어떻게 결정체가 압력을 받아 전기를 생산하는지를 발견했으며 자기에 대해서도 연구했다. 그의 박사 학위 논문 「여러 온도에서의 자성체」는 당시 중요한 연구로 평가받았다.

그들이 결혼한 해인 1895년에 뢴트겐이 X선을 발견했고 곧바로 베크렐이 우라늄의 신비로운 성질을 발견했다. 1897년 베크렐은 마리 퀴리에게 박사 학위 논문으로 자신의 연구를 계속하도록 권유했고, 마리는 피에르와 함께 베크렐의 복사선을 연구하기로 결심한다. 베크렐이 제시한 학위 논문 주제는 퀴리 부부의 인생을 극적으로 바꾸었다.

기진맥진할 때는 꿈을 이야기했다

—

마리는 우선 당시 알려져 있던 모든 원소 및 혼합물을 대상으로 방사능이 있는지를 조사했다. 얼마 안 가서 토륨이라는 원소 및 그 혼합물도 베크렐선을 방출한다는 사실을 발견했다. 하지만 다른 물질 중에는 마리가 추후에 방사능이라고 명명한 독특한 성질을 가진 것은 없는 듯했다. 끈질긴 실험 끝에 마리는 그 현상은 화학적 성질의 것이 아니라 원자 자체의 내부에서 일어나는 새로운 현상이라는 사실을 깨달았다.

그러던 중 1898년 마리 퀴리는 독일 요아힘슈탈 지역에서 채굴된 산화우라늄을 함유하고 있는 역청우라늄광 샘플이 순수한 우라늄보다 훨씬 큰 방사능을 갖고 있다는 사실을 발견했다. 그녀는 역청우라늄광 안에 또다른 원소가 들어 있다고 생각했다. 그 원소는 우라늄보다 훨씬 강한 방사능을 갖고 있음에도 아주 소량만 함유돼 있기 때문에 화학 분석에서 탐지해내지 못했다고 판단한 것이다. 마리에게 목표가 생겼다. 즉 역청우라늄광에서 특별히 강한 방사선이 나오게끔 하는 물질을 분리해내겠다는 것이다.

사실상 그녀가 이 연구를 시작할 때인 1898년 4월만 해도 자신들이 하고 있는 작업이 얼마나 엄청난 일인지를 알지 못했다. 다행히 피에르도 주전공인 결정에 관한 연구를 당분간 중단하고 마리의 실험을 돕기로 작정했다. 그들은 찾으려는 물질이 역청우라늄광 속에 1퍼센트 정도 들어 있을 거라고 추측하면서 실험에 임했다. 추후에 밝혀졌지만 사실 그 물질은 1만분의 1퍼센트도 들어 있지 않았다.

그들은 역청우라늄광을 갈아서 가루로 만든 다음 그것을 산酸에 넣어 용해시켰다. 그리고는 그 용액을 끓이고 얼리고 침전시키는 과정을 반복해서 각각의 성분으로 분리했다. 이중 우라늄 성분을 모두 제거하고 다시 알고 있는 다른 원소들도 분리했다. 각 단계마다 그들은 남아 있는 물질이 여전히 방사능을 띠고 있는지 확인했다.

마리 퀴리.

이런 억척스러운 노력은 곧바로 성과를 얻기 시작했다. 6월이 되자 미량의 미세한 흑색 분말을 얻었는데, 이 분말은 우라늄보다 150배나 강한 방사능을 지니고 있었다. 더 정제하자 분말의 방사능도 더 강해져 무려 400배나 됐다. 마리는 자기가 발견한 새 원소를 조국 폴란드의 이름을 따 '폴로늄'이라고 명명했고 7월에 이를 발표했다.

몇 달 후 그들은 그 분말로부터 폴로늄을 분리하는 데 성공했다. 그러던 중 전혀 예상치 못한 일이 벌어졌다. 폴로늄을 분리했는데도 남은 물질이 여전히 방사능을 띠고 있었다. 역청우라늄광에는 미지의 원소가 하나가 아니라 둘이 들어 있었던 것이다. 두번째 원소는 너무나 미량이기에 그것을 순수한 형태로 분리해내는 데는 또다시 여러 달이 걸렸다. 불순물이 함유돼 있는 상태에서도 그 물질의 방사능은 우라늄의 900배나 됐으며, 추후에 밝혀졌지만 그것은 무려 300만 배 더 강한 방사능을 갖고 있었다. 라듐의 발견이었다.

라듐은 눈에 보이지 않지만 유리관 벽면을 자극해 신비스럽고 창백한 빛이 나도록 만드는데 이는 환한 대낮에도 눈에 보일 정도다. 더구나 라듐은 빛의 밝기를 그대로 유지한 채 시간당 100칼로리의 열을 발생시킨다. 여하튼 라듐과 폴로늄은 알칼리토류 금속원소의 하나로 본격적인 방사능 연구의 실마리를 주었고, 퀴리 부부는 이 발견으로 베크렐과 함께 1903년에 노벨 물리학상을 수상했다.[12]

당시 퀴리 부부가 사용하던 실험실은 버려진 헛간을 개조한 것으로 역사상 노벨상을 받은 연구가 행해진 실험실 중에서 가장 열악한 것으로 평가받고 있다. 마리 퀴리는 훗날 이렇게 회상했다.

"우리는 비가 새는 헛간에서 밤낮 없이 연구했다. 좋지 못한 환경에서 너무도 어려웠다. (…) 일할 장소도 마땅치 않았고 돈도 없었고 일손도 달렸다. 너무나 많은 일 때문에 기진맥진할 때면, 우리는 이리저리 걸으며 일과 우리의 현재와 미래를 얘기했다. 추울 때는 난로 옆에서 뜨거운 차를 마시며 기운을 냈다. 우리는 꿈꿔온 대로 완전히 연구에 몰두했다."

피에르 퀴리.

마리 퀴리는 우라늄에 의한 방사선은 그것의 화학적 반응과 관계없는 우라늄 원자의 성질이라고 믿었다. 또한 방사능의 강도가 방사능 시료인 우라늄 양에 관계있다는 것도 확인했다. 베크렐과 퀴리의 발견이 중요한 것은 X선과 유사하면서도 뚜렷이 구분되는 차이점을 확인한 데 있다. X선은 진공유리관 속의 양 전극 사이를 흐르는 전압을 차단시키면 즉시 사라지지만, 우라늄과 라듐 등은 전압과 상관없이 계속해서 같은 강도로 빛을 발산했다. 이 특이한 광선은 온도의 높낮이나 그 어떤 외부적 요인에도 영향을 받지 않았다.

더구나 방사능 물질에서 나온 방사선은 X선보다 투과성이 크고 에너지도 더 컸다. 이 방사선은 나중에 감마선으로 밝혀졌다. 그들의 발견에 당시 학자들이 놀란 것은 에너지보존법칙이 무너진다고 생각했기 때문이다. 잘 알려진 에너지법칙은 다음과 같다.

"에너지는 서로 변환될 수는 있을지언정 결코 무로부터 생성되지는 않는다."

그런데 방사능 물질은 어떤 방식으로 빛을 발생시키는 에너지를 얻을 수 있단 말인가. 물리학자 캘빈 경과 화학자 멘델레예프는 우라늄이 공기 중의 에테르를 빨아들여서 신비스런 빛으로 변환시킨 다음 다시 방출한다고 설명했다. 그때까지만 해도 물리학자들 사이에서 에테르는 빛의 파장을 이해하는 데 필수적인 이론적 기반이었다. 물론 어느 누구도 이 정체를 알 수 없었고 증명하지도 못했지만 에테르는 존재해야 했다.

하지만 마리 퀴리만은 오류에 빠져들지 않았다. 그녀는 이 광선이 스스로 발생한 것이라고 주장하며 우라늄을 비롯해 폴로늄이 이상한 현상을 일으키는 것을 '방사성(방사능)'이라 부르자고 제안했다.[13] 사실 엄밀한 의미에서 X선을 포함한 방사선을 발견한 이들은 뢴트겐과 베크렐이지만, 마리 퀴리가 더욱 중요시되는 것은 그녀가 '방사능'이란 단어를 제창한 것은 물론 방사선의 원리에 대해 이론적인 토대를 세웠기 때문이다. 마리의 전기를 쓴 로잘린드 프라움은 "순전히 가설에 불과한 원자구조의 신비가 그녀로부터 밝혀지게 된 것이다"라고 했다.

화장지에 포탄을 쐈더니 튀어나온 꼴
—

마리가 방사능이라는 이상한 성질에 대해서 구체적으로 발표하기 시작하자

학자들은 과거부터 어느 정도 이해하기 시작한 마이크로세계에 대해 더욱 궁금해하기 시작했다. 그것은 원자가 어떻게 생겼는지를 알아내는 일이었다.

우선 톰슨Joseph John Thomson은 그가 발견한 전자와 수소이온을 바탕으로 1904년에 원자모형을 제시했다. 당시 이미 전자의 실체뿐 아니라 천연방사능 연구에 의해 원자에서 음전하와 양전하를 띤 양성자가 방출된다는 사실도 알려져 있었기에, 원자가 전자와 양성자로 이뤄졌다고 가정하는 것은 매우 자연스러운 일이었다. 따라서 톰슨의 모형은 양전하가 고루 퍼져 있는 입자에 음전하를 띤 전자가 여기저기 박혀서 전기적으로 중성인 입자를 이루는 것이었다. 즉 원자(푸딩)는 전자(건포도)들이 그 속에 여기저기 박혀 있는 물렁물렁한 고체로 생각됐다. 그는 이 연구로 1906년 노벨 물리학상을 수상했다.

하지만 러더퍼드는 톰슨의 모형에 이의를 달고 새로운 원자모형을 제시했다. 그는 원자의 질량이 원자를 이루는 전체 부피에 골고루 퍼져 있다는 톰슨의 모형은 사실과 다르다는 것을 실험을 통해 발견했다. 1910년 러더퍼드는 알파입자 빔을 매우 얇은 금속박으로 만든 화면 위에 겨냥했다. 그는 모든 알파입자들이 원자 푸딩을 통과하리라 생각했다. 하지만 실험 결과는 달랐다. 1만 개에 1개 꼴로 알파입자가 되튀어나왔다. 러더퍼드는 큰 충격을 받았다. 알파입자는 질량이 푸딩 속의 전자보다도 8000배나 더 나갔고, 또 초속 1만 마일의 속도로 발사됐기 때문에 100만 개 중에서 하나라도 되튀어나오길 기대할 수 없는 상황이었다. 당시 상황에 대해 러더퍼드는 이렇게 말했다.

"내 생애에 일어난 일 중에서 도저히 믿을 수 없는 사건이었죠. 그것은 15인치 포탄을 화장지에 대고 쐈더니 되튀어나왔다는 것과 같은 이야기였습니다."

톰슨(왼쪽)과 러더퍼드.

그는 실험 결과를 설명할 방법을 드디어 찾아냈다. 원자 대부분의 질량은 아주 작은 부피에 모여 양전하를 띠고 있고, 그 주위를 음전하를 띤 전자들이 둘러싸고 있다면, 금속박을 이루는 원자들이 알파입자를 산란시킬 만큼 충분히 단단할 것이라는 얘기다. 그는 이런 결론을 토대로 새로운 원자모형을 제시했다.[14] 그것은 원자 전체에 비해 아주 작은 크기를 가진 핵에 원자의 질량 대부분이 몰려 있고 나머지 부분은 거의 진공으로 돼 있으며, 이곳에서 전자가 원자핵을 돌고 있는 태양계를 축소한 것과 같은 모형이었다.

러더퍼드의 원자모형은 원자핵의 존재를 최초로 제시한 것이며, 그는 원자핵이 갖고 있는 전하량이 원자번호 수와 비례한다는 것도 밝혔다. 하지만 그의 모형도 전자기학적인 입장에서 보면 중대한 결함을 갖고 있었다. 전하를 띤 입자가 가속도운동을 하면 전자기파를 발생시킨다는 것은 잘 알고 있었다. 따라서 핵 주위를 돌고 있는 전자들의 운동은 가속도운동이므로 끊임없이 전자기파를 방출해서 점점 에너지를 잃고 원자핵으로 떨어져야 했다. 더구나 실험에 의해 결정된 원자량은 양성자의 질량에다 원자번호를 곱한 값보다 훨씬 큰 값이었다. 반면에 원자핵의 전하량은 양성자 하나의 전하량에 양성자의 수를 곱한 값과 같았다. 이것은 원자핵에 양성자 외에 다른 입자가 포함돼 있다는 것을 뜻하지만 학자들은 이를 납득하지 못했다.

러더퍼드는 라듐으로부터 방사되는 방사선의 성질을 연구해 이것이 알파, 베타, 감마 세 종류의 방사선을 포함하고 있음을 밝혔다. 그는 알파선은 자기장에서 음극 쪽으로 휘므로 양전하를 띠고, 베타선은 음전하를 띠며, 감마선은 자기장에 휘어지지 않아 전자기파라는 것을 확인했다. 또한 방사능 물질의 변환이라는 개념을 정립했다. 토륨에서 나오는 기체의 방사성 물질을 연구해서 우라늄 및 토륨 따위의 원소들은 방사성 붕괴시 자발적으로 다른 중간 원소로 전환된다는 사실을 발견했다. 각 중간 원소들은 일정한 속도로 붕괴되는데 그 절반이 붕괴될 때까지를 원소의 '반감기'라 한다. 한편 러더퍼드는 원자질량이 원자번호보다 왜 더 빠르게 증가하는가를 설명하기 위해 중성자의 존재를 제안했다.

그는 자신이 발견한 내용의 중요성을 일찍부터 간파하고 있었다. 제1차 세계대전 중에는 실험 때문에 방위 훈련에 참석하지 못하자 영국 당국에 용서를 구하며 이렇게 써 보냈다.

"제가 믿고 있는 대로 원자의 핵을 붕괴시키는 데 성공한다면 이는 이 전쟁보다 훨씬 더 중요한 일이 될 겁니다."

이것이 최초의 원자핵 분열 사례다. 그의 발견은 대단한 파문을 일으켰지만 일부 학자들은 원소가 변한다는 그의 이론을 중세의 연금술이라 비웃었다. 하지만 이는 곧 전 세계적으로 인정을 받는다.

양자론의 입장에서 보어Niels Hendrik David Bohr는 새로운 원자모형을 제안했다. 그는 원자에서 나오는 전자기파의 에너지가 연속적으로 방사되는 것이 아니라 불연속적인 양으로 방출돼 선스펙트럼을 이루는 데 착안했다. 그는 원자에는 어떤 안정된 궤도가 존재해 전자가 이 궤도에서는 에너지를 잃지 않고 운동할 수 있으며, 한 궤도에서 다른 궤도로 뛰어 옮길 때만 전자기파를 방출해 에너지를 잃게 된다고 가정했다. 이것은 물리량이 양자화되어 있다는 양자론에 근거한 것이다.

보어는 에너지가 연속된 양이 아니라 최소 단위의 정수배로만 존재하면서 주고받을 수 있다면, 원자 내의 전자가 가질 수 있는 에너지도 마찬가지로 연속적인 양이 아니며, 원자가 방출하거나 흡수하는 에너지도 양자화된 에너지여야 한다고 생각했다.

이것은 두 가지로 나눠 생각할 수 있다. 첫째는 원자 내의 전자가 제멋대로가 아니라 어떤 길(궤도)을 따라 핵 주위를 운동한다는 것이다. 그럴 경우 전자는 이 궤도 위에서 빛을 방사하지 않고 원자 속에서 충분히 긴 시간 동안 존재하는 것이 가능하다. 둘째는 전자는 어떤 궤도 위를 운동하다가 전자 에너지가 보다 작은 궤도 위로 갑자기 이동하는 것이 가능한데, 그때 남는 에너지가 무언가 다른 형태로 전환한다는 것이다. 그것이 바로 아인슈타인이 광자라 불렀던 원자로부터 방출되는 빛 에너지라고 했다. 전자는 광자를 내고서 다른 궤도로 옮기면 다시 빛을 내지 않는다. 전자가 빛을 방출하는 것은 어떤 궤도로부터 다른 궤도로 이동하는 짧은 순간뿐이다. 즉 안정된 궤도에서 다른 안정된 궤도로 건너뛰게 되면 두 궤도의 에너지 차이에 해당되는 에너지를 흡수하거나 방출하는 것이다.

보어의 설명은 정해진 궤도들 사이에는 아무것도 존재하지 않는다는 개념인데, 당시 많은 학자에게 그 이론은 납득되지 않았다. 하지만 그는 수소에서 방출되는 빛의 스펙트럼을 정확히 설명함으로써 이를 증명해냈다. 분광기를 사용하면 각 원소가 지닌 특유의 스펙트럼, 즉 빛이나 복사를 이루고 있는 파장들의 계열을 얻을 수 있다. 그런데 각 원소가 왜 이런 분광 지문을 가지고 있을까? 보어의 이론으로 수수께끼가 풀린다. 전자가 더 높은 궤도로 도약하면 스펙트럼에는 암선暗線이 나타난다. 반대로 높은 궤도에서 낮은 궤도로 떨어지면 스펙트럼에는 밝은 선이 나타난다. 소위 양자 도약은 모든 원소의 원자구조의 특징과 원자핵 주위를 도는 전자들의 수와 간격을 확인해줄 수 있는 것이다. 보어는 1922년에 37세의 나이로 노벨 물리학상을 받았다.[15]

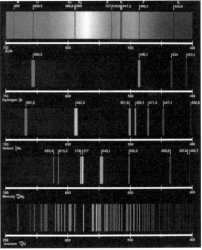

보어와 그의 원자모형.

하지만 보어의 원자모형도 완전하지 않았다. 그것은 수소원자가 내는 스펙트럼의 종류를 설명하는 데는 적합했지만 여전히 설명되지 않는 게 많았다. 원자에서 나오는 스펙트럼들은 하나로 보였지만 전기장이나 자기장 안에서는 여러 개로 갈라지는 것이 관측됐고, 또 각 스펙트럼의 세기가 일정한 것이 아니라 매우 복잡한 형태의 크기를 가지기 때문이다.

보다 상세한 원자모형이 필요하던 때에 채드윅James Chadwick이 러더퍼드가 예언한 전하를 띠지 않는 중성자를 발견했다. 이를 근거로 양성자와 중성자가 원자핵을 이루는 새로운 원자모형을 제시했는데, 이는 원자의 화학적 성질을 설명하는 데 결정적인 역할을 했다. 원자의 화학적 성질은 양성자와 전자의 개수에 의해 결정되는데, 양성자 수가 같으면 같은 원소로 본다. 반면 양성자의 수는 같지만 중성자가 다르면, 원자번호는 같고 질량수가 다르게 된다. 이러한 원소들을 동위원소라 한다. 동위원소는 화학적 성질은 같지만 물리적 성질이 다르므로 이 원소들을 분류하려면 물리적인 방법을 사용해야 한다. 채드윅은 중성자의 발견으로 1935년에 노벨 물리학상을 받았다.

21톤의 티엔티와 맞먹는 1그램의 우라늄

—

원자의 모형을 알고자 하는 학자들의 연구는 새로운 방향으로 옮겨갔다. 중성자에는 전하가 없기 때문에 전하를 띤 원자핵에 중성자로 충격을 가하면 그 성질을 인공적으로 변화시켜 방사능을 가진 물질로 바꿀 수 있다는 것을 알았기 때문이다. 이 방법에 가장 열성적인 사람이 이탈리아의 페르미Enrico Fermi로 그는 37가지 원소의 방사능 동위원소를 찾아냈다.

한편 페르미는 중성자와 충돌할 원자핵 사이에 어떤 물질을 두면 중성자의 충돌 속도를 늦출 수 있다는 놀라운 사실을 발견했다. 속도가 감속된 중성자가 원자핵을 지날 때 원자핵은 그 중성자를 잡아당겨 충돌할 수 있게 된다. 더욱 중요한 것은 속도를 늦춘 중성자를 충돌시키면 인공방사능 물질의 방사능은 더욱 커지게 된다는 점이다. 페르미는 이 연구로 1938년 노벨 물리학상을 받는다.

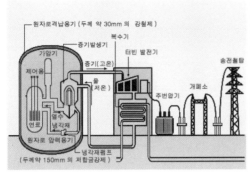

원자력발전소 계통도와 원자로 구조.

이때 독일의 한 과학자가 페르미의 연구에 주목했다. 바로 오토 한Otto Han이다. 원자핵은 분열해서 안정된 원소가 되려고 할 뿐만 아니라 두 원자핵이 결합해서 안정된 핵이 되려는 경향도 있다. 작은 원자핵이 결합해서 더 안정된 큰 원자핵으로 변해가는 것을 핵융합이라 하고, 큰 원자핵이 분열해서 작고 안정된 원자핵으로 변환되는 것을 핵분열이라고 한다. 이때는 대개 반응에 참가하는 물질과 생성물질의 질량 사이에 차이가 나는데, 이 차이에 해당하는 질량이 에너지로 변환돼 방출되는 것이다.

한은 중성자를 흡수한 우라늄에 바륨을 첨가한 후 분리시키면 바륨이 방사성을 띤다는 사실을 발견했다. 이것은 핵이 쪼개질 수 있다는 것을 의미한다. 곧 많은 물리학자가 한의 이론을 규명하기 위한 연구에 들어갔고 핵이 쪼개질 수 있는 증거가 수없이 발견됐다. 이것이 바로 세계를 깜짝 놀라게 한 원자폭탄과 원자력 발전소에 대한 이론이다. 이제 중세 유럽의 연금술사들이 꿈에 그리던 원소를 변환시킬 모든 준비가 이뤄진 것이다.

핵분열의 중요성은 방출되는 에너지가 막대하다는 사실뿐만 아니라 핵분열 때 2~3개(평균 2.47개)의 중성자가 방출된다는 것에 있다. 학자들은 핵분열의 엄청난 가능성을 알아차렸는데, 1그램의 우라늄이 분열하면서 방출하는 에너지는 3.2톤의 석탄, 267리터의 석유, 21톤의 티엔티TNT가 내뿜는 에너지와 비슷하다. 더구나 각 단계의 반응이 일어나는 간격이 겨우 50조분의 1초밖에 되지 않으므로, 아주 짧은 시간 동안 엄청난 양의 에너지가 방출돼 핵분열에 의한 반응은 가공할 만한 위력을 발휘한다.

하지만 원자핵들은 어느 정도 안정된 상태에 있으므로 이러한 핵반응이 쉽게 일어나지 않는다. 핵분열반응이 일어나게 하기 위해서는 중성자로 핵을 때려야 하고, 핵융합반응이 일어나도록 하기 위해서는 입자를 큰 속도로 가열해 충돌시켜야 하기 때문이다. 즉 우라늄의 연속 반응을 일으키기 위해서는 막대한 예산과 인원이 필요하다는 뜻이다.

이런 때에 항상 극적인 사건이 일어나 해결책을 제시한다. 변수는 역시 전쟁이었다. 한은 자신이 발견한 결과를 스웨덴에 있는 리이저 마이트너에게 알렸고, 그녀는 보어의 공동 연구자이던 오토 프리시와 상의했다. 프리시는 마침 미국으로 출발하려던 보어에게 한이 발견한 핵분열 실험을 설명했다.

한은 독일 사람이었다. 그가 나치에 협조해 핵폭탄 개발에 발 벗고 나선다면 세계는 온통 나치의 치하로 들어갈 것으로 과학자들은 예상했다. 후일담이지만 한이 독일이 원자폭탄을 개발하는 데 적극적으로 앞장서기는커녕 오히려 반대해, 태업 아닌 태업으로 원자폭탄 개발을 지연시키려고 노력했다는 사실이 추후에 밝혀졌다. 여하튼 한의 의도를 모르는 과학자들은 나치에 의해 원자폭탄이 개발되는 것을 가장 큰 악몽으로 여겼다. 결국 나치의 위협을 피해 미국에 망명 중이던 평화주의자 아인슈타인은 루스벨트 대통령에게 우라늄의 붕괴가 지닌 잠재력을 지적하면서 나치에 앞서 핵무기를 개발하는 데 모든 노력을 기울여야 한다는 편지를 썼다.

아인슈타인의 편지는 1939년 8월 2일자인데 그것이 루스벨트 대통령에게 전달된 것은 10월 11일이었고, 그동안에 유럽에서는 우려하던 제2차 세계대전이 일어났다. 마침내 미국은 아인슈타인의 편지가 요구하는 대로 원자폭탄 개발에 착수했다. 하지만 그의 편지가 미국이 원자폭탄을 개발하는 데 결정적인 계기가 됐다고 알려진 것과는 약간 다른 지적도 있다. 아인슈타인의 편지를 계기로 설치한 '우라늄위원회'는 딱 두 번 모임을 가졌을 뿐이라는 것이다.[16]

독일보다 빨리 원자폭탄을 만들라

—

엄밀한 의미에서 원자폭탄을 만드는 계획은 페르미가 성공한 원자핵분열 제어를 대규모화한 것에 지나지 않는다. 그 계획은 비밀을 유지하기 위해 뉴멕시코 사막 로스앨러모스에 건설된 원자탄 연구소에서 진행됐다. 오펜하이머John Robert Oppenheimer가 소장으로 있었던 이곳에서 진행된 원자탄 개발 프로젝트가 바로 유명한 '맨해튼 계획'이다.

맨해튼 계획을 실무적으로 총괄 주도한 사람은 전기공학자 베너버 부시V. Bush였다. 부시는 전미국방개발위원회NDRC의 초대 의장이었는데, 1941년에 신설된 대통령직속 과학연구개발국OSRD의 장으로서 미국의 전쟁 연구 개발체제를 총괄하고 있었다. 부시의 주도 아래 1941년 11월 원자폭탄 개발 방향이 제시됐는데, 마침 일본의 진주만 공습이 있자 10일 후에 당시 부통령 월러스가 참석한 회의에서 부시가 제안한 원자폭탄 개발 계획이 승인됐다. 이 계획의 실무는 육군성의 그로브즈 장군이 지휘했다. 극도의 기밀 유지를 위해 각 개인의 이름이 사라졌다. 가슴에 붙은 배지 번호가 이를 대신했는데 오펜하이머 소장의 번호는 '47'이었다. 주소도 암호로 사용했다. 로스앨러모스라는 지명은 대통령의 명령으로 미국에서 사라졌다. 우편물은 모두 한 곳에 모아졌고 전부 개봉됐다. 전화가 도청되는 것은 물론 모두 녹음됐다. 비밀은 철저히 지켜졌다. 실제로 원자폭탄 개발이 성공한 이후에도 자신들이 이 개발에 참여했다는 사실을 모르는 직원들도 있었다.

미국이 원자폭탄 개발에 총력을 기울이게 된 이유는 독일이 오토 한과 또다른 과학자에 의해 미국보다 먼저 원자폭탄을 만들 수 있다고 봤기 때문이다. 바로 불확정성 원리를 창안한 하이젠베르크Werner Karl Heisenberg다. 그는 1939년부터 1940년에 걸친 연구에서 이미 원자로와 원자폭탄의 기본적인 차이를 이해하고, 원자폭탄을 만드는 것이 가능하다는 결론을 갖고 있었다. 이 당시의 상황을 이관수 박사는 다음과 같이 적었다.

"1941년 7월, 비밀리에 발간된 영국의 모드위원회MAUD(보어가 영국에 보낸 전보에 MAUD 양에게 안부를 전해달라는 부탁을 했는데 영국 물리학자들은 이 전문은 암

호로 독일이 원폭을 개발하고 있다는 내용이라고 착각했으므로 모드위원회를 붙였다)에서는 10킬로그램 정도의 우라늄 235가 있으면 원폭을 제조하는데 충분하며, 원폭을 항공기에서 투하할 수 있다고 계산했다. 특히 원폭을 제작하는 데 약 2년 밖에 걸리지 않을 것이라고 결론 내렸는데 이는 원폭 제작을 진행 중인 독일이 먼저 원폭을 제작할 가능성이 높다는 지적이다(당시 영국은 독일 공군의 폭격 범위에 들어 있는 데다 영국에서 원폭 제조에 필요한 설비를 유지할 수 없다고 판단하고 미국에

핵무기 반대론자가 된 오펜하이머.

모드위원회 보고서를 넘겼다)."

여하튼 1941년 10월에 하이젠베르크는 독일 점령하에 있던 코펜하겐을 방문해 미국으로 탈출하기 직전의 스승인 보어를 만났다. 나치의 엄중한 감시 때문에 두 사람은 은밀하게 이야기할 수도 없었지만 하이젠베르크는 핵반응에 대해 언급하면서 원자로의 윤곽을 설명했다. 특히 하이젠베르크는 보어에게 전시에 물리학자가 우라늄 관련 연구를 하는 것이 옳은지에 대해 질문했다. 이 당시 비밀리에 미국의 연구에 관여하고 있었던 보어는 하이젠베르크의 질문을 독일이 원폭에 대해 많은 진전을 보고 있다는 것을 알려주기 위한 것으로 파악했다.

보어로부터 하이젠베르크의 질문을 전해 들은 원자폭탄 관련자들은 후끈 달아올랐다. 그들 역시 하이젠베르크가 보어와 만나서 원자폭탄 개발 가능성에 관해 질문했다는 자체를 독일에서 원자폭탄을 제조하고 있다는 것으로 생각했기 때문이다. 보어는 미국의 원자폭탄 개발에 참여했지만, 사실 하이젠베르크는 오토 한과 같이 독일의 계획에 전혀 참여하지 않았다. 추후에 그는 원자폭탄 제조에 대한 아이디어를 히틀러에게 말하지도 않았음이 밝혀졌다. 오히려 독일의 항복 이후 연합군에 의해 일시적으로 억류 상태에 있던 그는 일본이 미국에서 투하한 원자폭탄 때문에 항복했다는 것을 전혀 믿으려 하지 않았다고 한다.

전쟁이 끝나자 하이젠베르크는 1948년에 카이저 빌헬름연구소를 해체하고 막스 플랑크연구소를 창설해 소장이 됐다. 독일이 전쟁에 참패해 어려운 속에서도 과학 분야에서 줄곧 선두 주자가 될 수 있었던 것은 그가 창설한 막스 플랑크연구소 때문이라는 것이 정설이다.

인류가 일찍이 본 적이 없는 광경

—

우라늄은 지각에서 흔히 발견되는 원소로 1톤의 암석에서 평균 2그램 정도 얻을 수 있다. 우라늄238은 일정량 이상의 에너지를 가진 중성자에 의해서만 분열을 일으키는데, 우라늄 235는 간단한 열중성자에 의해서도 분열된다. 하지만 자연계에 존재하는 우라늄을 정제하면 99.3퍼센트가 우라늄 238이고 0.7퍼센트만이 우라늄 235다. 따라서 천연우라늄에서 핵폭탄을 제조하는 데 충분한 우라늄 238을 분리하는 작업은 매우 어려운 일이었다.

여기에도 전쟁이라는 특수성이 작용했다. 우라늄 238을 얻기 위해 평화시라면 경제성이 없어 폐기됐을 기체 분사식이라는 방법이 채택됐다. 이것은 우라늄의 혼합물을 원심분리기에 넣고 회전시키면 우라늄 238보다 1.3퍼센트 정도 가벼운 우라늄 235가 분리되는 현상을 이용한 것이다.

세계 최초의 원자력 잠수함 노틸러스호(위)와 소련의 첫 원자폭탄 실험(1949년).

기체 분사식의 첫번째 문제는 우라늄을 기체로 만드는 것이다. 이를 가능하게 할 유일한 방법이 우라늄을 6개의 불소와 화합시키는 '6불화우라늄'이라는 휘발성 액체를 만드는 것이다. 이 화합물에서도 우라늄 235를 가진 것이 우라늄 238을 가진 것보다 1.3퍼센트 정도 가볍기 때문에 기체 분사에 의해 충분히 분리될 수 있다. 원자폭탄을 만들 정도의 많은 양을 모으려면 6불화우라늄 증기가 높은 기압 아래서 수천 개의 구멍이 나 있는 장애물을 통과해야 한다. 이런 시설을 갖추려면 엄청난 예산과 인원이 필요했다. 전쟁에 이겨야 한다는 강박관념이 미국으로 하여금 20억 달러를 들여 공장을 세우게 한 것이다. 이때 6불화우라늄의 용기로서 개발된 것이 '달라붙지 않는 프라이팬'에 사용되는 테플론이다. 다른 한편으로 우라늄 235를 다량 확보하는 것이 워낙 어려운 일이었기에 과학자들은 또다른 핵분열의 원료를 찾았다. 그것이 바로 플루토늄 239다.

그리스 신화에 나오는 바다의 신 포세이돈이 로마로 신화의 무대를 옮기면 넵튠이라는 이름으로 불린다. 바로 이 넵튠에서 넵투늄이라는 원소의 이름이 생겼다. 천연 상태의 우라늄 239에 중성자 하나가 흡수될 때, 우라늄은 넵투늄 239로 변한다. 하지만 문제는 그다음부터다. 이 넵투늄이 며칠 지나면 구조가 바뀌어 또다른 물질로 변화하는 것이다. 그리스 신화에 등장하는 하데스는 이름만으로도 섬뜩한 지옥의 신으로 로마 신화에서는 플루토라 불린다. 플루토에서 플루토늄을 유추해내기란 그리 어렵지 않다. 과학자들은 자연 상태에서는 존재하지 않는 가공할 위력을 가진 이 위험한 물질에 '지옥의 신'이라는 이름을 붙여줬던 것이다. 이 플루토늄도 핵폭탄의 원료가 되는데, 일본의 나가사키에 떨어진 원자폭탄은 플루토늄 239로 만들어진 것이다.

맨해튼 계획 팀은 1945년 핵폭탄을 만들기에 충분한 우라늄 235와 플루토늄 239를 정제했다. 그들은 로스앨러모스(우라늄 농축 및 관련 연구는 테네시 주 오

크리지 국립연구소에서 담당)로부터 300킬로미터 떨어진 뉴멕시코 주 앨러모고
도 트리니티사이트에서 원폭 1개를 실험했다. 1945년 7월 16일 오전 5시 29분
45초의 일이었다. 이때의 폭발 장면을 목격한 과학자는 다음과 같이 말했다.

"인류가 일찍이 본 적이 없는, 말로는 표현할 수 없는 놀라운 광경이었다."

"도시에 까마귀 한 마리가 앉아 있는 것 같았다"
—

1945년 8월 6일 서태평양 티니안 섬 기지를 출발한 B29 '에놀라 게이Enola
Gay'가 목표지인 히로시마를 향해 비행하고 있을 때의 상황은 다른 날과 크게
다르지 않았다. 에놀라 게이는 B29 조종사 티베츠 대령의 어머니 이름을 딴 것
이고, 비행기에 실려 있는 지름 71센티미터, 길이 3.05미터, 무게 4톤의 원폭 1
호는 '리틀 보이little boy'라 불렸다. 히로시마 시민들은 도시가 주요 군사기지
인 데다 보급기지이기도 해 공습이 있을 것을 항상 염두에 두고 있었다. 특히
연합군이 소이탄으로 공격해올지도 모른다고 생각해 많은 사람이 시골로 피난
갔고, 원래 40만이었던 도시는 24만 5000명으로 줄어 있었다.

오전 7시가 조금 지났을 무렵 히로시마 상공에 미국의 기상관측기가 나타났
기 때문에 경계경보가 울렸다. 경계경보는 흔히 있는 일로 대부분의 시민은 방
공호로 대피하지도 않았다. 그런데 8시 15분에서 몇 초가 흐르자 두 대의 비행
기가 다가왔으며, 그중 한 대가 폭파기록 장치를 실은 세 개의 낙하산을 떨어뜨
렸다. 그리고 에놀라 게이가 550미터 상공에서 폭발하도록 조절돼 있는 원자
폭탄을 터뜨렸다.

강한 섬광을 발하며 폭탄은 폭발했고 이어서 고열의 불덩이가 퍼져나갔다.

히로시마 중심부에 있던 수천 명은 곧바로 재가 되고 말았으며 4킬로미터나 떨어진 곳에 있던 사람들도 화상을 입었다. 이어서 시속 900킬로미터의 충격을 동반한 폭풍이 불면서 반경 3킬로미터가 넘는 지역 안의 모든 것이 파괴됐다. 그다음날 세이조 아리수에 장군이 히로시마에 도착해 폭탄의 피해 상황을 다음과 같이 기술했다.

"비행기가 히로시마 상공에 접어들었을 때 눈에 띄는 것은 검게 타죽은 나무 한 그루뿐이었다. 마치 이 도시에 까마귀가 한 마리 앉아 있는 것 같았다. 그 나무 외에는 아무것도 없었다. 공항에 내려보니 잔디가 마치 구워놓은 것처럼 붉었다. 도시 자체가 완전히 지워 없어진 상태였다."[17]

트루먼 대통령은 "첫번째 원자폭탄은 경고에 지나지 않는다"며 8월 9일 나가사키에 플루토늄 239로 만든 두번째 원자폭탄 '뚱뚱한 사람fat man'을 떨어뜨렸다. 두 개의 원자폭탄이 가진 위력은 티엔티 3만 5000톤과 맞먹는다. 일본의 선택은 항복뿐이었다.

일본에 원자폭탄이 떨어지게 된 배경으로 당시의 국제 정세를 무시할 수 없다. 1945년 5월 7일 독일이 연합군 측에 무조건 항복하자 소련의 일본 참전 기한은 석 달 후인 1945년 8월 8일로 정해졌다. 미국 정부는 이때 이미 전쟁이 종료되면 공산주의 체제인 소련과 대립할 것을 예상하고 있었다. 종전 후 국제사회에서 우세한 지위를 확보하기 위해서는 소련이 참전하기 전에 미국만의 힘으로 일본이 항복하도록 밀어붙일 필요가 있었던 것이다. 원자폭탄 개발에서 중요한 역할을 했던 과학자 중 한 명인 시오그Glenn Seaborg는 원자탄의 사용에 대해 이렇게 말했다.

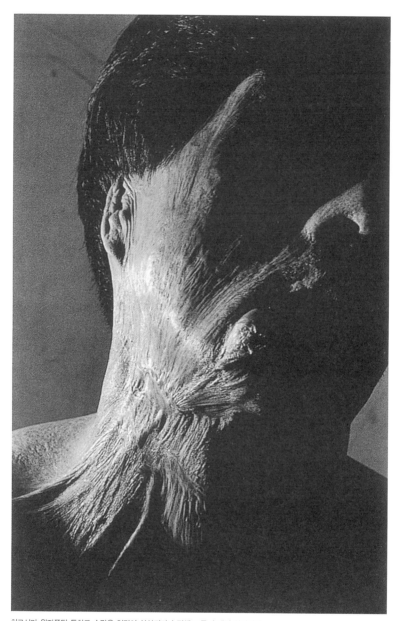

히로시마 원자폭탄 투하로 수많은 인명이 살상되거나 평생 고통 속에서 살아갔다.

"1945년 6월, 일본 참관인이 참석한 가운데 원자탄의 효력을 보여줘 일본 본토에 이 폭탄을 사용하지 않고 항복하게 해야 한다는 건의안이 제시됐다. 건의안은 상당한 주목을 받았으나 다른 견해가 지배적이었다. 내막은 잘 모르나 결국 투르먼 대통령이 일본에 폭탄을 사용하기로 최종 결정을 내렸다. (…) 나는 히로시마에 원폭이 투하된 데 대해 양심의 가책은 없다. 하지만 많은 사람과 마찬가지로 당시 나를 괴롭힌 것은 나가사키에 투하된 두번째 폭탄이다. 당시에도 그리고 지금도 히로시마 투하 후 어째서 일본의 반응을 좀더 지켜보지 않았는지 궁금하다. 나는 히로시마 폭탄으로 결국 일본이 실상을 알아 항복했을 것으로 생각한다."

원자폭탄이라는 괴물이 결론적으로 더 많은 인명의 희생을 막아줬다는 점에는 많은 사람이 동조하고 있다. 하지만 엄청난 파괴력에 대한 학자들의 놀라움은 매우 컸다. 히틀러와 같은 적에 대항해야 한다는 강박관념에 의해 개발됐다고는 하지만, 핵폭탄 제조에 참여한 학자들은 심한 동요를 일으켰으며, 그것이 몰고 올 파장을 우려해 더이상의 원자폭탄 사용에 반대하기 시작했다. 독일이 원자폭탄을 만들어낼 능력이 없다는 것을 알게 된 아인슈타인도 루스벨트에게 원자폭탄 개발을 진언한 것을 후회했다고 한다.

반면 원자폭탄이라는 괴물이 태어나자 환영한 학자도 많았다. 그들은 노벨이 발명한 다이너마이트가 전쟁에 사용돼 많은 인명을 살상하는 데 이용되기도 했지만, 도로나 교량 건설, 광산 등에서 평화적인 용도로 사용할 수 있는 것처럼 핵도 평화적으로 사용할 수 있다고 생각했기 때문이다. 학자들은 원폭의 폭발력이 다이너마이트보다 더 위력적이므로 댐과 고속도로를 건설하는 등 광범위하게 이용될 수 있다고 생각했다. 하지만 항구의 건설, 해협을 파는 것, 암석 파괴 등에 사용될 수 있다는 과학자들의 소박한 꿈은 모두 수포로 돌아갔다. 예상치 못한 장애물이 나타난 것이다. 그것은 바로 마리 퀴리가 명명한 '방사능'이다.

X선으로 한 푼 이익도 챙기지 않은 뢴트겐

—

20세기에 들어와 원자물리학이 눈부시게 발전을 거듭한 것은 바로 뢴트겐의 X선과 베크렐의 방사선, 마리 퀴리의 방사능 발견 때문이다. 이들은 모두 노벨상을 수상했다. 그중에서도 뢴트겐은 가장 특이한 사람이다. 그는 최초의 노벨상을 수상하는 등 많은 명예를 얻었지만, 귀족을 뜻하는 '폰von'이라는 칭호를 수여하겠다는 바이에른 섭정攝政의 제의를 거절했다.

그가 발견한 X선이 커다란 화제를 불러일으키자 독일의 한 재벌이 그를 방문해 X선의 특허를 자신들에게 양도해달라고 했다. 그는 뢴트겐이 틀림없이 X선 발생 장치를 이미 특허로 출원했을 것으로 짐작한 것이다. 하지만 뢴트겐은 X선은 자신이 발명한 것이 아니라 원래 있던 것을 발견한 것에 지나지 않으므로

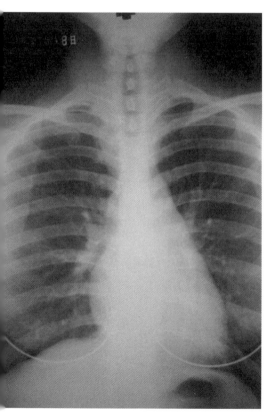

어른 몸의 엑스레이.

온 인류의 것이 돼야 한다며 특허 신청을 거절했다. 미국의 발명왕 에디슨은 뢴트겐의 이런 태도에 감동해 다음과 같이 말했다.

"과학에 있어서도, 의학에 있어서도, 또 산업계에 있어서도 없어서는 안 될 귀중한 이 발견으로부터 금전적인 이익을 바라지 않았다는 것은 정말로 놀라운 일이다."

뢴트겐은 과학의 발명이나 발견은 과학자 당사자만의 것이 아니고 온 인류가 공유해야 한다는 사상을 실천한 것이다. 하지만 그가 세상을 떠난 것은 1923년으로 당시 독일은 제1차 세계대전에서 패망한 직후라 최악의 경제 상태였다. 모든 독일인이 혹독하게 고생하고 있던 시대에 뢴트겐이라고 예외일 순 없었다. 최악의 인플레이션과 극도로 어려운 상태에서 뢴트겐은 사망했다. 그가 인류에게 남긴 업적을 보면 인류가 그에게 해준 일은 너무나도 보잘것없었다.

퀴리 부부는 그야말로 신화적으로 신분이 바뀐다. 1903년에 박사학위를 받은 마리는 그해 말에 노벨 물리학상을 수상한다. 다음해에 대학에서 강의를 맡았고 1905년에는 피에르가 과학아카데미 회원으로 선출됐다. 하지만 1906년 4월 피에르가 파리 거리를 지나다 화물차에 치여 사망했다. 남편이자 공동 연구자인 피에르의 사망은 슬픔을 주었지만 그녀는 서서히 실험을 다시 시작했다.

그해 가을에는 피에르가 소르본에서 맡고 있던 강좌를 이어받았는데 소르본에서 여자가 정식 교수가 된 것은 그녀가 첫번째였다. 1910년은 그녀에게 가장 기념비적인 해로 무려 1000페이지에 달하는 방사능에 관한 불멸의 저작 종합 교과서 『방사능론Treatise on Radioactivity』을 발간했다. 마리는 1911년에 새로 발견된 원소들의 화학적 성질을 밝혀낸 공로로 두번째 노벨 물리학상을 받았다. 폴란드에서는 1913년 그녀의 업적을 기려 바르샤바에 방사선치료연구소를 설립했으며 파리에서는 1914년 퀴리라듐연구소가 문을 열었다.[18]

퀴리 가문은 초창기 노벨상을 가장 많이 받은 것으로도 유명하다. 그녀의 딸과 사위인 이렌느 졸리오 퀴리Irene Joliot Curie와 프레드릭 졸리오 퀴리Frederic Joliot Curie도 마리의 연구를 계속해 1935년에 공동으로 노벨 화학상을 수상한다. 그들은 비방사성 원소가 실험실에서 방사성 원소로 변환될 수 있음을 입증하는 인공 방사성을 발견했다. 그들의 연구로 과학, 의학, 산업에 큰 가치가 있는 수백 종의 방사능 물질을 만들 수 있는 길이 열렸다.

병원에서 X선 촬영을 한 번도 해보지 않은 사람은 없을 것이다. X선은 골절이나 부상자에게 박힌 파편이나 유리 조각, 또는 어린아이가 우연히 삼킨 물건 등을 찾아내는 데 사용된다. 또한 X선은 암을 찾아내는 것은 물론 암세포를 파괴하거나 무좀 같은 병을 치료하는 데도 사용된다. 비행기에 실리는 짐들을 조사하거나 테러범이 휴대하고 있을지 모를 불법 무기를 색출해 여행객들이 안전히 여행하도록 하는 것 역시 X선이 있기에 가능한 것이다.

특히 X선은 그림의 진위를 가리는 데 결정적인 역할을 한다. X선으로는 그림이 그려진 원래 상태는 물론 숨겨진 서명들을 확인할 수 있다. 한 예로 19세기의 프랑스 화가 까미유 꼬로가 그린 풍경화는 풍경화의 밑에 보다 먼저 그렸던 꼬로의 초상화가 있다는 것이 X선 투과로 밝혀졌다. 이 그림이 가짜라면 진짜 그림 위에다 그림을 그리지 않았을 것이 상식이다.[19] 그런데 원작자가 자신의 초상화를 지우고 새로운 그림을 그렸다는 것은 캔버스를 새로 구입하는 경비를 절약하기 위해서였다고 추정할 수 있다. X선은 미술 전문가들에게 그야말로 절대적인 무기를 쥐어준 것이다.

"장님 시력도 회복시켜준다" – 라듐 열풍

—

라듐이 발견된 초창기에 라듐에 대한 열풍은 그야말로 대단했다. 당시 라듐은 보석의 색깔을 아름답게 만들 수 있고 산소를 오존으로 변화시키는 것은 물론 물을 산소와 수소로 분리해낼 수 있다고 알려졌다. 더구나 라듐으로 원하는 만큼의 금을 생산해낼 수 있으며 나병이나 매독 같은 질병도 치료할 수 있다고 선전됐다. 심지어 망막에 결함만 없으면 장님들도 다시 시력을 회복할 수 있을 거라는 소문도 따라다녔다.

이 같은 기적의 물질 즉 마법의 물질을 어떠한 가격을 들여서라도 갖고 싶어 하는 사람들이 폭주하자, 1902년 라듐 1그램의 가격이 1만 5000마르크에서 3년 뒤 열 배로 뛰어올랐다. 파리에서는 이후 3개월 사이에 15만 마르크에서 25만 마르크로 뛰기도 했는데 일확천금을 노리는 투기꾼들에게 라듐 사업은 수지맞는 장사였다. 라듐의 가격이 폭등하자 마리 퀴리에게 역청우라늄을 공급한 요아힘스탈 광산은 파산의 위기에서 오랫동안 라듐의 최대 생

1918년 라듐 광고 포스터.

산지 지위를 누렸다. 이후 미국과 콩고 특히 카탕카 지방(오늘날 샤바)에서 다량의 우라늄이 발견되자 라듐을 취급하는 회사들도 속속 설립됐다. 처음에는 서로 가격으로 다투더니 방사능 물질을 그들끼리 독점하자고 협의한 후 라듐 가격을 1그램당 무려 75만 마르크까지 제시하기도 했다.

라듐이 건강에 해를 끼친다는 것은 곧바로 관찰됐다. 베크렐은 마리가 추출한 라듐을 며칠 동안 조끼 주머니에 넣고 다녔는데, 이 때문에 젖꼭지 바로 옆에 궤양이 생겼다. 상처는 여러 달이 지나도 회복되지 않았는데 1908년 베크렐이 사망한 요인을 이 때문으로 추정한다. 베크렐의 이야기를 듣고 피에르 퀴리도 검증하기 위해 직접 자신의 팔뚝에 소량의 라듐을 묶었는데, 몇 시간 후에 붉은 반점이 생기고 4일 후 수포가 생겼으며 5일 후에는 궤양으로 전이되더니 쉽게 치료되지 않았다. 쥐에게 라듐방사 실험을 하자 쥐들은 마비 증세를 보이다가 경련을 일으키며 죽어갔다. 하지만 이러한 부작용은 라듐 열풍에 녹아들어 완전히 무시되고 있었다. 과학자들도 얼마나 무지했는지는 1901년에 발간된 『천문학 개관』을 봐도 알 수 있다.

"베크렐선은 산소를 오존으로 변환시킨다. 오존이 아주 탁월한 소독용 물질이라는 사실은 잘 알려져 있다. 따라서 우리는 미래에 우리의 주거 공간에 베크렐선을 발하는 물체를 배치함으로써 지금은 폭우가 퍼부은 들이나 산에서 마실 수 있는 그런 신선한 공기를 아주 간단하게 집 안으로 끌어들일 수 있다는 기대를 가져봐도 좋을 듯하다."

당대의 과학자들이 이랬을 정도니 일반인들에게 어떤 폭풍이 몰아닥쳤는지 예상하기 어렵지 않다. 의사들은 병원 문을 닫지 않기 위해서라도 라듐을 둘러

싼 소용돌이에 휘말려야 했다. 피부미용실에서도 흉터나 만성피부병, 몸에 난 반점이나 사마귀, 습진에 라듐광선을 쏘여주었다. 페테 크뢰닝에 따르면 갑상선에까지 라듐광선을 쏘았다고 한다. 미국 시카고에서는 조그마한 사건이 벌어졌다. 중공업 분야에서 성공한 H. C. 시몬스의 부인이 라듐광선을 쏘인 부위에 피부암이 생겼다. 그러자 시몬스는 부인은 다니던 미용실에 찾아가 여사장의 따귀를 때리며 그녀를 살인자라고 말했다. 미용실 사장은 사업가를 상해죄로 고소했는데 법원은 다음과 같이 판결했다.

"시몬스 씨의 부인에 대한 의학적 처방은 오늘날 학문적 정황으로 미루어볼 때 적합한 조치였다."

결국 폭행 혐의로 시몬스만 중형을 받았다. 각국에서 방사능이 함유된 압박붕대, 솜, 머드, 입욕제, 연고, 치약 등이 불티나게 팔려나갔다. 심지어는 라듐이 함유된 식수가 건강에 좋다고 부지런히 마셔댔다. 다음 광고는 당시 라듐 열풍이 어느 정도였는가를 보여준다.

"여성들은 어떻게 젊음을 유지하는가. '주노라듐크림' 이야말로 얼굴을 관리하는 방법입니다. 주름지고 늘어진 얼굴 피부를 젊고 싱싱하게 만들어주고 이마의 주름살을 제거해주는 것은 물론 여드름이나 불순물을 없애줍니다. 유명 여류 예술가들과 사교계의 저명한 여성들이 사용해 이미 그 효과를 보았습니다."

하지만 라듐이 무차별적으로 사용되자 부작용 사례가 계속 늘어났다. 브라질의 한 커피 재벌은 라듐이 함유된 물을 지속적으로 마신 후 극심한 고통에 시

달리다가 사망했다. 사체를 부검해본 결과 몸에서 무려 30밀리그램이나 되는 라듐이 검출됐다. 개구리와 쥐, 토끼, 돼지, 양, 닭, 개, 원숭이 같은 동물들에 대한 실험을 통해 라듐에는 건강을 해치는 치명적인 물질이 함유돼 있다는 연구 결과들이 쏟아져나오기 시작했다.

　그러던 중 시계 공장에서 여공들이 관절염과 극심한 피로 증세를 보이다가 사망한다는 보고가 들어왔다. 이들은 시계의 숫자판에 발광용 도료를 바르는 여공들인데, 당시에는 시계 하나를 만드는 데 100만분의 1그램의 라듐이 사용됐다. 처음에는 이들의 사망을 심각하게 여기지 않았지만, 시어도어 블럼이란 치과의사가 시계공 여성들의 턱 부위에서 아주 독특한 형태의 암 증세가 나타난다는 사실을 발견했다. 그의 보고를 받은 플로렌스 팔츠그래프 기자가 1928년 5월 마리 퀴리에게 한 통의 편지를 썼다.

"미국 뉴저지 주 오렌지라는 도시에는 라듐으로 인해 다섯 명의 여성이 서서히

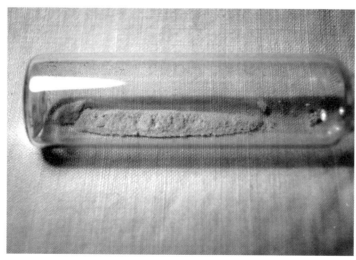

20세기 초 세상을 뒤흔들었던 라듐.

죽어가고 있습니다. 그전에는 이미 열두 명이 목숨을 잃었습니다. 이들은 모두 같은 시계 공장에서 손목시계와 자명종 숫자판에 발광용 도료를 바르는 일을 한 사람들입니다. 도료에는 라듐이 함유돼 있었습니다. (…) 혹시 부인께서 그 훌륭한 연구 활동을 하는 과정에 무언가 이 여인들에게 도움을 줄 수 있는 단서를 발견하지는 않으셨는지 궁금합니다."

마리 퀴리는 이 끔찍한 소식을 듣고 충격을 받았다. 하지만 그녀로서는 어떤 방안도 제시해줄 수 없었다. 그들은 라듐이 지닌 화학적, 물리적 특징에 대해서만 연구했지, 그것의 파괴적이고 생물학적인 위력을 평가할 생각조차 하지 못했다. 결론적으로 라듐과 폴로늄을 발견한 퀴리 가족의 건강도 노벨상 수상처럼 그렇게 화려하지만은 않았다. 오랜 시간 라듐을 연구한 마리는 엄청난 양의 방사능에 노출됐다. 마리는 붉게 타는 방사능 물질을 두 사람의 침대 머리맡에 두기도 했다. 실제로 그녀의 실험실 공책은 오늘날까지도 강한 방사능을 띠고 있다. 그녀는 이때 노출된 방사능 때문에 백혈병에 걸려 1934년에 사망했다. 이렌느 퀴리도 실험실에서 방사능에 과다 노출된 결과 백혈병으로 사망했다. 1931년 결국 만병통치약 라듐은 시판이 금지됐다. 투명한 광선을 발하는 라듐이 정말 위험한 물질이라는 것을 깨닫는 데 30년이나 걸린 셈이다. 1그램의 라듐이 발하는 빛이 얼마나 엄청난 방사능을 지니고 있는지는 1그램의 라듐 안에서 매초 370억 회의 원자핵분열이 일어난다는 사실을 보면 알 수 있다.[20]

하지만 아이러니하게도 방사능은 백혈병을 포함한 암 종양 치료에 이용되기도 한다. 인공방사능 물질인 요오드 131은 갑상선을 진단하는 데 사용되며, 소변 속의 코발트 60을 파악함으로써 악성빈혈을 진단할 수도 있다. 방사선치료

는 질병의 치료에 방사선을 사
용하는 것으로 X선, 감마선과
같은 파동 형태의 방사선이 있
고, 전자선, 양성자선과 같은 입
자 형태의 방사선을 이용해 암
같은 악성질환의 성장을 지연시
키거나 멈추게 하고 나아가서는
파괴시키는 일을 한다. 방사선
치료는 또한 양성종양이나 내과
질병, 일부 피부 질환 치료에도
이용된다. 암환자의 약 60퍼센
트가 방사선치료를 받고 있다는
통계도 있다.[21]

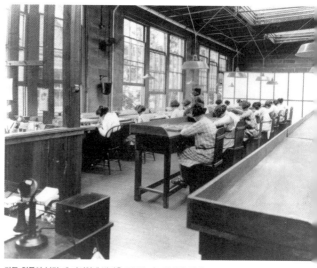

라듐 열풍이 불던 때 다이얼에 발광용 도료를 바르던 일을 하던
라듐 여공들.

하지만 X선은 입체적인 인체가 평면으로 찍히기 때문에 병든 부분이 겹쳐져
나타나 정확한 위치를 알아낼 수 없다. 이러한 단점을 해결하는 것이 바로 CT-
스캐너다. CT-스캐너(X선 단층촬영기) 역시 X선을 이용하지만 평면적인 X선
촬영과 달리 360도로 회전하면서 인체를 단면으로 나눠 촬영하기 때문에 몸속
을 입체적으로 알 수 있다. CT-스캐너는 곧바로 '천사의 선물'이라는 말을 들
으며 전 세계에 보급됐고, 병원의 신뢰성 수준이 CT-스캐너가 확보됐느냐 안
됐느냐로 평가될 정도였다. CT-스캐너를 발명한 코맥과 하운스필드는 1979년
에 노벨 생리 · 의학상을 받았다.

한편 CT-스캐너는 인체의 해부학적 구조만 보여줄 뿐 내부 조직의 기능적인
상태나 생리학적인 상태를 보여줄 수 없었다. 이 문제점을 해결한 것이 인체의

내부 모습을 해부하지 않고도 조사할 수 있게 된 핵자기공명NMR법이며, 보다 발전한 자기공명화상장치MRI(Magnetic Resonance Imaging)가 개발됐다. MRI-CT가 등장하자 인체에의 활용은 가히 폭발적이었다. 곧바로 뇌와 척수 질환을 비롯해 심장 및 혈관 질환, 폐, 간 등 장기는 물론, 부인과 및 비뇨기계의 종양, 유방, 관절 질환 등도 진단할 수 있게 돼 암의 조기 발견이 쉬워졌다.[22] MRI-CT는 CT-스캐너로 볼 수 없는 뇌나 척수 같은 신경계의 질병을 진단하는 데 탁월한 성능을 보이지만, 촬영 시간이 길어(1000분의 1초보다 느리게 구조가 변화하는 단백질의 연구에만 유용) 폐나 위처럼 움직이는 장기를 찍는 것이 어렵다는 단점이 있다. 따라서 환자의 병명에 따라 방사능을 사용하는 CT-스캐너를 사용하는 게 효율적이기도 해 CT-스캐너와 MRI-CT를 선별적으로 사용한다.

천재에겐
자유가 필요하다

상 대 성 이 론

알베르트 아인슈타인

"현대 교육의 강압적 방법이 탐구에 관한 신성한 호기심을 좌절시키지 않았다는 것은 기적이나 다름없다. 왜냐하면 과학자가 될 예민하고 작은 묘목들에게 가장 필요한 것은 자유이기 때문이다. 자유가 없다면 그들은 시들어 말라죽을 것이다. 강압적이고 의무적인 교육으로 관찰하고 탐구하는 즐거움이 촉진될 수 있다고 생각하는 것은 매우 중대한 실수다."

그 외 등장인물

맥스웰 James Clerk Maxwell • 장場 개념 집대성 및 빛의 전자기파설의 기초 마련 | **마흐** Ernst Mach • 질량상수를 논해 뉴턴역학을 체계화시킴 | **헤르츠** Heinrich Rudolf Hertz • 맥스웰 방정식을 최초로 증명 | **피조** Hippolyte Fizeau • 태양흑점 촬영 | **마이컬슨** Albert Abraham Michelson • 운동하는 매질 속에서의 광속 문제 연구 | **몰리** Edward Williams Morley • 마이컬슨과 함께 광원운동과 광속은 차이가 없음을 밝힘 | **로렌츠** Hendrik Antoon Lorentz • 고전전자론과 고전물리학 총결산 | **막스 플랑크** Max Karl Ernst Ludwig Planck • 양자역학의 기초를 놓음 | **밀레바** Mileva Maric • 아인슈타인의 부인으로 천재 물리학자

되도록 학교에 돌아오지 말려무나

—

아무리 과학에 문외한이라 해도 아인슈타인Albert Einstein(1879~1955)을 모르는 사람이 있을까. 애니메이션이나 SF영화에 나오는 천재 과학자들 대부분은 아인슈타인을 모델로 하고 있다. 타임머신을 주제로 공전의 흥행에 성공한 영화 〈백 투 더 퓨처〉 시리즈의 천재 과학자 브라운 박사도 아인슈타인을 모델로 했다. 아인슈타인은 이론물리학뿐만 아니라 전방위 과학자로서 현대 과학을 상향화하는 데 혁혁한 공을 세운 과학자로서 더욱 크게 평가받는다. 그의 『자서전Autographical Notes』에는 이런 구절이 있다.

"뉴턴, 나를 용서하시오. 당신은 가장 고결한 사고와 창조력을 지닌 사람입니다. 하지만 그건 당신의 시대에 국한된 일입니다."

세상에서 누가 이처럼 뉴턴에 대해 당당한 글을 쓸 수 있을까. '만유인력' 이란 단어를 만들어준 뉴턴이 발견한 것은 정말로 대단한 것이다. 그는 순전히 혼자의 힘으로 우주 전체에 작용하는 어떤 요소를 설명할 수 있는 체계를 세움으로써 근대과학을 열었다. 더구나 수학에 기초해 마련한 이론을 구체적인 실험을 통해 확증한 사람도 그가 처음이었다. 문제는 뉴턴이 우주의 모든 것을 규명할 수는 없었다는 점이다.[23] 그의 만유인력이 전 시대를 통틀어 가장 중요한 과학적인 개가임은 분명하지만 어떤 특별한 상황에서는 적용되지 않았다. 학자들은 그의 이론을 만물의 현상에 적용하려 했지만 잘 맞지 않는 것을 알게 됐고, 그것이 무엇인지 밝혀내려 했으나 알 수 없었다. 바로 아인슈타인이 등장하게 되는 필요충분조건이 준비된 것이다.

아인슈타인은 1879년 3월 14일 독일의 시바아벤 지방에 있는 울름이라는 작은 마을에서 태어났다. 울름에는 당시 세계에서 가장 높다는 160미터의 탑이 있었다. 하지만 이 탑과 아인슈타인의 집은 제2차 세계대전 때 연합군의 폭격

아인슈타인의 어린 시절.

으로 모두 부서지고 말았다. 아버지 헤르만은 발전기와 아아크 등을 만드는 조그만 공장을 경영했고 어머니 파우리네는 피아노를 잘 쳤다. 어릴 때부터 바이올린을 배운 아인슈타인은 훗날 전문 연주가에게도 뒤지지 않는 솜씨를 지녔고 평생 바이올린을 손에서 놓지 않았다. 그에게 위대한 인물이 될 운명을 타고났다는 징조는 전혀 보이지 않았다. 오히려 그의 어머니는 아이의 머리통이 지나치게 큰 것을 보고 처음에는 기형아인

줄 알았을 정도다.

두 살 반이 되도록 아인슈타인은 말을 못했다. 마침내 말을 배웠을 때는 뭐든지 두 번씩 말했다. 또 다른 아이들과 어울리는 법을 몰랐다. 그는 어린 시절 주로 혼자 놀았고 기계 작동으로 움직이는 장난감을 무척 좋아했다.[24] 다섯 살 무렵 아버지가 보여준 나침반을 보고 아인슈타인은 언제나 북쪽을 가리키고 있는 것에 감동을 느껴 "이 체험이 나중에까지 남는 깊은 인상을 심어주었다"라고 술회했다. 7세 때 초등학교에 입학했지만 다른 아이들과는 달리 사물을 차분히 생각하는 성격이어서 선생님이 수학 문제를 질문해도 그 자리에서 대답하지 않거나 한참 뜸을 들이는 버릇이 있었다. 만년에 아인슈타인은 그때 완전한 문장으로 말하려는 욕심이 있어 무언가를 말하기 전에 조용히 혼잣말로 연습을 했다고 회상했다.

열 살이 돼 뮌헨에 있는 김나지움에 들어갈 때도 말이 서툴렀고 공부에 열을 올리지 않았지만 사람들이 흔히 알고 있는 것과는 달리 열등생은 아니었다. 암기를 싫어했던 그는 특히 라틴어를 싫어했다. 반면 수학이나 과학 공부에는 딴사람처럼 열심이었다. 1894년 가족이 이탈리아의 밀라노로 이사했지만 아인슈타인은 김나지움을 졸업하기 위해 혼자 뮌헨에 남았다. 하지만 수업 방식이 마음에 들지 않아 6개월간 휴학원을 제출한다. 그러자 라틴어 선생은 반기면서 말했다.

"가능하면 6개월이 지난 후에도 학교에 돌아오지 마라. 너는 반에서 언제나 외톨이인 데다 다른 학생과 어울리려고도 하지 않아. 예습도 복습도 하지 않으므로 너 같은 학생이 있으면 반 전체의 분위기가 흐려져서 못쓰게 되거든."

하지만 수학 선생은 아인슈타인의 수학 실력이 출중하다는 증명서를 써주었다. 그는 1895년 스위스의 취리히에 있는 연방공과대학ETH의 입학시험을 치렀다. 독일식 이름으로 이티에이치로 더욱 유명한 공과대학은 입학하는 데 반드시 고등학교 졸업장을 요구하지는 않았지만 어려운 시험에 통과해야 했다. 고등학교 졸업장이 없는 아인슈타인은 보통 학생들보다 한 살 반이나 어린 만 열여섯 살 6개월인 데다, 언어와 관련된 일부 시험 과목을 공부하지 않아 낙방한다.

수학에서는 천부적인 자질을 보였지만 어학과 역사 성적이 낮아 불합격되자 학장 엘빈 헤어토크는 아인슈타인을 낙방시키는 것이 아까운 일이라며 선생들을 설득해 조건부 입학을 허락한다. 아인슈타인이 1년만 더 고등학교에서 공부하고 졸업 자격증만 갖고 오면 특례 입학을 시켜주겠다는 것이다. 그는 연방공과대학의 입학 자격을 얻기 위해 스위스 아라우에 있는 주립학교에 다녔다. 당시 16세인 그에게 하나의 의문이 떠올랐다. '만일 사람이 빛을 그 뒤에서 같은 속도로 뒤쫓아가면 어떻게 될까?' 이 의문은 '특수상대성이론에 관한 최초의 사고 실험'이며 그것이 나중에 특수상대성이론으로 이어진다. 이 이론이 완성된 것은 의문을 품은 지 10년 후의 일이다.

아라우에서 공부를 마치고 1886년 연방공과대학에 입학했다. 대학에서는 헤르만 민코프스키(1864~1909) 교수의 수학 강의 등 아인슈타인이 흥미를 느낀 것도 몇 가지 있었지만 강의 대부분이 고전적이라 출석을 별로 하지 않았다. 아인슈타인은 친구인 마르셀 그로스만(1878~1936)의 노트에 의존해 공부했다고 술회했는데, 그로스만은 나중에 수학자가 돼 일반상대성이론이 완성되는 과정에서 아인슈타인의 연구에 결정적인 영향을 끼친다.

독학으로 공부한 물리학

—

강의는 별로 듣지 않았지만 그는 당시 최첨단 분야였던 제임스 클러크 맥스웰(1838~1879)의 전자기학을 독학으로 공부했다. 또 종래의 사고방식을 비판하는 에른스트 마흐(1838~1916)의 역학에 대한 책을 읽었다. 연방공과대학의 수업은 매우 자유로워서 4년 동안 시험이 두 번밖에 없고, 시험을 보기 전 자유롭게 연구할 수 있어 아인슈타인은 그런 자유에 만족해했다. 그는 의무적이고 강압적인 연구의 효과에 대해 이렇게 비판했다.

"현대 교육의 강압적 방법이 탐구에 관한 신성한 호기심을 좌절시키지 않았다는 것은 기적이나 다름없다. 왜냐하면 과학자가 될 예민하고 작은 묘목들에게 가장 필요한 것은 자유이기 때문이다. 자유가 없다면 그들은 시들어 말라죽을 것이

독학으로 공부하는 아인슈타인에게 도움이 됐던 마흐(왼쪽)와 맥스웰.

다. 강압적이고 의무적인 교육으로 관찰하고 탐구하는 즐거움이 촉진될 수 있다고 생각하는 것은 매우 중대한 실수다." (『E=mc²과 아인슈타인』)

물론 이런 생각이 어느 정도 옳기는 하다. 하지만 갈릴레오나 아인슈타인처럼 뛰어난 사람들에게만 해당되는 말일 수도 있다. 사실 물리학은 고도의 수학을 사용하는 학문이므로 아인슈타인처럼 스스로 터득할 수 있는 경우는 드물다. 대부분의 사람은 물리학을 제대로 배우기 위해 선생님의 지도와 의무적인 훈련이 필요하다. 그렇지 않으면 공부하는 도중 길을 잃고 헤맬 가능성이 매우 높다.

아인슈타인은 거의 독학으로 오랫동안 별개의 현상인 것으로 여겨졌던 전기와 자기가 밀접한 관계에 있다는 것에 관심을 기울인다. 전기와 자기에 대해서는 19세기 초 앙드레 마리 앙페르(1775~1836)와 마이클 패러데이(1791~1867) 등의 연구에 의해 많이 알려지기 시작했다. 특히 맥스웰은 전자기 현상과 관련된 모든 것을 수식으로 표현하는 '맥스웰 방정식'을 1864년에 발표했다. 맥스웰의 방정식은 간단히 말해 빛도 전자기장의 일부이며 폭이 넓은 스펙트럼 가운데 눈에 보이는 부분이라는 것이다. 그의 가설이 많은 학자로부터 경원을 받던 중 1888년 독일의 물리학자 헨리크 루돌프 헤르츠(1857~1894)는 맥스웰의 이론을 실험으로 증명했다. 그는 실험을 통해 우리가 눈으로 감지할 수 있는 가시광선 외에도 수많은 전자기파가 우리가 살고 있는 공간 안에 있다는 것을 확인했다. 그의 이론에 의하면 빛의 속도는 초속 약 30만 킬로미터였다.

맥스웰과 함께 아인슈타인에게 큰 영향을 미친 것은 마흐의 책이다. 당시에는 뉴턴의 관성법칙이 절대적인 법칙이라고 알려져 있었는데, 마흐는 그러한 뉴턴의 사고방식을 비판했다. 아인슈타인은 "마흐는 뉴턴의 사고방식이 물리학의 최종적인 기반이라는 신앙을 뒤흔들고, 학생이었던 나에게 큰 영향을 주었다"라고 기술했다.

맥스웰에 의해 빛이 전자기파의 일종으로 파(파동)처럼 전파되는 것으로 생각되자 곧바로 의문점이 제기된다. 파동이란 충격이나 진동이 주위로 전달되어가는 현상이다. 음파는 공기를 매개로 전달되고 바다의 파도는 물을 매개로 전달해나간다. 공기나 물처럼 파동에는 그것을 전달하는 역할의 물질이 필요하다. 빛이 파동이라면 그 파동을 전달하는 물질이 존재해야 하며 이러한 가상의 물질을 '에테르'라 불렀다. 아인슈타인도 적어도 1901년까지는 에테르의 존재를 믿고 있었다. 학창 시절 그는 에테르의 존재를 증명할 실험을 생각하고 있었다.

하지만 에테르가 존재한다 해도 역시 의문점이 제기된다. 맥스웰 이론에 따르면 빛은 횡파(매질의 진동 방향이 파의 진행 방향과 수직인 것)였다. 횡파는 고체처럼 단단한 물질 안에서 밖으로는 전달되지 않는다. 더욱이 횡파의 전달 속도는 고체가 단단할수록 빨라지는 성질이 있다. 광속은 매우 빠르므로 에테르가 매우 단단한 것이 돼야 하는데 어느 누구도 그것을 느낄 수 없다. 어딘가 이상한 점은 있지만, 그래도 빛이 파동으로 돼 있다는 관점을 받아들이기 위해 에테르는 존재해야 한다고 믿었다. 한마디로 에테르가 존재한다면 그것은 이제까지 알려진 적이 없는 새로운 종류의 물질이어야 했다.

지구는 태양 주위를 공전하고 있다. 우주 공간에도 에테르가 충만해 있다면 지구는 에테르 속을 운동하고 있는 셈이다. 그렇다면 지구는 주위의 에테르를 질질 끌면서 진행하고 있는가, 아니면 에테르가 완전히 정지하고 있는 공간 속을 나아가고 있는가라는 에테르에 대한 논란은 끝이 없었다. 만약 에테르가 존재한다면 그 존재를 알아낼 실험 장치를 고안해야 하는 것이 급선무였다. 이러한 측정은 단순한 일이 아니었다. 하지만 인간사를 보면 어렵고 고난에 찬 업무를 자청하는 사람이 꼭 나타나기 마련이다.

피조Armand Hippolyte Fizeau는 관에 물이 흐르게 하고 그것이 흐르는 쪽과 같은 방향으로 진행하는 빛과 반대 방향으로 진행하는 빛의 속도를 조사했다. 만약 에테르가 존재한다면 물의 흐름의 속도를 더하거나 뺀 분량만큼의 속도가 관측돼야 한다. 하지만 실험 결과 두 방향의 빛의 속도 차이는 물이 흐르는 속도만큼의 차이가 없었다. 이것은 에테르가 물의 흐름에 끌리지 않고 정지하고 있기 때문에 물의 흐름에 의한 차이를 약화시키는 결과라 생각됐다.

마이컬슨과 몰리는 에테르의 바람을 정면에서 받는 빛과 옆에서 받는 빛의 속도에 차이가 있는가를 측정했다. 실험 결과 빛의 진행 방향과는 무관하게 속도의 차이는 검출되지 않았다. 이 결과는 과학자들을 놀라게 했고 이를 설명하기 위한 이론이 나왔다. 네덜란드의 물리학자 헨드리크 로렌츠(1853~1928)는 에테르에 대해 물체가 움직여나가면 진행 방향으로 그 물체가 물리적으로 수축한다는 가설을 내놓았다. 로렌츠의 이론은 "움직이고 있으면 그만큼 전자기 법칙 자체가 변화하고, 그 효과에 의해 원자 사이의 전기적인 결합 방식의 힘이 변화해 물체가 정말로 수축한다"는 것이다. 로렌츠는 이 연구로 1902년 제2회 노벨 물리학상을 받았다.

세계를 놀라게 한 특허국 직원의 논문

—

에테르에 대한 다양한 실험 결과와 가설이 나오는 가운데 아인슈타인은 1900년 8월 대학을 졸업한다. 그후 1년간 직장을 찾으면서 임시 교사나 가정교사로 생활하다가 친구인 그로스만 아버지의 추천으로 1902년 6월 특허국에

취직했다. 1903년 1월에 밀레바와 결혼식을 올리며 1904년 5월 첫아들 한스가 태어난다. 특허국에서 근무하면서도 그는 매년 논문을 발표했고, 1905년에는 5편의 논문을 발표했다.

- 「분자의 크기를 정하는 새로운 방법」
- 「발견적 견지에서 본 빛의 발생과 변환」
- 「정지하고 있는 유체 속에 떠 있는 입자의 운동과 열의 분자운동과의 관계」
- 「운동하는 물체의 전기역학」
- 「물체의 질량은 그것이 포함하는 에너지에 의해 알 수 있는가?」

이중 첫번째 논문은 취리히 주립대학에 제출한 박사학위 논문으로 그는 이학박사학위를 받는다. 두번째 논문은 광전효과라고 불리는 현상을 설명한 것인데, 이 이론은 아인슈타인의 상대성이론에 결코 떨어지지 않는 대표적인 이론이다. 이것이 중요한 이유는 TV, 컴퓨터, 태양전지 등 현대 문명의 이기들이 모두 광전효과에 기반을 두고 있기 때문이다. 현대인들은 빛이 이중성을 띤다는 것을 잘 안다. 즉 빛은 입자이자 파동의 역할을 동시에 하고 있다는 것이다. 아인슈타인 이전에는 과학자들 간에 입자설과 파동설이 자주 충돌했었다. 이때 혜성같이 등장한 아인슈타인이 빛은 두 가지 성질을 모두 갖고 있다고 명쾌하게 설명했다.

우선 파장의 문제를 보자. 빛의 파장이 짧으면 에너지가 강하고 파장이 길면 에너지가 약하다. 만일 빛이 파동의 성질만 갖고 있는 연속적인 흐름이라면, 어떤 파장의 빛이라도 장기간 밝게 비춰주면 전자는 에너지를 모았다가 충분히 쌓이면 튀어나갈 수 있어야 한다. 하지만 실험 결과 전자를 떼어내는 빛의 파장은 항상 특정한 파장보다 작아야 하며, 그렇지 못할 경우 아무리 밝기를 높여줘도 전자가 튀어나오지 않았다. 두번째는 조도의 문제다. 빛이 파장이기 때문에 연속적인 에너지의 흐름이라면 전자가 에너지를 모아서 튀어나올 때 전극 표면에 비추는 빛의 세기가 강할수록, 튀어나오는 전자의 에너지는 커야 한다. 하지만 튀어나오는 전자 에너지는 빛의 양이 아닌 파장에만 영향을 받았다. 많이 비추면 튀어나오는 전자의 수만 많아질 뿐 전자 한 개의 에너지는 이상하게도 항상 일정했다.

마지막으로 반응시간의 문제다. 빛이 연속적인 흐름이라면 빛의 세기가 약한 경우 전자가 필요한 에너지를 흡수하는 데 오랜 시간이 걸리게 된다. 즉 빛을 비추기 시작해서 전자가 튀어나올 때까지 반응시간이 길어져야 한다. 하지만 특정 파장보다 짧은 빛을 비추면 아무리 빛을 약하게 해도 전자는 빛을 비추자마자 튀어나왔다. 빛이 약해지면 튀어나오는 전자의 개수가 감소할 뿐 반응시간이 지연되지 않았다. 이 세 가지 의문점은 빛이 파동이라고 단정 지으면 풀 수 없는 문제였는데, 1905년 아인슈타인의 광전효과로써 빛을 입자라고 가정하면서도 파장이라는 것을 모순되지 않게 설명했다.

아인슈타인에 따르면 전자는 빛을 이루고 있

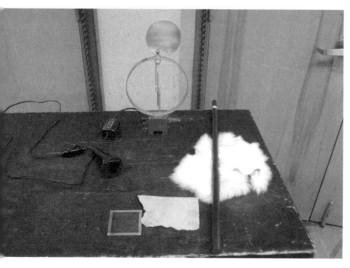

광전효과를 실험하기 위한 도구들.

는 에너지 덩어리, 즉 광자光子(量子)와 충돌해서 광자 한 개에 해당하는 에너지를 흡수한다. 전자와 광자가 부딪치자마자 전자가 광자의 에너지를 흡수하기 때문에 반응시간은 0이다. 이때 조도를 높이는 것은 광자의 양이 많아지는 것일 뿐이므로, 전자 한 개의 에너지가 증가하는 것이 아니라 튀어나오는 전자의 수가 증가한다. 빛을 받을 때 떨어져나온 전자가 갖는 에너지는 전자가 광자로부터 받은 에너지에서 전자를 떼어내는 데 들었던 에너지를 뺀 값으로 일정하다.

빛이 입자의 성질과 파장의 성질을 갖고 있다는 이중성의 문제도 아인슈타인은 간단히 해결했다. 즉 전자는 광자 한 개에 해당하는 에너지만 흡수하므로 전자가 튀어나오려면 광자의 에너지가 전자와 금속이 결합하는 에너지보다 크기만 하면 된다. 따라서 사용하는 빛의 파장이 특정한 값보다 짧을 때, 즉 광자의 에너지가 특정 값 이상일 때만 광전효과를 관찰할 수 있으며, 그렇지 않은 경우는 파장과 같은 성질을 보인다는 것이다.

금속을 이루고 있는 원자들은 다른 원자들과 마찬가지로 핵과 전자로 구성된다. 대부분의 전자는 핵 주변에서 정해진 궤도를 따라 움직이지만, 그중 일부는 특정한 핵에 속하지 않고 자유롭게 돌아다닌다. 이러한 전자를 자유전자라 부른다. 자유전자들은 금속 내부에서 쉽게 움직이기 때문에 열에너지의 전달, 전류의 흐름 등에 중요한 역할을 한다. 금속들이 전기와 열을 잘 통과시키는 것도 자유전자 때문이다. 자유전자들에게 충분한 에너지를 주면 금속 밖으로 튀어나올 수도 있다. 에너지를 주는 방법은 가열하는 것과 빛을 쪼이는 것, 두 가지가 있다.

전자가 금속에서 튀어나가려면 금속과 전자 사이의 결합을 끊기 위해 최소한의 에너지가 필요하다. 이 에너지를 일함수 φ라고 부른다. 빛을 쪼일 때 전자는 그 빛을 흡수해서 에너지가 증가하게 되는데, 이 에너지가 일함수 φ 이하면 전자는 에너지를 흡수했다 방출해버린다. 하지만 일함수 φ를 넘을 만큼 충분히 크면 전자는 금속에서 튀어나가게 되는 것이다. 즉 전자에 충돌한 광자는 에너지 전부를 전자에 주고 광자 자체는 소멸한다. 그리고 전자는 자신이 갖고 있던 에너지에 추가로 광자가 가진 에너지를 합한 양에서 튀어나올 때 필요한 일함수 φ를 빼고 금속으로부터 튀어나온다는 것이다.

이것은 마당에 있는 친구가 2층에 있는 다른 친구에게 공을 던져 올리는 상황과 같다. 2층에 공을 던지려면 2층보다 더 높이 올라갈 만큼 충분히 세게 던져야 한다. 마당에 있는 친구의 에너지가 충분하지 않으면 아무리 여러 번 올려도 그 공은 2층에 올라갈 수 없다. 이처럼 당연한 생각을 빛에 대해 적용한 것이 광전효과다. 이런 바탕에서 아인슈타인은 그때까지는 수수께끼였던 광전효과를 지배하는 정량적 수식을 간단히 유도해내고, 그 수식에 플랑크가 제시한 플랑크 상수가 필연적으로 들어간다는 점을 지적했다. 이것이 바로 한 개의 광자가 갖는 에너지(E)는 플랑크 상수(h)와 빛의 진동수(ν)의 곱, 즉 $E = h\nu$라는 간단한 공식이다.

시간과 공간도 변할 수 있다

—

상대성원리의 개념은 갈릴레이로 소급된다. 손에 쥔 돌을 정지하고 있거나 등속으로 움직이는 배 위에서 떨어뜨렸을 때 돌은 발밑으로 낙하한다. 이것은 물체가 낙하하는 일에 대한 역학의 법칙이 같기 때문에 일어난다. 등속운동을 하고 있는 좌표를 '관성계'라고 하며 갈릴레이는 '관성계에서는 모든 역학법칙은 변하지 않는다'고 생각했다. 바로 갈릴레이의 상대성원리다.

아인슈타인은 만약 우주에 출발점이 없다면, 어떻게 사람들이 우주에 대한 모든 것을 알 수 있는가 하는 의문점을 가졌다. 그는 이 해결책으로 어떤 우주의 사건에 관련된 관성좌표계가 있어야 한다고 생각했다. 그것이 꼭 지구여야 할 필요는 없다. 태양 또는 그 어떤 구역 중에서 가장 편리한 것을 선택하면 된다. 가령 행성의 운동을 기술할 때는 지구 중심보다는 태양 중심의 관성좌표계가 훨씬 편하다. 따라서 공간과 시간의 측정은 주어진 관성좌표계에 따라 상대적인 것이 되며 이러한 이유로 아인슈타인의 이론을 '상대성이론'이라고 한다. 갈릴레이와 아인슈타인이 사용하는 상대성이란 말은 똑같지만 의미가 다름을 알 수 있다.

아인슈타인의 상대성이라는 말을 보다 쉽게 설명하면 이렇다. 사람은 고래보다 작다. 하지만 사람은 개미보다 훨씬 크다. 그렇다면 사람은 큰 것인지 작은 것인지 누가 알 수 있을까? 개미가 보면 엄청나게 크지만 고래가 보면 사람은 매우 작다. 그렇다고 사람의 키가 달라지는 것은 아니다. 즉 누가 보느냐에 따라서 사람의 키를 평가하는 것이 달라진다는 뜻이다.

아인슈타인의 중요성은 뉴턴이나 갈릴레이가 인식한 역학법칙만이 아니라 전자기에 대해서도 상대성원리를 만족시킨다고 생각했다는 점에 있다. 관성계에서는 역학과 전자기를 포함한 모든 물리법칙이 변하지 않는다는 생각이다. 또 그는 '빛의 속도는 언제나 일정하고 그 속도는 광원의 운동 상태와는 무관하다'고 생각했다.

맥스웰의 방정식이 옳다면 빛의 속도는 물리상수로 결정된다. 아인슈타인의 상대성원리로부터 생각하면 어떤 기준에서도 맥스웰의 방정식은 성립한다. 그렇다면 어떤 기준에서 보더라도 빛의 속도는 불변이 돼야 한다고 생각했다. 빛에 대해 어떤 상대운동을 하더라도 빛의 속도가 바뀌지 않는다면(광속불변의 법칙) 필연적으로 속도를 규정하는 시간과 공간에 대한 종래의 태도를 변경해야 한다는 점이 아인슈타인을 부동의 과학자로 만든 것이다.

아인슈타인의 상대성원리와 광속도 불변의 원리는 서로 모순되는 것처럼 보인다. 시속 50킬로미터로 달리는 차 안에서 시속 50킬로미터로 앞쪽으로 던진 공을 지상에 서 있는 사람이 볼 때는 시속 100킬로미터로 보인다. 하지만 광속 불변의 원리를 받아들이면 광원이 어떠한 속도로 움직여도 광원 속도와 빛의 속도가 합해지지 않는다. 광원에서 나오는 빛의 속도는 광원의 속도와 무관하게 일정한 속도로 보인다. 맥스웰 방정식에 따르면 빛의 속도가 일정해야 하므로 속도 합성의 법칙에 위배되는 것이다.

1905년 봄 어느 날 아인슈타인은 잠에서 깨어났을 때 그 해답이 "갑자기 떠올라 이해가 됐다"라고 기록했다. 그는 곧바로 「운동하는 물체의 전기역학」이라는 특수상대성이론의 논문을 작성했고, 완성된 것은 그날로부터 5주 후인

막스 플랑크(왼쪽)와 아인슈타인.

1905년 6월이었다. 아인슈타인의 머리에 갑자기 떠오른 답은 시간과 공간에 대한 생각을 바꾸는 것이었다. 이전의 물리학에서는 시간의 진행 방식이나 공간의 거리는 운동 상태와는 무관하게 어느 곳 누구에게도 일정하다고 생각했다. 속도는 거리를 시간으로 나눠 구할 수 있다. 시간이나 거리(공간)가 일정하다고 생각하면 시간과 거리의 관계에 의해 빛의 속도는 변해야 한다.

여기에서 아인슈타인은 생각을 달리했다. 빛의 속도가 일정해지도록 시간과 공간의 관계를 설정하는 것이다. 즉 빛의 속도는 불변이고 시간이나 공간이 상대적으로 변화한다는 것이다. 이제까지 생각됐던 1초나 1킬로미터가 다른 사람에게 있어서 똑같은 1초와 1킬로미터가 아니라는 것이다. 그는 자신의 아이디어를 기초로 고전적인 물리학에 변경을 가했다. 변경된 계산식에 따를 경우 일상생활의 감각으로 보면 기묘하게 느껴지는 현상이 유도된다. 정지하고 있는 사람이 보면 고속으로 달리고 있는 물체의 시계는 느리게 가는 것으로 보인다. 마찬가지로 정지하고 있는 사람이 운동하고 있는 물체를 보면 그것은 진행 방향으로 길이가 수축하고 있는 것으로 보인다.

이러한 효과는 광속에 접근할수록 현저히 나타나며 일상생활에는 거의 영향이 없다. 예컨대 시속 360킬로미터(초속 100미터)로 움직이는 고속전철의 경우 광속에 비하면 300만분의 1로서 매우 작기에 특수상대성이론의 효과는 거의 볼 수 없다. 특수상대성이론의 논문 발표 이후 아인슈타인은 자신이 주목받을 거라 예상했지만 얼마간 아무런 반응이 없어 낙담했다.

여기서 그의 가치를 처음으로 인정한 사람은 물리학자 막스 플랑크(1858~1947)였다. 1906년 플랑크는 아인슈타인에게 몇 가지 의문점을 제기했고, 플랑크의 조수인 펠릭스 라우에(1879~1960)가 아인슈타인을 찾아와 그의 이론에 대해 토의했다. 곧바로 다른 물리학자들이 아인슈타인의 이론을 연구하기 시작했다.

특수상대성이론은 시간이나 거리를 재는 사람, 즉 관찰자가 서로 등속도로 운동하고 있는 경우에 성립한다. 여기서 상대성원리가 관찰자가 서로 가속되고 있는 경우에도 성립하는지가 의문스러웠다. 이 이론을 발표한 이후 아인슈타인은 뉴턴의 만유인력법칙을 어떻게 하면 자신의 이론에 결합시킬 수 있을까를 생각하기 시작했다. 그에 대한 해답은 1907년 11월에 떠올랐다.

'사람이 높은 곳에서 중력이 이끌리는 대로 떨어지면 자신의 무게를 느끼지 않을 것이다.'

엘리베이터를 타고 내려갈 때 몸이 뜨는 것 같은 감각을 느끼는 사람이 많을 것이다. 엘리베이터를 매달고 있는 줄이 끊어지면 엘리베이터는 아래로 떨어지고, 그 안의 물체는 공중에 뜬 상태가 된다. 이것은 엘리베이터가 낙하할 때의 가속도운동에 의해 무중력상태가 되기 때문이다. 반대로 무중력상태의 우주 공간에서 엘리베이터를 위쪽으로 끌어올리면 그 안에 떠 있던 사람은 바닥을 내리누르게 된다. 위쪽을 향한 가속도에 의해 중력과 같은 효과가 나타나기 때문이다. 아인슈타인은 중력에 의한 효과와 가속에 의한 효과가 같은 것이라고 생각했다. 나중에 '등가의 원리'라 불리는 이 생각은 일반상대성이론의 제1보가 된다. 즉 아인슈타인은 관성계뿐만 아니라 임의로 가속도운동을 하는 계로까지 일반화해 1916년에 일반상대성이론을 완성했다.

일반상대성이론에서는 시간과 공간을 휘어진 것으로 파악한다. 아인슈타인은 시공간을 생각하기 위해 일반 유클리드 기하학이 아닌 다른 기하학이 필요하다고 생각했다. 이때 그의 친구이자 수학자인 그로스만이 리만 기하학이 적합하다고 알려주었다. 리만 기하학은 19세기 중엽에 만들어진 것으로 고차원의 휘어진 공간을 다루고 있다.

1919년 어떤 학생이 실험상의 측정이 그의 이론과 맞지 않으면 어떻게 하겠냐고 아인슈타인에게 질문했다. 이에 대해 아인슈타인은 이렇게 대답했다.

"신에게 유감을 느낄 걸세. 이론에는 틀린 것이 없거든."

뉴턴과 아인슈타인의 미묘한 차이

아인슈타인은 자신이 창안한 일반상대성이론을 사용해 제일 먼저 수성의 근일점 이동에 관한 케케묵은 의문점을 깨끗이 해소했다. 수성의 근일점은 같은 장소가 아니고 항상 달라 20세기 초까지도 학자들을 가장 곤혹스럽게 만든 현

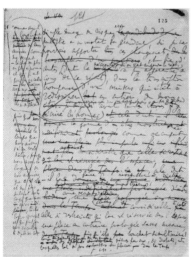

아인슈타인 친필 원고와 다소 실험적인 책 표지.

상이다. 뉴턴의 이론에 따라 행성이 태양 주위를 회전할 때 그리는 궤도가 타원이므로 행성의 궤적을 추적하는 것이 어려운 일이 아니며 모두 정확하게 맞았다.

하지만 수성의 회전주기는 예상했던 것보다 약간 더 길었다. 프랑스의 천문학자 라비에르는 수성 궤도의 근일점이 100년에 38초씩 이동한다는 것을 발견했다. 이것은 1년 동안 길어진 각도가 기껏해야 10킬로미터 밖에서 동전을 관찰하는 사람의 눈에 보이는 현의 길이 정도에 해당한다. 그럼에도 물리학계에서 이 차이는 매우 큰 것으로, 심지어 이런 오차를 설명하기 위해 태양의 먼 뒤편에 '불칸Vulkan'이라는 보이지 않는 행성까지 가정했을 정도다. 천문학자들을 가장 고민에 빠뜨린 이 작은 오차는 아인슈타인의 일반상대성이론에 의하면 다른 행성으로부터 받는 중력의 영향에 의해 이동된다는 것으로 명쾌하게 설명할 수 있었다. 즉 수성의 회전주기는 다른 행성들의 교란 때문에 약간의 오차가 생긴다는 것이다.

두번째로 뉴턴의 이론은 물체의 중력이 관성질량과 비례하는 이유를 설명하지 못했다. 중력가속도가 물체의 질량이나 성분과 무관한 이유, 즉 포탄과 깃털이 같은 속도로 떨어지는 이유가 무엇인지를 해결하지 못했다. 관성질량은 매끄러운 바닥으로 가방을 굴릴 때 느껴지는 힘, 중력질량은 가방을 들어올릴 때 느껴지는 힘으로 비유할 수 있다. 이것은 두 질량 사이에 뚜렷한 차이가 있음을 암시한다. 중력질량은 중력이 드러나는 것이고 관성질량은 물질의 불변적 특성을 말한다.

지구궤도를 벗어난 우주선 안의 가방은 지구의 중력에서 벗어나 있으므로 무게가 없다. 즉 가방의 중력질량은 0이다. 하지만 가방의 관성질량은 언제나 동일하다. 지상에서 잰 가방의 무게가 15킬로그램이라고 하자. 이 무게가 가방의 중력질량이다. 이것을 비교적 마찰력이 적은 곳에 놓고 스프링 저울에 달면 가방은 15킬로그램의 눈금에 도달할 때까지 같은 가속비로 떨어진다. 이것이 관성질량이다.[25]

수세기 전부터 과학자들은 중력질량과 관성질량이 같다는 사실을 알고 있었다. 이 때문에 포탄과 농구공은 서로 무게가 다르지만 같은 속도로 떨어진다. 포탄의 중력질량이 훨씬 크지만 같은 정도로 관성질량도 크기 때문에 느리게 가속되는 것이다. 즉 두 질량이 상쇄된다는 등가법칙이 성립한다. 뉴턴의 물리학은 등가법칙을 단지 우연적인 것으로 생각했던 데 반해 아인슈타인은 이유가 있다고 생각했다. 아인슈타인은 중력이 가속이라는 형태로 해석될 수 있다면 가속은 구부러진 공간의 곡면을 따라 일어날 수 있다고 여겼다.

뉴턴의 이론에 따르면 모든 물체는 질량에 비례함으로써 다른 물체를 끌어당긴다. 하지만 아인슈타인은 태양처럼 거대한 물체의 주변은 이 물체의 중력이 너무 크므로 이 물체가 회전할 때 공간을 함께 끌어들인다는 것이다. 그런데 아인슈타인의 등가원리를 여기에 적용하면 중력질량과 관성질량이 같아진다. 즉 아인슈타인은 우주선의 가속이 지구의 중력으로 인한 가속과 같다는 것을 지적했다. 실제로 지구의 중력을 받으며 지구에 앉아 있는 것과 가속되고 있는 우주선을 타고 우주 공간을 날아가는 것과는 차이가 없다. 다시 말해 가속되고 있는 우주선 안에서 물체를 관찰하는 것과 중력이 있는 곳에서 물체를 관찰하는 것은 차이가 없다. 아인슈타인의 상대성원리에 의해 외양으로는 달라 보이는 중력질량과 관성질량이 같다는 것을 말끔하게 설명했다.[26]

더욱이 뉴턴은 변화하지 않는 절대공간의 존재를 믿었다. 그에 따르면 공간이란 개념은 관찰자의 위치와는 상관이 없었다. 그는 자신의 이론을 증명하고자 밧줄로 물통을 매달아 실험했다. 양동이를 돌리자 밧줄이 꼬였다. 처음에는 평평하던 물 표면이 양동이가 회전함에 따라 함께 회전했고, 급기야는 양동이와 같은 속도로 회전했다. 이 시점에서 물 표면은 포물선을 그렸다. 뉴턴은 물 표면을 변화시킨 것은 양동이의 운동 때문이 아니라 물 표면이 물에 영향을 받는 시점에서

프라하대학에서 과학적 실증주의를 펼친 에른스트 마흐.

는 물이 더이상 양동이를 따라 움직이지 않았기 때문이라고 설명했다. 대신 그는 물 자체의 운동이 이 차이를 만들어낸다고 믿었다. 어쨌든 물이 회전운동을 하는 것은 사실이므로 이 실험으로 뉴턴은 힘의 작용 여부를 결정하는 절대공간이 있다는 결론을 내렸다.

　이런 뉴턴의 주장을 오스트리아의 물리학자 에른스트 마흐Ernst Mach가 비판했다. 마흐는 지구가 그렇듯 물이 주변 질량에 반응하는 것은 자체의 운동 때문이 아니라 주변의 질량 때문이라고 주장했다. 뉴턴에게 오류가 있다는 지적이었다. 과학자들은 뉴턴의 이론에 오류가 있다는 것을 알았지만 어느 누구도 그 결함을 수정할 정교한 중력 이론을 내놓지 못했다. 그때 특허청에 근무하고 있던 아인슈타인이 방법론을 제시한 것이다.[27]

　20세기 물리학의 또 하나의 기둥인 양자론과 함께, 상대성이론은 소립자 물리학이나 우주론, 천문학을 크게 발전시키는 원동력이 됐다. 상대성이론이 뉴

턴역학을 근본에서부터 완전히 뒤엎은 혁명적인 이론이라 불리는 이유는 뭘까? 원칙적으로 일반상대성이론과 뉴턴의 법칙은 일상세계에서는 기본적으로 똑같은 결과를 얻는다. 뉴턴역학도 일상생활이나 궤도 위에 위성이 놓여 있는 것과 같은 보편적인 천문학에는 잘 맞는다.

뉴턴의 역학에서 물체의 질량이란 그 안에 들어 있는 '물질의 양'이며 물체의 관성은 주어진 가속도를 만들어내는 데 필요한 힘이 가속도와 질량의 곱이라는 법칙에 따라 파악할 수 있다. 아인슈타인은 이 이론에서 광속을 고려해야 하는 등 특이한 문제에 부딪치면 속도에 따른 질량증가 이론을 고려해야 한다는 것이다. 물체의 질량은 속도와 더불어 대략 그 운동 에너지에 비례해 증가하기 때문이다. 결론적으로 아인슈타인은 뉴턴의 이론에 약간의 수정을 가한 것으로 볼 수 있다. 따라서 아인슈타인의 이론도 느린 속도에서는 뉴턴의 역학과 일치한다. 하지만 빛의 속도에 따른 특성을 고려하려면 뉴턴의 질량 개념을 약간 변형해야 한다. 결국 아인슈타인의 상대성이론은 상식의 울타리를 넘어서 더욱 넓은 세계에서 통용이 되는 올바른 생각을 제시한 것이다.

미국의 라이프 지가 '지난 1천 년을 만든 100인' 중에 뉴턴을 여섯번째로 선정하고 아인슈타인을 21번째로 선정하며, 존 시몬스가 선정한 '사이언티스트 100인'에서도 1위가 뉴턴이고 2위가 아인슈타인인 이유는 뉴턴역학으로 일상 생활에 적용되는 물리학적인 현상을 거의 설명할 수 있기 때문이다. 즉 상대성이론에서 나오는 결론은 상식에 비춰보면 앞뒤가 맞지 않는 느낌이 든다. 상대성이론이 어렵고 알기 힘든 이론이라고 말해지는 것도 그 때문이다. 옛날 사람들에게는 땅은 평평하고 어디까지 가도 끝이 없다는 것이 상식이었다. 하지만 지리의 지식이 풍부해짐에 따라 지금은 누구라도 지구가 둥글다는 것을 알고 있다.

상대성이론에 관해서도 19세기 말부터 20세기에 걸쳐서 실험이나 관측 기술이 발달하고 빛과 그렇게 차이가 없는 큰 속도를 연구할 수 있게 되자 지금까지의 시공간 상식으로는 풀 수 없는 것이 많아졌다. 바로 그러한 문제점을 아인슈타인이 제시했기 때문에 인류가 태어난 이래 최대의 과학자 중의 한 사람으로 거론되는 것이다.

진리에는 국경이 없다

아인슈타인이 수성의 근일점 이동 등 학자들을 고민스럽게 만든 문제점들을 말끔하게 설명했지만 그의 이론이 워낙 혁명적이므로 당시의 과학자들은 쉽게 이해하지 못했다. 더구나 그의 이론을 증명하기 위한 노력도 번번이 실패로 돌아갔다.

이때 아인슈타인은 자신의 이론을 검증할 수 있는 보다 확실한 방법을 제시했다. 그것은 만약 일식 때 태양 뒤에 있는 별의 위치를 관측한 후, 지구가 반 바퀴 공전한 다음에 태양의 간섭을 받지 않은 그 별의 위치를 관측할 수 있다면 태양의 중력에 의해 그 별빛이 휜다는 것을 검증할 수 있다는 것이다. 아인슈타인은 1911년 중력장에 의해 태양을 통과하는 빛은 직선으로부터 1.75초만큼 휜다고 발표했다. 공간은 평평하다고 보는 뉴턴역학에 의해 1801년 폰 솔드너 Johann von Soldner가 계산한 것에 따르면, 태양 표면을 스치듯 지나가는 빛의 휘어짐은 0.84초였다.

아인슈타인의 이론이 워낙 매력적이어서 1916년 독일의 과학자들이 그의 예언을 검증하기 위해 모든 실험 장비를 갖추고 일식이 일어나는 러시아로 출발했다. 하지만 당시는 제1차 세계대전 중이었으며 러시아와 독일은 적성국이었다. 순수한 연구 목적임을 강조했음에도 불구하고 독일 학자들은 모든 실험 장비를 압류당하고 추방당했다. 아인슈타인의 이론에 대한 검증은 연기될 수밖에 없었다. 1918년 세계대전이 끝나자 관측대를 보낼 계획이 영국에서 세워졌다. 하지만 반대도 만만치 않았다.

"적국 독일의 과학자가 내놓은 이론을 시험하기 위해서 영국이 많은 돈을 들여 관측대를 파견할 수는 없다."

하지만 당시 관측 계획 위원장이자 양심적인 반전운동으로 유명했던 천문학자 에딩턴(1882~1944)은 "진리에는 국경이 없다. 어느 나라 과학자의 이론이든 옳은 이론을 증명하는 것은 과학자들의 책임이다"라고 강력히 옹호했다.

결국 1919년 5월 10일 개기일식이 관측되는 브라질 북쪽에 있는 소브랄과 서아프리카의 기네아 만에 있는 프린시페 섬으로 관측대를 파견했다. 에딩턴 자신도 여기에 참가했다. 에딩턴 팀이 일식 관측을 한 결과 태양 가장자리를 통과하는 광선은 각도로 1.64초 굴절했다. 앤드류 크로믈린이 이끈 소브랄의 탐사대도 1.98초의 거리 차를 발견했다. 아인슈타인이 예언한 1.75초와 약간의 오차는 있었지만 두 값은 거의 일치했고, 태양의 인력이 광선을 굴절하게 만든다는 것이 증명된 셈이다. 하룻밤 사이에 아인슈타인은 세계 언론의 찬사를 받는다. 1919년 11월 7일자 런던 타임스 지는 이렇게 보도했다.

"과학에 일어난 혁명 / 우주에 관한 새 이론 / 뉴턴의 개념을 뒤집다."

몇 년 후 아인슈타인은 역사적인 에딩턴의 실험 결과와 양자물리학의 창시자인 독일의 물리학자 막스 플랑크에 대해 "플랑크는 내 절친한 친구이며 훌륭한 사람이지만 아시다시피 그는 물리학을 진정으로 이해하지는 못했습니다"라고 말했다. 무슨 뜻이냐고 사람들이 묻자 그는 "1919년 개기일식이 일어날 당시 플랑크는 잠을 못 자고 태양의 중력장으로 빛이 휘는지를 알아보려고 했습니다. 그가 관성질량과 중력질량이 같은 것임을 설명하는 일반상대성이론을 이해했다면 나처럼 그 역시 편안하게 잠을 잤을 겁니다"라고 대답했다.

뉴턴은 만유인력의 법칙이나 운동방정식을 만들어 행성이나 물체의 운동을 훌륭하게 설명했다. 뉴턴은 '절대시간'과 '절대공간'을 생각하고 그것들을 기준으로 삼아 물체의 운동을 생각했다. 뉴턴역학을 지탱하는 근간은 일정한 빠

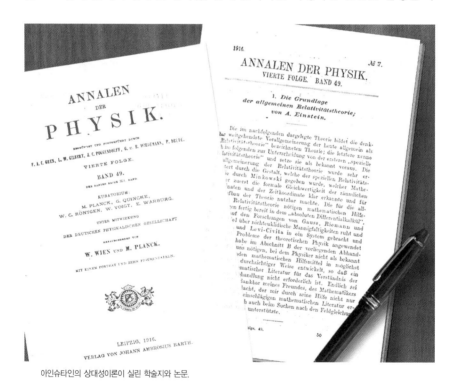

아인슈타인의 상대성이론이 실린 학술지와 논문.

르기로 움직이고 있는 어느 관성계에서도 역학법칙은 같다는 '상대성원리'였다. 뉴턴의 이론은 실제 생활과 아주 잘 일치하므로 학자들은 자연현상 모두가 뉴턴역학으로 해결된다고 생각했다.

하지만 맥스웰 방정식으로부터 빛의 속도가 초속 30만 킬로미터로 일정하다는 것이 유도됐다. 고전적인 이론에 의하면 빛을 같은 속도로 뒤쫓아간다면 빛은 정지해 있는 것처럼 보인다. 반면 맥스웰 방정식처럼 만약 어느 관측자에게도 광속도 불변의 원리가 성립한다면 빛을 빛의 속도로 뒤쫓아가더라도 빛은 광속으로 진행하고 있는 것처럼 보인다는 것이다.

아인슈타인은 상대성원리와 광속도 불변의 원리를 바탕으로 뉴턴이 생각하

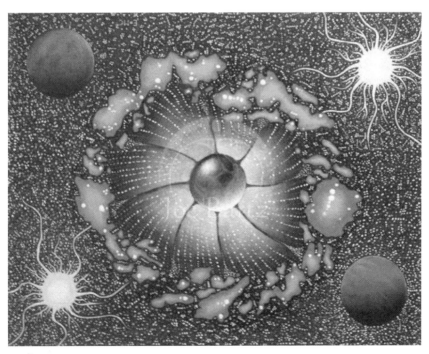

$E=mc^2$이라는 공식으로 작동하고 있는 우주의 형상을 그린 그림.

고 있던 절대시간과 절대공간은 존재하지 않으며, 시간이나 공간은 운동 상태에 따라 변화한다고 생각했다. 그에 의하면 에테르의 존재를 가정하지 않아도 다양한 현상을 설명할 수 있었다. 또한 아인슈타인의 이론에 의하면 물체의 속력을 증가시키기 위해 물체에 힘을 가하면 물체의 질량도 증가하게 된다. 즉 물체의 속력이 빨라질수록 물체가 점점 무거워져 가속시킬 수 없다.

질량과 속력 사이의 관계는 $m = m_0/(1-v^2/c^2)^{1/2}$로 주어진다. 이 식에서 m_0는 물체의 정지질량이고, m은 물체가 관찰자의 기준계에 대해 속력 V로 움직이고 있을 때 관찰자가 측정하는 질량이다. 속력이 광속의 절반이면 $m = 1.15m_0$이다. 하지만 $v = c$이면 m은 무한대다. 이것은 빛은 오직 광속으로만 움직일 수 있으며, 정지질량이 아닌 물체는 결코 광속으로 달릴 수 없다는 뜻이다.

질량이 에너지로 변환될 수 있다는 것도 아인슈타인이 증명했다. 질량과 에너지 사이의 관계에 대한 그의 공식은 $E = mc^2$이다. 여기서 E는 에너지이고 m은 질량이다. c^2이 30만 km/s × 30만 km/s 라는 사실을 염두에 두면 질량이 에너지로 전환되는 비율이 얼마나 어마어마한 숫자인지를 알 수 있다. 실제로 물질 1킬로그램을 에너지로 바꾸면 에너지는 9×10^{16}줄(J)이 생긴다. $E = mc^2$으로 알려진 이 식으로 인해 태양 내부에서의 핵융합반응이나 원자력 등의 핵분열반응을 설명할 수 있다. 이러한 반응은 질량이 조금밖에 줄지 않으며 그 감소한 질량만큼의 에너지가 방출되는 반응이다.

아인슈타인의 첫째 부인 천재 과학자 밀레바
—

아인슈타인의 업적에 대해서는 워낙 많은 자료가 있지만 부정적인 자료도

꽤 있다. 그에게는 모욕적으로 들리겠지만 상대성이론은 원래 다른 사람의 업적이라는 주장도 있다. 그 주인공은 아인슈타인의 첫째 부인이었던 천재 과학자 밀레바다.

취리히 공과대학에 입학한 아인슈타인은 1896년 수학과 과학부에 입학한 네 살 연상의 밀레바 마리치를 만났다. 밀레바는 세르비아의 부유한 가정에서 태어났고, 고등학교 시절부터 수학과 과학에 탁월한 재주를 보여 당시 자연과학의 중심지 중 하나인 스위스로 유학을 왔다. 스

아인슈타인의 부인이자 천재 과학자로 그의 과학적 발견에 결정적 공헌을 한 것으로 알려진 밀레바 마리치.

위스는 여자도 졸업이 가능한 곳이었기 때문이다. 밀레바는 당시로서는 소위 속물근성이 없는 아인슈타인 같은 종류의 사람이었다. 이에 그녀는 1903년 부모의 반대에도 불구하고 결혼을 감행했다. 그들의 결혼이 늦어진 것은 아인슈타인의 어머니가 두 사람의 결혼을 강력하게 반대했기 때문이다.

어머니는 밀레바의 나이가 너무 많다고 생각했다. 또한 지나치게 똑똑한 여자란 것도 싫어했다. 그녀는 아인슈타인에게 "그 애는 너처럼 책 같은 애잖니. 네겐 여자가 필요해"라고 말했다. 아인슈타인은 이런 통속적인 견해에 맞서 싸우기보다는 결혼을 미뤘다. 때마침 밀레바가 아이를 가졌다. 임신 사실을 안 그녀는 수학자로서의 성공을 포기하고 고향 세르비아로 돌아가 1902년 1월 아무도 모르게 아인슈타인의 딸 리셀을 낳았고 1903년에 결혼했다. 리셀은 두 살 때 사망했다. 하지만 밀레바가 현대 과학사에서 큰 자리를 차지하는 것은 과학

도로서의 꿈을 접고 아인슈타인의 연구를 도왔기 때문이다. 그녀는 아인슈타인의 동료가 아니라 아내였으므로 남편이 유명해지는 것을 당연하게 여겼다.

현대 학자들은 아인슈타인을 가장 유명하게 만든 1905년에 발표한 세 가지 주요 발견(상대성이론·광전효과·브라운운동)의 진짜 주인공은 아인슈타인의 아내인 밀레바라고 주장하기도 한다. 이런 주장이 설득력을 얻는 것은 대학 시절 아인슈타인은 밀레바와 함께 최첨단 물리학을 연구했는데, 밀레바는 아인슈타인이 취약했던 수학에 능통해 동료 그로스만과 함께 상대성이론의 복잡한 수학 문제를 풀어준 장본인으로 알려지기 때문이다. 밀레바는 또한 1897년부터 이듬해까지 하이델베르크에 머물면서 필립 레나르트의 영향을 받고 '분자의 운동과 충돌로 이동한 경로 사이의 관계'에 대한 자신의 생각을 아인슈타인에게 편지로 보냈는데, 그것이 이후 아인슈타인의 브라운운동 연구의 출발점이라고 추정된다.

밀레바가 보인 역할은 아인슈타인이 그녀에게 보낸 편지에서도 찾아볼 수 있다. 1897년 대학에서 만났을 때부터 결혼 직후까지 주고받았던 편지는 모두 54통이다. 편지에서 아인슈타인은 움직이는 물체의 전자기학에 관한 연구를 언급하면서 상대성운동에 관해 '우리의 이론' 또는 '우리의 연구'라는 표현을 사용했다. 또한 그는 노벨상을 받으면 상금 전액을 밀레바에게 주겠다고 약속했는데, 이는 상대성이론에 대한 밀레바의 공헌을 스스로 인정한 것이라고 학자들은 추정한다. 아인슈타인은 그 약속을 모두 지키지는 않고 절반만 지급했다.

두 사람의 관계는 아인슈타인이 점점 유명해지면서 벌어지기 시작해 1913년 별거에 들어갔고 1919년에 이혼했다. 밀레바는 아인슈타인의 두 아들을 키우다가 1948년에 사망했다. 20세기의 최대 과학자라는 아인슈타인의 사생활과 창의성에 따라다니는 루머는 과학자들을 매우 곤혹스럽게 만들었다. 그의 또 다른 비인간적인 면모로 결혼 전에 비밀리에 딸을 얻었는데 그 사실을 끝까지 숨겼고, 두번째 결혼한 사촌 엘자와의 생활도 비극으로 몰고 갔다는 얘기가 있다.

오늘날 과학자들은 사회와 동떨어져 고독하게 자연에 대한 탐구를 할 수 없다고 믿는다. 따라서 과학자 개인의 이름으로 기억되는 많은 업적이 그 주변에 있던 사람들의 조언과 협조로 이뤄낸 노력의 결집이라 볼 수 있다. 그런 의미에서 동료이자 천재 과학자였던 밀레바의 도움을 얻는 것은 지극히 당연한 일이다.

문제는 아인슈타인이 자신이 받은 학문적 도움을 끝까지 표현하지 않았다는 데 있다. 일반적으로 논문의 말미에 첨가하는 참고 문헌과 감사의 글은 논문이 나오기까지 도움을 준 사람에 대한 최소한의 예의를 지키기 위한 장치다. 하지만 아인슈타인은 이를 비밀로 부쳤다. 그가 밀레바의 도움을 언급할 필요가 없다고 생각했을 수도 있고, 밀레바도 남편에 대한 공헌을 당연한 것으로 생각했을지 모른다. 하지만 둘의 관계에 대한 최근의 연구는 지금까지 선한 측면만 부각돼 신격화된 아인슈타인의 이미지가 '뒤틀려진 아인슈타인'으로 변할 수도 있음을 보여준다.

물론 대부분의 학자는 아인슈타인을 옹호한다. 과학자란 도덕적 인간성을 모든 면에서 갖춘 완벽한 성인이 아니라 단지 과학 분야에서 다른 사람보다 좀더 정진한 사람에 불과하다는 것이다. 특히 아인슈타인은 꼭 필요한 경우 외에는 대인관계를 맺지 않으려고 했다. 그것은 자신의 성격이 타인과 갈등을 일으킨다는 것을 잘 알고 있었기 때문이다. 심리학자 하워드 가드너는 세계적인 천재의 상반된 성격을 다음과 같이 설명했다.

"아마도 아인슈타인은 개인적인 인간관계의 굴레에 연연해하지 않았기 때문에 세계 전체를 위해 전적으로 헌신할 수 있었을 것이다."[28]

사망하기 전날까지 연구에 매달려

—

아인슈타인은 1909년 5월에 취리히 주립대학의 원외교수(정교수와 조교수의 중간)로 임명되고 특허국을 사임한다. 그후 프라하대학에 교수로 잠시 있다가 1914년 베를린대학 교수로 와 연구에만 전념하게 된다. 하지만 베를린에서 그는 어린 시절에는 느끼지 못했던 유태인에 대한 독일인들의 반감을 의식한다. 1929년에 헤브론에서 반유태인 폭동이 일어나고 1930년대 초 히틀러의 나치스가 득세하자, 아인슈타인은 군국주의와 파시즘에 적극적으로 반대했다. 유태인인 그가 투옥되지 않았던 것은 그 당시 스위스 시민이었기 때문이다. 1932년 히틀러가 정권을 잡을 때 그는 다행히 미국에 있었고 다시는 돌아가지 않고 망명했다. 1933년에 프린스턴 고급학술연구소의 수학부장으로 임명돼 망명생활이 정착됐고, 그에게 연구에 관한 충고를 구한 수많은 젊은 과학도에게 격려에 찬 편지를 보내며 계속 연구에 몰두했다.

아인슈타인은 20세기 최대의 과학자로 칭송받았지만 그의 생활은 매우 검소했다. 백발이 제멋대로 자랐고 신사복과 넥타이를 매는 정장 대신 스웨터와 가죽 재킷을 애용했다. 연주가 뺨치는 바이올린 연주와 요트 조정이 그의 취미이자 낙이었다. 그는 첨단 과학자로서 과학의 중요성을 강조하면서도 전지전능과 조화의 신을 믿었다. 덴마크의 유명한 물리학자 보어와 불확정성원리에 대해 논쟁했을 때도 "신은 주사위놀음을 하지 않는다"라고 말해 보어를 화나게 했다는 이야기는 전설 아닌 전설이다. 그가 위대한 과학자의 상으로 만화나 SF

영화에서 모델이 되는 것은 허세를 부리거나 뽐내는 일이 없기 때문이다. 그는 누구에게나 개방적이고 차별을 두지 않았다. 때로는 이웃에 사는 고교생에게 기하학 문제를 풀어주기도 했다. 물론 그 문제의 답이 항상 정답은 아니었다고 한다. 영화감독들이 아인슈타인을 진정한 과학자의 상으로 만들기에 주저하지 않는 이유이기도 하다. 1948년에 이스라엘이 독립했을 때 대통령으로 취임해 줄 것을 요청받았지만 "대통령은 인간관계에 대한 이해를 필요로 한다"라고 말하며 재빨리 사양했다.

아인슈타인은 자신의 죽음을 미리 예상하고 있었다. 그가 사망하기 몇 달 전 친구에게 "늙은이에게 죽음은 해방처럼 올 것이네. 죽음이란 결국 갚아야 할 빚인 것 같네"라고 편지를 썼다. 1955년 4월 3일 동맥류가 파열돼 생명이 위험하다는 것을 알았지만 그는 생명을 연장하기 위해 아무것도 하려 하지 않았다. 그는 주치의에게 이렇게 말했다.

"나는 내 몫을 다했습니다. 이제 갈 시간이 됐습니다."

1955년 4월 18일 새벽 76세의 나이로 조용하게 세상을 떠났으며 그의 뇌는 아직도 후손들의 연구를 위해 보관되고 있다. 그가 왜 세계적인 천재가 될 수 있었는지에 대한 비결이 언젠가 찾아질지 모를 일이다.

한편 1922년 아인슈타인이 노벨상 수상자로 결정되던 그해 민립대학 설립을 추진하던 조선교육협회가 그를 초청했으나 아인슈타인은 조선을 방문하지 못했다는 자료가 발굴됐다. 조선교육협회는 3·1운동 이후 일어난 대표적인 민족단체였다. 1920년 6월 독립협회 부회장을 지낸 월남 이상재, 대한제국 참정 대신으로 제2차 한일협약(을사조약)을 끝까지 반대했던 한규설과 같은 원로들이 앞장서고 동아일보 초대 주필이었 던 장덕수 등 90여 명이 만든 단체다. 이들은 한국인 차별교육 철폐, 학교에 서의 일본어 사용 폐지, 한국사 과목 개설 등을 요구하면서 한편으로는 인 재 육성을 위해 민립대학 설립을 추진 했다. 당시에 지식인들은 민립대학의 육성을 뼈저리게 느끼고 아인슈타인 박사를 초빙하자고 했다.

아인슈타인은 1921년 4월 1일부터 5월 30일까지 미국을 방문해 모두 75 만 불이나 모금했다. 그가 어려운 미

이상재

국 여행길에 오른 것은 유대인 동포를 위해 대학을 설립하겠다는 목적이었다.

"재능 있는 많은 유대인 자손들이 고등교육의 기회를 갖지 못하는 것을 지켜보 는 일은 무척이나 고통스러운 일입니다."

조선교육협회는 아인슈타인이 모금을 통해 자신의 동족에게 대학을 설립해 주려 했다는 것을 알았다. 또한 그가 일본을 방문하는 것도 대학 설립 자금을 마련하기 위한 것을 알고 있었다. 아인슈타인은 1922년 10월 8일 프랑스의 마 르세유 항을 출발해 11월 13일 상하이를 거쳐 11월 17일 고베 항에 도착했다. 40일에 이르는 긴 항로였는데 고베 항에 들어설 때 그는 1922년 노벨 물리학상 수상자의 신분이었다. 아인슈타인은 43일에 걸친 일본 학술강연 여행에 나섰

다. 조선교육협회는 아인슈타인을 한국에 초청하기 위해 강인택을 일본으로 파견했다. 하지만 그 꿈은 이루어지지 않았다. 조선의 초청에도 불구하고 아인슈타인이 오지 않은 이유에 대해 일본 긴키대학의 스기모토 긴지 교수는 이렇게 말했다.

"가이조 사(아인슈타인을 초청한 출판사)는 아인슈타인을 초빙하기 위해 상상할 수 없는 많은 돈을 주었다. 하지만 조선에는 그만한 돈이 없었을 것이다."

아인슈타인을 초청하기 위해 일본을 다녀온 강인택은 당시의 상황을 이렇게 증언했다.

"우리에게 터럭만치라도 권리가 있다 하면 벌써 실현됐을 것이다."

전국 조직을 갖추고 민립대학 설립운동을 펼쳤던 조선교육협회는 일제의 조직적인 방해에 직면해 점차 유명무실해졌고, 1927년 신간회가 생기자 해체되고 말았다. 물론 아인슈타인을 초청해 민립대학 설립 자금을 모으겠다는 계획도 역사 속에 묻혔다.[29]

진리는 증거로 쌓아올린 산더미 위에 있다

대륙이동설

알프레드 베게너 Alfred Lothar Wegner, 1880~1930

'마치 찢어진 신문지의 가장자리를 맞춰놓고 인쇄된 부분이 부드럽게 만나는지를 확인하는 것 같은 기분이었다. 만약 이것들이 실제로 일치한다면 이 두 곳이 실제로 이런 식으로 붙어 있었을 것이라고 결론을 내릴 수밖에 없다.' 곧바로 그는 가설을 지지할 수 있는 자료들을 모으기 시작했다. (…) 상식적으로 지렁이나 달팽이 무리들이 몇천 킬로미터나 되는 대서양을 건너 대안에 도달한다는 것은 불가능한 일이다. 이러한 생물의 분포를 감안하면 대서양은 예전에 서로 연결돼 있었으나 단열이 생겨 현재와 같은 모습이 됐다고 추측할 수 있다.

그 외 등 장 인 물

헤켈 Ernst Heinrich Haeckel • 진화론적 생물학자로 대륙이 붙어 있었다고 최초로 주장 | **필립 L. 스크레이터** • 헤켈이 추정한 사라진 대륙을 '레무리아' 대륙이라 주장 | **라이엘** Charles Lyell • 동일과정설 주장 | **테일러** Frank Bursley Taylor • 과거 달이 지구의 중력에 붙잡혔다고 주장 | **베이커** Howard B. Baker • 금성의 일부로 달이 생성될 때 대륙이 이동했다고 주장 | **해리 헤스** Harry H. Hess • 묻혔던 대륙이동설과 맨틀대류설을 재조명 | **란콘** S. K. Rancon • 고지자기학으로 신생대 대륙이동을 증명 | **토니 딕슨** Tony Dickson • 암석의 역사와 생명체 역사의 깊은 관계 규명

문명이 단 하룻밤에 사라진다면?

인류의 역사는 지상에서 일어났던 수많은 변동(지각격변, 빙하 등)으로 새로운 산맥이 형성되고 육지가 바다 밑으로 침몰하는 것은 물론 바다가 육지가 되는 와중에도 계속 이어져왔다. 재난이 시작되면 동굴에 숨거나 높은 산으로 피난했고 뗏목을 타고 표류함으로써 목숨을 건졌다. 생명을 건진 이들은 자신들이 선택된 사람임을 자부하며 새로운 정착지에서 기존에 갖고 있던 문명을 발전시키거나 변형시켰다. 이중에서도 우리의 강한 호기심을 불러일으키는 것은 '사라진 대륙, 아틀란티스 문명'이다. 그리스의 철학자 플라톤이 처음으로 언급한 이후 아틀란티스 대륙에 대한 논쟁은 꾸준히 이어져왔다. 수많은 저자가 아틀란티스 대륙의 위치를 놓고 다양한 주장을 펼쳤다. 이렇게 발간된 책만 해도 무려 5000권이 넘었다.

아틀란티스 대륙을 대서양이나 지중해에서 발견할 수 있다는 주장이 대부분이지만, 태평양 한가운데 있다거나 심지어는 독일과 영국이 아틀란티스 대륙이라는 설까지 등장했다. 자신들이 살고 있는 나라가 아틀란티스 대륙이므로 자신들이야말로 아틀란티스 인들의 후예라고 주장하는 민족도 20개가 넘는다. 가장 친숙한 아틀란티스 이미지는 줄 베르느가 1869년에 발표한 소설『해저의 2만 리』에서 잘 나타난다. 소설의 주인공 피에르 아로낙스는 노틸러스호 네모 선장의 안내를 받아 바다 밑을 탐사한다. 네모 선장은 아로낙스에게 두꺼운 해조류 숲에 뒤덮인 웅장한 건물의 폐허와 줄지어 선 돌기둥들을 보여준다. 아로낙스는 선사시대에 존재했던 발달된 문명의 유적을 보고 흥분하는데, 그 유적은 사라진 대륙이 있다는 곳으로 알려진 대서양의 해저에 있었다.

아틀란티스를 대표하는 사라진 대륙의 문명이란 말은 무엇을 의미하는가. 이 말은 지금껏 쌓아놓은 문명이 갑자기 소멸됐다는 것을 의미한다. 여기서 '문명'이란 무엇을 의미하는가. 인류학·고고학·역사학자들이 문명의 정의에 대해 정답은 없다고도 말하지만 대체로 인간들이 고도의 생산력을 배경으로 만든 생활양식을 의미한다. 즉 인간들은 무의미하게 집단을 이뤄 살아가는 게 아니라 고도의 지혜와 노력으로 문명이라는 양식을 만들어가는데, 이는 인간만이 가진 특권 중의 하나다.

그렇다면 문명이 사라진다는 것은 무엇을 뜻할까? 결론부터 말하면 일반적으로 전쟁이나 질병, 기후의 변화, 식량의 결핍 등으로 기존에 유지되던 생활 모두가 생명력을 잃었음을 말한다. 이런 경우 적어도 문명은 사라졌을지 모르지만 그들이 살았던 대지나 흔적은 조금이라도 남아 있다. 한편 거대한 섬이나 대륙이 바다 속으로 잠긴다는 것은 대지조차 보이지 않으며 꽃피었던 문명도 사라졌음을 뜻한다. 그것도 단 하룻밤 사이에 사라진다면? 이런 극적인 사건이 언젠가 지구 역사상에서 일어났다면 그 대륙에 살고 있던 사람들은 어떻게 됐을까? 더 나아가 속물근성으로 말해 그들이 갖고 있던 보물들은 어디에 있을까? 만약 내가 그 보물들을 발견할 수만 있다면 얼마나 좋을까? 바로 이런 공상들을 수없이 만들어낼 수 있기 때문에 '사라진 대륙의 문명'이란 단어 자체에 인간들이 매력을 느끼는 것이다.

하지만 수많은 인간에게 매력과 함께 꿈과 상상력을 주는 도피처 역할을 한 '아틀란티스 대륙'은 한 기상학자 베게너에 의해 여지없이 부서지고 말았다. 그가 만든 용어인 '대륙이동설'에 의하면 아틀란티스 대륙은 존재한 적도 없고 또 존재할 수도 없다는 것이다.

포세이돈의 큰아들로 아틀란티스를 다스린 걸로 전해지는 아틀라스.

플라톤이 기록한 아틀란티스 대륙

—

다소 난해하게 느껴지는 대륙이동설을 이해하기 쉽도록 아틀란티스 대륙에 대해 먼저 설명하고자 한다. 아틀란티스 대륙은 기원전 335년경 플라톤이 쓴 『대화편』 중 「티마이오스」와 「크리아티스」라는 철학 이야기에서 처음으로 언급된다. 하지만 이 기록도 플라톤이 직접 경험한 것이 아니라 아테네 사람으로 정

아틀란티스를 그린 것으로 추정되는 고대의 그림.

치가인 솔론의 기록을 인용한 것이다. 또 솔론 역시 직접 아틀란티스 문명을 체험한 것이 아니라 이집트의 한 성직자에게서 들은 것이다. 플라톤은 소크라테스의 이상국가에 대해 설명하면서 아틀란티스 대륙을 다음과 같이 묘사했다.

"9000년(기원전 9570년) 전에 아주 강력한 고대국가가 있었다. 이 나라는 모든 면에서 완전한 이상국가였다. 아주 예전에 '헤라클레스의 기둥'(그리스 신화에 나오는 헤라클레스의 기둥은 지금의 지브롤터 해협 동쪽 끝에 솟아 있는 두 개의 바위를 말한다) 뒤편에 큰 섬이 있었다. 이 섬을 아틀란티스 대륙이라고 불렀는데 이곳을 지배하던 나라는 동서로 리비아에서 이집트 접경 지역까지, 북쪽으로는 유럽의 티레니아(이탈리아 중북부)까지 통치하는 강력한 국가였다. 이 국가는 당신의 나라(그리스)와 우리나라(이집트)의 해협에 위치한 지역도 점령했다. 그러자 당신 국가에서 지혜와 용기를 겸비한 지도자가 나타나서 그리스 전체를 총괄하는 동맹군을 만들었다. 하지만 동맹군 간의 이해가 서로 엇갈려 모두 자기

나라로 돌아가고 당신 나라 혼자만 싸워 승리자가 됐다.

이 사건이 일어난 지 얼마 후에 엄청난 지진과 해일이 일어나 단 하루의 밤과 낮 사이에 당신들의 전사 모두가 땅속에 묻혔고, 아틀란티스 대륙 역시 바다 속으로 사라져버렸다. 아직도 사라진 섬과 유적들이 수면 바로 아래에 있기 때문에 이 지역에서는 배가 항해하기 불가능하다. 그것은 침몰한 섬이 남긴 많은 이토泥土 가 배의 항해를 방해하고 있기 때문이다."

「크리아티스」에서 플라톤은 아틀란티스와 아테네의 관계를 보다 상세하게 설명했다.

아주 오랜 옛날에 신이 대지를 갈랐다. 아테나 여신은 그리스에 와서 아테네인들의 강력한 국가를 건설했으며, 포세이돈은 아틀란티스에 와서 국가를 건설하고 섬에 거주하고 있던 클레이토라는 여자에게서 10명의 아들을 낳았다. 아틀란티스는 큰아들 아틀란트(아틀라스)가 통치했으며 섬과 대양도 그 이름을 따라 아틀란티스라고 불리게 됐다. 나머지 아들들은 모두 섬의 각지에 분산돼 국가를 통치했으며 섬의 최고 통치자 소집이 있을 때는 언제나 부름에 응해 회의를 했다.

섬에는 어떤 도시나 땅에서건 생산의 대상인 것은 모두 갖춰져 있었다. 그중 대부분은 섬 자체에서 자급하고 있었지만 국외에서 반입되는 것도 많았다.

이 섬의 수도는 직경이 22킬로미터나 되는 원형으로 돼 있었고 그 중앙에 포세이돈과 클레이토가 살았던 800미터 길이의 아크로폴리스가 있었다. 그곳은 포세이돈과 클레이토에게 바쳐진 성스러운 곳으로 항상 따뜻한 물과 찬물이 나오는 목욕탕이 있었다. 또한 포세이돈 개인에게만 봉헌된 신전도 있었는데 신전 전체가 금은과 오리칼크로 덮여 있었다. 신전 내부에는 금으로 된 원주들이 있었는데,

이 원주는 여섯 마리의 말이 견인하는 전차를 타고 있는 신을 상징하는 것이다.

아틀란티스 섬의 중심부는 폭 360미터의 환상운하環狀運河에 둘러싸여 있고, 폭 360미터쯤 되는 육환대陸環帶가 그 주위를 둘러싸고 있으며, 다시 그 둘레는 역시 폭 360미터의 수로가 에워싸고 있었다. 이 수로는 또한번 폭 540미터의 육환대에 둘러싸이고 마지막으로 대형 선박이 드나들 수 있는 같은 폭의 수로가 이 땅을 에워싸고 있었다. 도크에는 3단 노가 설치된 군선이 가득해 언제든지 출동할 수 있는 준비가 갖춰져 있었다. 아크로폴리스 주위에는 물이 채워진 같은 모양의 통이 3개, 흙이 채워진 통이 2개 있었는데 이것은 터널과 우물이 연결되는 통로에 놓여 있었다. 이 통들은 신전, 정원, 체육관, 기숙사, 경마장에도 있었다. 도시를 둘러싼 여러 겹의 성벽이 주민들과 해안에 정박하고 있는 상선과 전함들을 보호하고 있었다.

군대는 전시에 구역별로 징집이 행해졌고, 한 구역의 인구는 6만 명에 달했다. 육군은 중전차 1만 대, 경전차 6만 대, 병사 100만 명이며 해군은 24만 명이라는 대군이었다. 각 구역 지휘관은 전쟁에 대비해 전차 한 대 비용의 6분의 1을 부담할 의무가 있었다. 이밖에도 말 2마리와 기병 2명, 좌석이 없는 경전차 1대, 작은 방패를 들고 전차를 따르는 보병 1명, 경전차에 타서 말을 몰 전차병 1명을 조달할 의무가 있었다. 또한 중무장병 2명, 사격수 2명, 투석기 조종병 2명, 투석병 3명, 소규모 전투를 수행할 투창병 3명, 그리고 1200척의 함선에 태울 선원 4명도 조달해야 했다. 이는 왕도王都 직속의 병사들이며 다른 왕국 9곳에도 각각 군대가 있었다.

아틀란티스의 통치자는 10명이며 포세이돈 신전에 5~6년마다 모여서 법을 위반한 자들을 재판했다. 최종 선고를 내리기 전에 신전 안에 있는 소를 금속 도구는 전혀 사용하지 않고 매듭과 몽둥이만으로 죽여 제물로 바쳤다. 아틀란티스 사람들은 지금의 아테네인들과 같은 높은 수준의 도덕성과 정치 이념을 간직하고 있었다. 하지만 그들의 욕심이 너무 많아서 제우스 신은 이들을 징계하기로 결심했다. 여기서 플라톤의 아틀란티스 대륙에 대한 이야기는 아무 까닭 없이 중단된다.

사라진 미스터리 대륙 레무리아
—

아틀란티스 대륙이 갑자기 사라졌다는 가설에 수많은 추측이 가미돼 사람들의 호기심을 자극하지만, 원래 '사라진 대륙'이란 말은 아틀란티스 대륙을 의미하는 것이 아니었다. 지질학의 발전 과정에서 학문적인 연구로부터 나온 말이다.

1859년에 출간된 찰스 다윈의 『종의 기원』은 학자들에게 여러 연구 과제를 주었다. 그의 학설대로 서로 비슷한 종이 공통의 조상으로부터 진화한 것이라면 그 증거가 어디엔가 남아 있어야 한다. 다윈의 진화론에 확신을 갖고 있던 독일의 동물학자 에른스트 H. 헤켈은 지구가 격심한 변혁기를 거쳐 현재와 같이 됐는데, 그 여파로 생물의 진화와 적응에 큰 변화가 있었으며 지구는 계속 변하고 있다고 주장했다.

"지구의 여러 곳에서 어느 때는 천천히, 또 어느 때는 격심하게 지표의 침강과 상승이 일어났으며 대륙이나 섬들이 함몰되고 새로운 산맥이 출현했다. 섬들이 산맥이 되고 반도가 섬이 됐으며 섬이 대륙이 되는 경우도 있었다."

헤켈은 영장류의 분포 상태를 조사한 결과 각 대륙의 일부 생물들이 유사한 것을 보고 이들이 자연적인 방법으로 인도양을 건널 수 없다고 결론을 내렸다.

따라서 '생물들이 인도양이라는 대양을 건널 수 없음에도 어떻게 현실적으로 여러 대륙에 존재하는가?'라는 의문에 대한 가장 명쾌한 대답은 이들 지역이 과거에 육지로 연결돼 있었기 때문이라고 생각했다. 그는 사람이 원숭이로부터 진화했다는 다윈의 진화론을 입증해줄 만한 화석이 아무데서도 발견되지 않는 이유는 사라진 대륙과 아프리카 대륙에서 인류가 생겨났기 때문이라고 추정했다. 이에 자신의 주장을 증명해줄 원인猿人 화석이 두 대륙에서 틀림없이 발견될 거라고 장담하면서, 그 원인을 피테칸트로푸스 에렉투스라고 사전에 명명하기까지 했다.

헤켈이 추론한 사라진 미스터리의 대륙을 영국의 박물학자 필립 L. 스크레이터는 '레무리아 대륙'이라고 명명했다. 레무리아 대륙은 약 2억 년 전에 현재의 아프리카·남미·오스트레일리아·뉴질랜드·남극 대륙을 한데 묶는 거대한 곤드와나 대륙이 있었다는 지역과 거의 일치하므로 이후 레무리아 대륙으로 설명한다. 스크레이터가 사라진 대륙을 레무리아로 명명한 것은 여우원숭이, 즉 마다가스카르 섬에 살고 있는 레무르의 진화 과정을 조사한 결과 헤켈이 주장했던 대륙에 레무르가 살았다고 추정했기 때문이다.

스크레이터는 레무르가 마다가스카르 섬에 인접한 아프리카(근래에 아프리카에도 레무르류의 원숭이가 서식하고 있다는 것이 발견됐음) 대륙에는 존재하지 않고 인도양에서 멀리 떨어져 있는 수마트라에는 서식하고 있는 점을 발견했다. 이에 따라 그는 마다가스카르에서 수마트라에 이르는 인도양을 가로지르는 큰 대륙이 있었다고 추정했다. 마다가스카르의 명물 가운데 하나인 이그너도 아프리카에는 없지만 태평양의 갈라파고스제도, 안틸제도, 피지제도 및 남아메리카에서는 발견된다. 이외에도 프테로프스는 마다가스카르와 인도에는 살고 있지만 아프리카에는 살고 있지 않다.

동식물의 분포를 보면 마다가스카르 섬의 동식물은 인도와 놀랄 만큼 유사하다. 인도에서 마다가스카르 섬으로 동식물이 유입됐든 그 반대가 됐든 바다를 건너야 하는 문제가 있다. 더욱이 마다가스카르 섬의 동식물은 오스트레일리아, 나아가서는 남미의 그것과도 매우 유사하다. 스크레이터는 이에 대해 명쾌한 가설을 제시했다. 아프리카와 아메리카 대륙 사이에 흔적도 없이 물밑으로 사라져버린 '육교'가 있어야만 이런 현상을 설명할 수 있다는 것이다.

스크레이터의 주장은 고생물학자들로부터 전폭적인 지지를 받았다. 그의 주장은 헤켈 등이 주장한 고생물의 진화 분포를 비교적 합리적으로 설명할 수 있었기 때문이다. 레무리아 대륙이 현재의 마다가스카르 섬, 모리셔츠제도, 세이셸제도, 코모로제도를 포함한다는 가설은 프랑스의 에밀 프랑샬, 독일의 오스칼 페셸, 다윈과 진화론을 공동 발견한 알프레드 월리스 등에 의해 지지를 받았다.

구소련의 지질학자인 리세톱은 인도양 해저 조사를 통해 대륙이 실제로 존재했었다고 할 만한 지질상의 자료가 발견됐다고 발표했다. 1972년 마다가스카르 섬의 남쪽 700마일에 걸친 해령을 조사한 학술 조사선 그로머찰렌지호는 최근 2000만 년 사이에 이 지역이 1600미터 이상이 가라앉았다고 발표했다. 또한 세이셸제도와 샤드마리아의 얕은 해양에서는 해저가 그전 높이에서 2000미터나 침하한 것도 발견했다.

더욱이 마다가스카르 섬 북서부의 해저에서 10~11세기의 것으로 보이는 아랍인들의 건축물 폐허가 발견됐다. 이는 불과 수 세기 전에도 육지의 침하가 있었음을 의미한다. 고대 인도의 전설은 해저에 가라앉은 몇몇 도시에 관해서 이야기하고 있다. 인도의 가장 오래된 텍스트인 『마하바라타』 『마스쳐 프러너』 등에는 신들의 적, 악마인 아르스가 살고 있던 도시 트리플이 '바다 속에 가라앉았으며 신들의 눈에서 모습을 감추었다'고 적혀 있다.

레무리아 대륙의 실존설을 없앤 판구조론

—

위의 설명들은 대륙이 이동한다는 것을 암시한다. 하지만 상식적으로 딱딱하기 짝이 없는 지구의 대륙이 이동한다는 생각을 떠올린다는 것 자체가 쉬운 일은 아니다. 학교에서 지구 대륙이 움직인다는 것을 배운 사람이라도 마찬가지다. 그것은 지구 대륙이 움직인다는 것을 일상생활에서 실감할 수 없기 때문이다.

사실 상식에 반하는 내용을 이야기하면 대부분은 약간 이상한 사람이라고 경시하기 마련이다. 학문의 경우도 마찬가지다. 과학이 미지의 세계를 탐험하는 것이라지만 과거의 지식에 반하는 새로운 이론을 처음으로 주장할 때 대부분의 학자는 거부 반응을 일으킨다. 유명한 다윈의 진화론도 마찬가지다. 학자들로부터 당대에 가장 경원시된 이론이라면 알프레드 베게너Alfred Lother Wegener(1880~1930)의 대륙이동설도 빠지지 않는다.

대륙이동설은 지구가 움직인다는 내용을 포함하므로 매우 복잡하다고 할 수 있지만, 이것은 어린아이들도 할 수 있는 관찰에서 비롯됐다. 지구의地球儀를 살펴보면 누구나 곧바로 마주보는 대륙들의 끝부분 윤곽이 조각 그림을 맞추듯 꼭 맞는다는 것을 알 수 있다. 하지만 18세기까지만 해도 지질학자들은 성경에 나오는 노아의 홍수가 지구 표면을 형성했다는 주장을 당연하게 받아들였다. 전 세계에 걸친 재앙이 급격하고 갑작스러운 변화를 일으켰고 현재의 지형을 형성했다는 것이다.

17세기의 박물학자 안토니오 스니데 펠레그리니Antonio Snider-Pellegrini는 노아의 홍수로 지구 내부에 있던 물질들이 밀려 올라오자 대륙이 쪼개져 양쪽으로 밀려나면서 대서양이 형성됐다는 가설을 내놓았다. 1756년 테오도르 릴리

판구조론이 나오기 전까지 사람들은 노아의 홍수로 대륙이 갈라졌다고 여겼다.

엔탈Theodor Christoph Lilienthal이란 신학자는 성경에 근거해 대륙의 해안선이 유사한 것은 지구 표면이 노아의 홍수 때 찢겨졌기 때문이라고 결론 내렸다. 지구 내부를 이용해서 지구 표면의 현상을 설명하려는 학자들도 있었다. 19세기 영국의 화학자 험프리 데이비Humphry Davy는 지구 내부에 꺼지지 않는 '불'이 영구적인 열원 역할을 하며 산화를 끊임없이 일으킨다는 가설을 제시했다.

하지만 그는 곧바로 자신의 주장을 철회했다. 무엇 때문에 지구 속에 있는 불이 꺼지지 않는지 대답할 수 없었기 때문이다. 이 문제는 19세기 말에 방사능이 발견되면서 풀렸다. 우라늄, 토륨, 방사성 칼륨과 같은 방사성 원소가 여러 종류의 바위에서 발견되고, 이 방사성 원소가 다른 원소로 서서히 붕괴하면서 열을 내놓는다는 사실이 밝혀진 것이다.[30]

20세기가 시작되자 성경에 쓰인 가설과 기존에 제시됐던 지각변동 이론들이

동일과정설을 제기한 지질학자 찰스 라이엘.

차츰 사라지기 시작했다. 이때 혜성같이 나타난 것이 지질학자 찰스 라이엘Charles Lyell이 제기한 동일과정설Uniformitarianism이다. 이 설은 오늘날 지구상에서 작용하고 있는 힘은 지난 세월에도 같은 크기로 지속됐으며 이것으로 과거에 일어난 현상을 설명할 수 있다는 것이다. 그러나 그의 가설도 화석 형태의 과학적 증거가 나타나자 의심받기 시작했다. 지질학자들이 극지방의 만년설에서 카리브제도와 같

은 적도 지방에서만 자라는 식물군과 동물군의 화석을 발견했기 때문이다.

1908년에는 미국의 과학자 프랭크 테일러Frank Bursley Taylor가 세상을 깜짝 놀라게 할 가설을 발표했다. 1억 년 전인 백악기 무렵 달이 지구에 아주 가까이 접근해서 지구의 중력장에 붙잡히게 됐다는 것이다. 그 결과 조수의 힘으로 대륙이 적도 쪽으로 끌려왔으며, 이 과정에서 히말라야나 알프스 같은 거대한 산맥이 형성됐다는 것이다. 이와 비슷한 가설로 미국의 하워드 베이커Howard B. Baker는 수억 년 전 금성이 가까이 접근했을 때 지구의 암석을 끌어당겨서 달이 생겼고, 이때 대륙이 이동했다고 주장했다.

"찢어진 신문지의 가장자리를 맞춰보는 기분"

—

당시의 과학적 정설을 뒤집고 지각에 일어난 일에 대해 최초로 과학적인 설명을 곁들인 이가 베게너다. 하지만 그는 말도 안 되는 비과학자로 거명될 만큼 당대에 극심한 비난을 받았다. 베게너는 1880년 11월 1일 베를린에서 목사 리하르트 베게너의 아들로 태어났으며 스포츠를 좋아했는데, 이는 그가 극한 환경을 탐험하는 데 큰 도움이 됐다.

그는 자연과학 중에서도 천문학에 남다른 흥미를 보였다. 그 당시의 천문학이란 수학의 도움을 받아 천체의 구조나 물리학적 성질을 해명하는 것이었다. 24세인 1904년에 베를린대학에서 천문학으로 박사학위를 받자 당시로서는 새로운 과학 분야인 기상학에 눈을 돌렸다. 마침 그는 형인 쿠르트 베게너가 근무하던 항공연구소에 들어가 형의 조수가 됐는데, 이 연구소에서는 기구를 사용해 고층기상을 연구하고 있었다. 1906년에 형과 함께 최초로 기구를 이용해 북극 대기를 관측해 용감한 연구원으로서 이름을 떨쳤다. 이 당시 기구를 타고 하

베게너, 그리고 연간 융빙 양 측정을 위한 볼링.

늘을 난다는 것은 매우 위험한 일이었다.

더구나 베게너 형제는 1906년 고든 베넷 비행기구 대회에 참가해 독일과 덴마크를 가로지르고 카테갓 해협(덴마크와 스웨덴 사이의 해협)을 건너서 다시 독일로 돌아오는 52시간 기구비행을 했는데, 그것은 당시의 최장 체공 기록인 35시간을 크게 웃도는 세계기록이었다. 같은 해 덴마크 탐험대의 그린란드 북동부를 조사하는 일원으로 참가했고, 북위 77도에 있는 비스마르크 곶 기지에서 2년간 근무했다. 그곳에서 베게너는 동식물과 지질, 빙하, 기상 등을 조사했다. 그는 훗날에 극지의 얼음이 분열해 빙산이 떨어져나가는 것을 보고 초대륙의 분열과 대륙의 이동이라는 이론을 떠올리기 시작했다고 술회했다.[31]

1909년에는 마르부르크대학의 강사가 돼 천문학과 기상학을 가르쳤는데, 31세가 되던 1911년은 그에게 운명의 해였다. 대학 도서관에서 옛날에 브라질과 아프리카 사이에 육교가 있었음이 틀림없다는 스크레터의 논문을 우연히 발견한 것이다. 두 대륙이 예전에는 하나로 붙어 있었다는 육교설은 그에게 충격적이었다. 그는 곧바로 반문했다. 대체 어떤 육교란 말인가? 베게너는 육교가 아니라 대륙이 한때 붙어 있다 떨어졌다면 보다 합리적인 설명이라고 확신한 후 자료를 수집하기 시작했다. 그는 다음과 같이 생각했다.

'마치 찢어진 신문지의 가장자리를 맞춰놓고 인쇄된 부분이 부드럽게 만나는지를 확인하는 것 같은 기분이었다. 만약 이것들이 실제로 일치한다면 이 두 곳이 실제로 이런 식으로 붙어 있었을 것이라고 결론을 내릴 수밖에 없다.'

곧바로 그의 가설을 지지할 수 있는 자료들을 모으기 시작했다. 가든 스네일 garden snail의 일종인 헬릭스 포마티아Helix pomatia 달팽이는 유럽 서부와 북아메리카 동부에만 생존한다. 상식적으로 지렁이나 달팽이 무리들이 몇천 킬로미터나 되는 대서양을 건너 대안對岸에 도달한다는 것은 불가능한 일이다. 이러한 생물의 분포를 감안하면, 대서양은 예전에 서로 연결돼 있었으나 단열斷裂이 생겨 현재와 같은 모습이 됐다고 추측할 수 있다. 물론 두 대륙이 붙어 있다는 가설에 대한 증거는 지렁이나 달팽이뿐만 아니다. 지층 속에 묻혀 있는 수많은 고생물의 화석들도 이러한 교류가 가능했다고 추정할 수 있다. 북극의 스피츠베르겐제도에서는 양치류나 소철처럼 열대지방에서 사는 식물의 화석이 발견됐고 남극에서 석탄이 발견되기도 했다.

한편 남아프리카에서는 모래, 자갈, 둥근 돌, 점토가 뒤섞여 나왔는데 이는 빙하가 녹은 흔적으로 이 지역이 한때 매우 추웠음을 암시했다. 아이오와, 텍사스, 캔자스 주의 거대한 석고 퇴적층은 2억 5000만 년 전인 페름기에 이 지역이 아주 덥고 건조한 기후였다는 것을 알려주었다. 캔자스나 유럽같이 서로 멀리 떨어진 지역의 소금 퇴적층에서도 모두 같은 결론을 얻었다. 뭍과 뭍을 잇는 다리라는 뜻에서 육교陸橋, land bridge라 부른다. 더구나 베게너는 대륙이 지구 둘레에서 움직인다고 생각한다면 지구에서 발견되는 여러 가지 모순점을 알기 쉽게 설명할 수 있다고 생각했다.

어불성설의 비과학자, 베스트셀러 작가가 되다
—

1912년 프랑크푸르트 암마인에서 열린 독일 지질학회에서 베게너는 자신이 수집한 자료를 정리해 '대륙의 위치 이동'이란 용어로 폭탄을 터뜨렸다. 이 용어는 추후에 '대륙이동설'로 변경된다. 그는 하나의 판게아Pangaea(그리스어로 '모든 육지'라는 뜻)라는 초대륙이 있었기 때문에 식물과 동물들이 서로 섞일 수 있었고, 그후에 대륙이 분열해 오늘날과 같은 각 대륙들이 생겼다고 했다. 베게너는 자신만만하게 자신의 이론을 뒷받침할 증거들을 제시했으나 학자들은 냉담했다. 그가 얼마나 혹독한 비난을 받았는지는 다음과 같은 비판자의 글로도 알 수 있다.

"우리 지구가 자유자재로 움직인다는 이야기는 비약적이고도 이상하고 구차스런 사실로 묶여진 것에 지나지 않는다. 이 가설은 연구자가 아니라 종교 맹신자가 주장하는 것과 다름 없다."

"그의 가설은 과학적이 아니다. 가설에 반대되는 대부분의 사실은 무시하고 가설을 뒷받침하는 증거만 골라서 쓰고 있으며, 주관적인 생각을 객관적 현실인 것처럼 다루는 자가당착에 빠져 있다."

대륙이동이 있기 전 존재했던 초대륙 판게아.

그의 설명이 과학적이지 못하다는 것은 사실 그의 논문을 과학으로 다루는 것조차 문제가 있다는 것을 의미한다. 심지어 다음과 같은 비판도 나왔다.

"이 가설은 권위를 가진 사람들이 지지하는 유서 깊은 생각에 대해 털끝만큼의 존경심도 보이지 않는다. 이 가설은 도전적이고 화려한 모양새로 보통 사람들이나 과학자의 상상력을 자극하고 있다. 하지만 과학의 기본 법칙에 합치하는 가설이라면 상상력에 호소해서는 안 되며 건전한 기초를 갖추고 있어야 한다."

심지어는 "전문가도 아닌 기상학자가 무엇을 말하는지 모르겠다"며 심한 비아냥거림까지 들었고 그가 지질학에 대해 논문을 제출한 것 자체에 대해서도 분개했다. 결국 그의 논문은 학계의 주목을 받지 못하고 더이상 거론되지 않았다.[32] 베게너도 자신의 이론을 더이상 주장하지 못하고 답보하고 있는 상태에서 그야말로 행운이 그에게 뒤따랐다. 1914년 제1차 세계대전이 발발하자 독일군 기상예보 장교로 복무하다 머리에 탄환을 맞은 것이다. 상처는 치유됐으나 심장의 결함 때문에 전쟁이 끝나기까지 각지의 측후소에서 기상 관계 업무에 종사할 수 있었다. 이것이 그로 하여금 대륙이동설을 보완할 수 있는 기회를 제공했다.

1915년에 그에게 믿기지 않을 행운이 다가왔다. 대륙이동설이 학자들로부터 호평을 받지 못하자 자신의 이론을 논문이 아니라 『대륙과 대양의 기원』이란 책으로 발표했다. 그런데 그 책이 상상을 초월할 정도의 세계적인 베스트셀러가 된 것이다. 그는 자신의 저서가 많은 비판을 받을 거라 예상했다. 따라서 자신의 책을 비판할 사람들을 대상으로 논지를 펼쳤다.

"지구의 초기 상태를 해명하기 위해서는 지구에 관련된 모든 분야의 과학적 증거를 이용해야 한다. 하지만 과학자들은 아직도 이 문제는 모든 증거를 통합해서 바라볼 때만 해결될 수 있다는 점을 충분히 이해하지 못한 것 같다. 지구에 관련된 모든 과학 분야에서 제공되는 증거를 통합해야만 '진실'을 알 수 있다. 알려진 모든 사실을 가장 잘 설명할 수 있는 논리를 찾아내려면 그렇게 해야 한다. 또 우리는 새로운 과학적 증거를 발견하면 그것이 어떤 것일지라도 우리가 생각하고 있던 이론을 수정할 준비가 돼 있어야 한다."

어떤 책이 베스트셀러가 되면 그 속에 들어 있는 내용이 진실이든 아니든 사람들로부터 주목을 받는다는 것을 의미한다. 학자들 역시 그 책의 내용을 검토하지 않을 수 없다. 그는 3억 년 전 지구는 판게아라고 하는 거대한 하나의 대륙이었으나, 점차 균열을 일으켜 이동함으로써 오늘날의 대륙들이 만들어졌다고 주장했다.

더불어 현재의 대륙들이 당시 어떤 모양으로 붙어 있었는지를 보여주는 지도를 만들기도 했다. 대륙은 연달아 분리됐다. 남극대륙, 오스트레일리아, 인도, 아프리카가 1억 5000만여 년 전인 쥐라기에 분리되기 시작했다. 그다음 백악기에는 아프리카와 남아메리카가 얼음덩이 갈라지듯 분리됐다. 마지막으로 스칸디나비아, 그린란드, 캐나다가 100만 년 전 빙하기가 시작될 무렵에 분리됐다.

베게너는 또한 아이슬란드나 아조레스 군도를 이루고 있는 대서양 중앙해령은 지금은 대서양 가장자리에 있는 양 대륙이 찢어질 때 남은 물질로 구성된 것

남극에 있는 베게너 연구소.

대륙이동설의 살아 있는 증거 가든 스네일.

이라고 주장했다.

캥거루와 주머니쥐 같은 유대류가 오스트레일리아와 아메리카에만 살고 있다는 사실도 베게너가 오스트레일리아를 멀리 떨어진 남아메리카와 연결 짓는 근거가 됐다. 그는 옛 시대의 기후로부터 대륙의 이동을 증명하는 사실을 찾아내는 동시에 북극이나 남극도 이동한 것을 발견했다. 뿐만 아니라 오래된 지질시대의 생물을 조사해 고생물의 분포로부터도 대륙이동설을 증명할 수 있음을 발견했다.

가든 스네일이라는 달팽이나 어떤 종의 지렁이는 유럽과 북아메리카 대륙의 대서양 기슭에만 분포하고 있다. 또한 레무리아 원숭이는 인도반도, 실론 섬에서 마다가스카르 섬, 아프리카 대륙에 걸쳐 분포하고 있는데, 이것은 베게너의 가설에 따라 이들이 바다로 떨어져 있는데도 여러 지역에 살고 있는 것을 말끔하게 설명할 수 있다.

베게너의 결론은 명쾌했다. 지구 대륙이 거대한 바지선과 같다는 것이다. 배에 짐을 실으면 바지선은 가라앉고 배 아래에 있던 물은 옆으로 밀려 올라와서 바지선이 좀더 잠기게 된다. 바지선에서 짐을 내리면 그 무게가 감소한 만큼 더큰 부력을 받아 떠오르도록 물이 다시 이동한다. 베게너는 해저는 지각보다 한층 아래의 것으로 대륙이 그 위에 '떠 있는' 것이라고 믿었다. 이 층을 이루는 물질은 마치 빙산이 밀도가 더 큰 물에 떠 있듯이 대륙의 암석보다 밀도가 높다고 생각했다.

이는 해저가 대륙과는 다른 재료로 구성되었다는 것을 의미했다. 만약 대륙을 잇는 육교가 있었다면 이는 해양저의 일부가 됐을 것이다. 하지만 당시의 기술로는 해양저의 밀도와 중력을 측정하거나 충분히 깊은 곳의 암석 견본을 채취할 방법이 없었다.

베게너 가설의 장점은 산의 융기와 침강에 관련된 오랜 문제가 해결될 수 있다는 점이다. 아이작 뉴턴은 지구 전체가 쪼그라들면서 산이 형성됐다고 설명했다. 그는 지구 표면이 굳기 시작하는 때, 지구 전체가 완전히 고정된 형태로 수축되기 전에 산이 지각에서 돌출했다는 가설을 발표했다. 지구의 내부는 한때 불지옥과 같았지만 세월이 흐르면서 점점 냉각됐으며, 이런 냉각으로 인해 지구의 표면이 수축됐다는 것이다. 하지만 학자들은 지구가 상당한 수준까지 냉각된 적이 없음을 발견했다. 베게너의 대륙이동설이 당대에도 어느 정도 지지를 받았던 이유다.

해저확장설로 재등장한 대륙이동설

—

베게너가 생각한 초대륙 판게아는 거대한 두 대륙으로 설명된다. 남쪽에 위치하는 남아메리카, 아프리카, 남극, 오스트레일리아 대륙에 인도반도를 더한 것을 곤드와나 대륙이라고 불렀고, 북쪽에 위치하는 아메리카, 유라시아 대륙을 로라시아 대륙으로 명명했다. 로라시아 대륙과 곤드와나 대륙 사이에는 지중해의 전신인 테티스 해라는 내해가 있었다. 또한 초대륙 판게아는 옛 태평양이라는 단 하나의 바다로 둘러싸여 있었다. 베게너는 옛 시대의 기후로부터 대륙의 이동을 증명하는 사실을 찾아내는 동시에 북극이나 남극도 이동했음을 발견했다. 또한 그는 오래된 지질시대의 생물을 조사해 고생물의 분포로부터도 대륙이동설을 증명할 수 있음을 발견했다.

하지만 베게너의 야심적으로 보완된 가설도 곧바로 강력한 비판을 받았다. 1923년 영국 왕립지리학회에서는 그의 주장에 또다시 냉소를 보냈다. 베게너를 지질학의 '지' 자도 모르는 맹인으로 매도하는 것은 물론, 퍼즐에서 모양을 임의대로 바꾸어 조각들을 맞추는 것은 어린아이도 할 수 있다고 비난했다. 그가 학자들로부터 극심한 비난을 받은 것은 그의 실수에서 기인한다. 학자들이 줄기차게 질문하는 대륙이동의 원동력을 적절하게 제시하지 못했기 때문이다.

베게너는 앞에서 설명한 것처럼 마치 쇄빙선이 얼음판을 쟁기질하면서 뚫고 움직이듯이 대륙지각이 해양지각을 뚫고 떠다닌다고 생각했다. 하지만 그 힘이 지구 자전에서 비롯된 지구의 원심력과 달과 태양의 조석력에서 나온다고 설명한 게 치명타였다. 학자들이 계산한 바에 의하면 대륙이 움직이기에는 원심력과 조석력이 너무 작았고, 대륙지각이 해양지각을 쟁기질했다면 대륙 자체는 뒤틀린다는 지적이 제기됐다. 또 대륙을 움직일 정도의 조석력이라면 지구는 1년도 못 돼 멈추고 말았을 것이라는 계산 결과도 나왔다.

베게너는 사실이 아닌 과도한 예측을 하게 했다. 예를 들면 그는 북아메리카와 유럽이 매년 250센티미터씩 멀어지고 있다고 가정했지만 이는 실제 측정된 값의 100배나 되는 수치였다. 따라서 대륙이동설은 아마추어에게는 흥미를 줄 수 있었지만 전문가들을 설득시키지 못해 더이상 학계의 주목을 받지 못했다. 하지만 제2차 세계대전이 끝난 후 1950년대에 고지자기학이라는 전혀 생각지 못한 연구 분야의 등장으로 그의 이론이 재검증받기 시작했다. 당시의 학자들은 기존의 통설과는 달리 지각판의 구조와 성분이 균일하지 않다는 사실을 발견했다.

대양 바닥의 지각판은 두께가 대략 6~7킬로미터다. 대륙지각판은 사실상 해양지각판 위에 얹혀 있는데 평균 두께가 약 32킬로미터다. 두 지각판은 서로 다르다. 가령 해양지각판에는 대륙지각판에 존재하는 화강암층이 없다. 따라서 대륙의 형성은 단순히 육괴陸塊의 상승과 하강으로만 볼 수 없다.

이러한 문제점을 해결하기 위해 1953년 중앙해령 사이에서 발견된 열극(해저산맥 사이로 기다랗게 벌어진 틈새)을 바탕으로 미국 프린스턴대학 해리 헤스 교수가 베게너의 대륙이동설을 창고 속에서 끄집어냈다. 현대적인 지형 측정법과 지구 중심부 샘플을 조사한 결과 지각은 종래와는 달리 매우 동적이라는 것을 발견했다.

케임브리지대학의 란콘은 여러 지질시대에 걸친 유럽의 암석을 측정한 결과 신생대 제3기 이전에 자극의 위치가 시간에 따라 점진적으로 변했다는 사실을 발견했고, 이러한 자극의 경로는 북미에서의 암석과도 유사한 모습을 이루고 있음을 알아냈다. 지질시대에 따른 대륙이동이 사실임이 증명된 것이다.

프린스턴대학의 헤스는 동부 태평양에서 남북 방향으로 연속되는 특이한 자장 이상대(고지자기 줄무늬)가 존재하는 사실을 발견해 해저확장설을 내용으로 하는 논문을 발표했다. 또한 이런 현상이 여러 해양에서도 관측되자 바인과 매튜스는 1963년 자장 이상대는 해저 확장의 결과라고 발표했다. 해양저가 확장하고

해저확장설을 설명하고 있는 해리 헤스 프린스턴대 교수.

지자기의 반전이 일어난다면 현무암질 마그마는 해령 축에서 상승해 암맥으로 변하게 되며, 이것이 축으로부터 떨어져 옆으로 확장된다는 것이다.

대륙이동설로부터 출발한 해저확장설은 판구조론이라는 새로운 지구과학을 유도한다. 기존의 관점에 따르면 지구의 횡단면에 보이는 지구 중심부는 용융된 납과 완전히 용해되지 않은 암석층에 둘러싸여 있고, 그 표면을 얇고 견고한 지각이 감싸고 있다. 현대에도 이런 지각의 형태는 변하지 않았으나 과거의 이론과는 달리 지각 그 자체가 움직일 수 있다는 것이 판구조론이다. 대륙이나 거대한 섬 같은 지각층 윗부분의 지괴地塊는 지각층 아랫부분의 플레이트 같은 판상板床 위에 위치한 것으로 추정한다. 전 세계적으로 암석권으로 알려진 이런 지각판은 취약권이라 불리는 반 액체 상태의 광대한 맨틀 위에 떠 있다. 그 결과 취약권을 뚫고 나온 용암이 두 개의 지각판을 갈라놓는 틈새로 흘러들어가면서 이 지각판과 대륙이 분리된다.

판구조론에 따르면 대서양에는 중부 대서양 해령을 중심으로 동서 양쪽에 해저 분지가 존재하는데, 분출된 용암이 흘러내려 응고하면서 형성된 것을 의미한다. 북아메리카, 남아메리카, 아프리카의 거대한 지각판은 이런 광대한 분지의 점진적인 확대로 인해 계속 이동하고 있는 셈이다. 판구조론은 레무리아 대륙의 존재를 믿는 연구자들에게 치명적인 사망 선고를 내렸다. 결론은 대륙 규모의 땅덩이가 대서양 해저 분지에서는 아예 존재할 수조차 없다는 것이다.

대서양의 함몰지대라고는 카리브 해 근처에 있는 작은 규모 하나뿐인데, 그 역할 또한 남북 아메리카의 거대한 지각판의 장력을 조절하기 위한 것으로 추정한다. 만약 대륙 규모의 레무리아가 실제로 존재했다면 그 또한 지각판 위에 있어야 하는데 거대한 지각판이 보이지 않기 때문이다. 더구나 대륙의 이동은 무려 2억 년 전으로 거슬러 올라간다. 2억 년 전이라면 지구를 석권했던 공룡

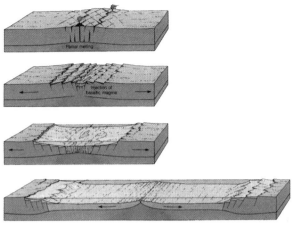

판구조론에 따라 해저가 형성되는 모습.

들의 세상이며 인간이 속한 포유류는 지구상에 태어나지 않았을 시대다. 물론 레무리아 대륙의 사망 선고는 아틀란티스 대륙의 사망 선고나 마찬가지다. 대륙 자체가 성립하지 않는데 문명이 있었다는 것이 어불성설이기 때문이다.

판구조론을 도입하면 대양의 바닥이 왜 상대적으로 육지보다 젊은 편인가에 대한 설명도 가능하다. 대양의 바닥 중에서 1억 7500만 년보다 오래된 곳은 아직 발견되지 않았다. 그런 사실은 대륙의 암석들이 수십억 년씩 된 것과 비교하면 수수께끼 같은 일이다. 하지만 헤스는 판구조론을 도입해 이 질문을 매끄럽게 해결했다. 바다 밑에 있는 암석들은 해변에 도달할 때까지만 존재한다는 것이었다.[33]

아직도 풀리지 않는 지구의 비밀

—

지구는 암석으로 된 행성들 중에서 유일하게 판구조를 가지고 있다. 지구가 그런 구조를 갖게 된 이유는 아직 분명히 밝혀지지 않았다. 학자들은 금성은 크기나 밀도가 지구와 거의 같음에도 불구하고 판구조를 가지고 있지 않은 것으로 보아 지구의 크기나 밀도 때문은 아니라고 본다.

학계에서 판구조 자체에 대해 납득할 만한 설명은 제시하지 못하지만 그것이 지구에 있는 생명체가 살아가는 데 중요한 역할을 한다는 사실에는 공감한다. 물리학자인 제임스 트레필은 "지질학적 판들의 연속적인 움직임이 지구 생명체의 발달에 큰 영향을 주었다고 생각한다"고 말한다. 그는 판구조에 의해 나타나는 기후변화를 비롯한 여러 변화들이 생물의 지능을 발달시킨 중요 요인일 것이라고 했다. 지구에서 일어났던 몇 차례의 멸종 사태 중에서 일부는 대륙이동 때문이라고 주장하는 학자들도 있다.

케임브리지대학의 토니 딕슨은 암석의 역사와 생명체의 역사 사이에 깊은 관계가 있다고 주장했다. 그는 지난 5억 년 동안 바닷물의 화학적 조성이 갑자기 크게 변했는데, 그 시기들은 대부분 생물학사의 중요한 사건들과 관계있다고 지적했다. 가끔씩 바닷물의 화학적 조성이 크게 바뀌는 정확한 이유는 밝혀지지 않았지만, 해저산맥이 열리고 닫혔던 것이 영향을 미쳤을 거라는 점을 상상하기는 어렵지 않다. 하지만 판구조론으로도 아직 해결하지 못한 문제점은 많이 있다. 빌 브라이슨은 미국 덴버의 경우를 예로 들었다.

덴버의 고도는 1600미터이지만 그런 융기는 비교적 최근에 일어났다. 공룡들이 지구를 활보하고 있을 때 덴버는 수심 수백 미터 아래에 있었다. 그럼에도 불구하고 덴버의 암석에서는 판들의 충돌이 일어났을 때 예상되는 균열이나 변형을 찾을 수 없었다. 학자들은 덴버가 판의 충돌에 따른 영향을 받기에는 그 경계에서 너무 멀리 떨어져 있다고 추정한다. 만약 그런 일이 생겼다면 양탄자의 한쪽 끝을 밀면 다른 쪽에 주름이 생기는 것과 마찬가지라는 설명이다. 즉 덴버는 알 수 없는 이유로 지난 수백만 년 동안 빵이 부풀어 오르는 것처럼 밀려 올라간 것이다.

아프리카 남부도 판구조론으로는 설명되지 않는다. 폭이 1600킬로미터나 되는 지역이 지난 1억 년 동안 거의 1600미터나 밀려 올라갔지만 판들의 활동과는 아무 연관이 없어 보인다. 한편 오스트레일리아는 기울어지면서 가라앉고 있다. 그 지역의 판은 지난 1억 년 동안 아시아를 향해 북쪽으로 움직였고, 앞부분은 180미터나 아래로 꺼져버렸다. 인도네시아는 아주 느리게 가라앉으면서 오스트레일리아를 함께 끌고 들어가는 것처럼 보인다. 이런 점들은 모두 판구조론으로는 설명할 수 없다는 것이다.

판구조론은 엄밀한 의미에서 완벽한 것으로는 볼 수 없다. 하지만 오늘날에는 베게너의 이론을 도입하지 않고는 지구과학의 어떤 문제도 논할 수 없다. 50년 앞서 세운 지구과학의 기초가 현대 지구과학의 전체를 설명해주기 때문이다. 앞으로 많은 학자가 그 해답을 도출할 것으로 생각된다.[34]

베게너로 돌아간다. 1929년 베게너는 다시 그린란드를 탐험하겠다고 결심했다. 이번에는 그가 대장이 돼 내륙빙하를 조사해 1930년에는 그 두께가 무려 1800미터나 된다는 것을 밝혔다. 하지만 그는 1930년 11월 1일 50세의 생일에 기지를 나간 뒤 소식이 끊겼다. 다음해 5월 대원들은 그의 스키와 잠든 채로 사망한 유체를 발견했다. 사인은 심장마비로 추정됐다. 대원들은 그를 얼음 속에 장사 지냈다. 그가 심혈을 기울여 주장한 대륙이동설이 새로운 학문에 의해 증명되기 20년 전의 일이다. 레슬리 앨런 호비츠는 그가 보통 사람의 수명인 70세까지만 살았더라도 한때 욕을 먹었던 자신의 주장이 완전히 인정되는 것을 볼 수 있었을 것이라고 안타까움을 나타냈다.[35]

믿기지 않는 행운이
천재를
만들어낸다

마법의 탄환

알렉산더 플레밍 Alexander Fleming, 1881~1955

1928년 7월 포도상구균 계통의 화농균을 배양하던 플레밍은 휴가를 떠나기 전 연구실의 창문을 닫는 것을 깜박한다. 그때 그가 배양하던 포도상구균이 든 배양 접시의 뚜껑이 우연히 약간 열린 채 방치됐다. 그가 없는 동안 공중에 날아다니던 푸르스름한 곰팡이균이 방으로 들어와 배양 접시에 떨어졌다. (…) 이 사건은 플레밍에게는 그야말로 엄청난 행운이었다. 창문을 넘어 들어온 그 곰팡이는 바로 아래층에서 연구하던 것이었다. 학자들은 아마도 바람에 날려서 위로 올라왔다는 것이 사실일지 모른다고 여긴다. 때론 믿을 수 없는 행운이 천재를 만드는 것이다.

그 외 등장인물

에를리히 Paul Ehrlich • 특정 세포(균)만 염색하는 방법 발견 | **샤우딘** Fritz Schaudinn • 매독균 발견 | **도마크** Gerhard Johannes Paul Domagk • 프론토질의 항균 효과 발견 | **플로리** Howard Walter Florey와 **체인** Ernst Boris Chain • 페니실린의 실용화 성공 | **왁스먼** Selman Abraham Waksman • 결핵 항체 스트렙토마이신 발견

불량 학생의 미생물 사냥

—

에를리히는 매우 쾌활한 사람으로 하루에 25개의 시가를 피웠고 같은 연구원들과 맥주 마시기를 좋아했다. 그는 인간에게 질병을 일으키는 미생물들을 퇴치할 수 있는 마법의 탄환을 만들 수 있으며, 자신이 그 주인공이 될 거라고 장담했다. 유명한 에를리히가 그런 말을 했기에 그의 경쟁자들은 그를 '공상과학자'로 풍자하는 만화를 그릴 정도였다.

에를리히는 철저한 과학자적 기질을 갖고 있으면서도 한편으로는 사리에 맞지 않으며 비과학적인 생각도 주저하지 않는 사람이었다. 아이러니하게도 학자들은 바로 그 점이 에를리히로 하여금 미생물 사냥에서 성공할 수 있게 만들었다고 본다. 1854년 3월 독일의 슐레지엔에서 태어난 그는 브레슬라우에서 고등학교를 다녔는데, 문학 선생님이 그에게 '인생은 꿈이다'라는 주제로 글을 써오게 했다. 그러자 총명한 에를리히는 다음과 같은 글을 작성해 제출했다.

"인생은 산화작용에 달려 있다. 꿈이란 뇌의 활동이고 뇌의 활동이란 단지 산화작용이다."

그런 총명함은 문학 선생님을 화나게 했고 형편없는 점수를 받았다. 고등학교를 졸업하고 여러 의과대학을 다닌 평범한 에를리히에 대한 교수들의 평가 역시 '형편없는 학생'에 불과했다. 이는 에를리히가 병든 환자를 치료하는 데 반드시 알아야 할 수만 개의 단어 암기를 거부했기 때문이기도 하다. 그는 교수가 시신을 해부해서 몸의 각 부분을 공부하라고 하자, 시신의 한 부분을 아주 얇게 잘라 놀랍도록 다양하고 아름다운 색깔의 아닐린 염료로 염색했다. 그는 염료를 사기도 하고 교수의 코앞에서 훔치기도 했다. 교수들이 그런 그를 예뻐할 리 만무했다.

에를리히는 전통적인 교수법을 싫어했다. 코호보다 열 살 아래였던 그는 코호가 처음으로 탄저균의 존재를 증명하던 바로 그날 콘하임의 실험실에 있었고, 코호의 설명을 듣자 곧 그의 숭배자가 된다. 추후에 코호가 결핵균을 발견했다는 소식을 듣고 그를 찾아가 미생물 사냥에 동참하겠다고 했다.

에를리히는 의사였지만 마음이 연약해서 고통받고 있는 환자의 비명소리나 치료받지 못한 환자의 죽음에 당황하곤 했다. 미생물 사냥은 그런 부담을 줄여 줘 그에게는 적격이었다. 그중에서도 대학 시절에 교수들을 골탕 먹인 염색에 애착을 보였는데, 그가 원하는 것은 살아 있는 동물을 염색해 동물의 생체를 이루는 물질을 파악하는 것이었다. 그러던 중 그가 메틸렌 블루methylene blue를 토끼 귀의 정맥에 주사하자 염료가 혈류를 타고 온몸으로 퍼지면서 이상하게도 신경의 끝만 파랗게 물들였다. 다른 부분은 염색이 되지 않은 것이다.

그는 메틸렌 블루가 통증을 없앨 수도 있다고 생각했지만 그 기대는 어긋났다. 결과적으로 효과 있는 진통제를 발명하는 데는 실패했지만, 생체를 구성하고 있는 수백 가지 조직 중에서 오직 한 종류에만 달려드는 메틸렌 블루의 이상한 성질이 마침내 그를 마법의 탄환으로 이끄는 견인차가 된다.

"동물의 몸을 이루는 여러 조직 중에서 한 가지만을 염색하는 염료가 있다. 그렇다면 사람의 조직에는 전혀 붙지 않으면서 사람을 공격하는 미생물만을 염색하고 죽이는 것도 분명히 있을 것이다."

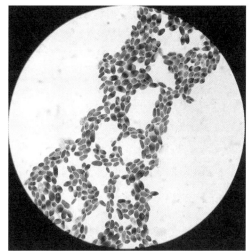
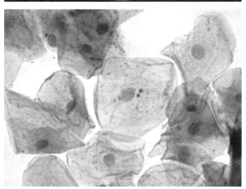

메틸렌 블루의 염색.

1901년 마법의 탄환을 찾으려는 연구를 시작한 지 8년이 되던 해, 그는 말라리아 병원균을 처음으로 발견한 라브랑의 연구 논문을 읽었다. 라브랑은 지느러미를 가진 트리파노소마가 말들의 뒷다리를 못쓰게 만들고 쥐에게는 말 드 카데라라는 병을 일으킨다고 했다. 또한 트리파노소마에 걸린 쥐의 피하에 비소를 주사했더니, 병균을 많이 죽이긴 했으나 쥐는 한 마리도 회복되지 않았다는 내용도 있었다.

에를리히는 원생동물에 의한 질병에 베링의 혈청요법보다 화학요법이 적절할 수 있다고 생각했다. 이것이 결과적으로 그로 하여금 노벨상을 받게 했다. 에를리히는 트리파노소마를 연구 대상으로 삼아 자신의 특기인 염료를 가지고 미생물 사냥을 시작했다. 그는 매우 근면한 일본인 의사 시가 기요시와 함께 500종류의 염료를 시도했다. 쥐들은 파랗게 물들다 노랗게 물들다 했지만, 지느러미가 달린 트리파노소마는 쥐들의 정맥에서 즐겁게 헤엄치다가 모두 죽였다.

그러던 어느 날 복잡한 염료인 벤조퍼퓨린benzopurpurin을 죽어가는 쥐에게 시험했더니, 쥐가 곧 말 드 카데라로 죽었지만 이상한 점이 있었다. 벤조퍼퓨린이 쥐의 몸속에 충분히 퍼지지 않았는데, 그는 만약 염료의 구조를 조금만 바꾼다면 쥐의 혈액에서 더 잘 녹을지 모른다고 생각하게 된 것이다. 에를리히는 벤조퍼퓨린을 제조하는 공장에 가서 황산기를 하나 붙여 변형시킨 염료(트리판레드)를 만들어달라고 의뢰했다.

그의 예상은 성공했고, 황산기를 하나 더 붙인 트리판레드 염료를 주사받은 쥐는 트리파노소마의 영향을 받지 않았다. 그때까지 쥐들을 죽이던 트리파노소마들이 쥐의 혈액 속에서 녹아 없어졌기 때문이다. 단 한 마리의 쥐를 살린 데 고무된 에를리히는 지루한 실험을 계속하면서 마법의 탄환을 찾았다. 그러던 어느 날 한 잡지에서 아톡실Atoxyl(독이 없다는 뜻)이란 약에 대해서 읽었다. 아톡실은 수면병에 걸린 쥐를 '거의' 치료했다. 반면 수면병에 걸리지 않은 쥐는 죽였다. 아톡실은 벤젠고리 한 개와 수소원자 네 개, 암모니아 몇 개와 비소 산화물로 만들어져 있었다. 트리판레드를 만들어본 경험이 있는 에를리히는 아톡실의 구조를 조금 바꾸면 다른 결과가 나올지 모르겠다고 생각했다.

결국 그는 벤젠고리와 비소 결합을 전혀 손상시키지 않고서 아톡실을 수없

세포 염색을 처음 발견한 에를리히(왼쪽)와 그에게 영감을 준 샤우딘.

이 많은 비소 화합물 속으로 끼워넣을 수 있었다. 그런 과정에서 1909년 유명한 화합물 606을 만들게 됐다. 화합물 606은 디하이드록시디아미노벤젠이란 긴 이름을 갖고 있는데, 트리파노소마를 죽이는 효과는 그야말로 놀라웠다. 단한 번에 말 드 카데라에 걸린 쥐의 혈액에서 트리파노소마를 깨끗이 없애버렸다.

에를리히는 1906년 독일의 동물학자 프리츠 샤우딘Fritz Schaudinn이 발견한 손잡이가 없는 나사 모양의 가늘고 희미한 미생물에 대한 논문을 기억했다. 그 미생물의 이름은 스피로헤타 팔리다Spirochaeta pallida였고 매독의 원인으로 지목됐다. 특히 샤우딘은 이 희미한 나선형 균은 동물계에 속해 있지만 세균과도 다른데, 트리파노소마와 매우 유사하다고 지적했다. 또한 나선형 균이 가끔씩 트리파노소마로 바뀌는지도 모른다고 보았다. 에를리히는 나선형 균이 말 드 카데라의 원인인 트리파노소마의 사촌이라면 그 나선형 균도 죽일 수 있을 거라 생각했다. 결과는 에를리히가 생각한 대로였다. 단 한 번의 주사로 나선형 균들은 즉각적으로 완벽하게 사라졌다. 바로 마법의 탄환이었다.[36]

화합물 606호의 개발에 대해서는 다소 다른 이야기도 있다. 원래 606호는 1907년에 만들어졌는데, 초기의 실험에서 아무런 효과를 보지 못해 사장될 운명에 처했다. 그로부터 2년이 지났을 때 일본인 하다가 재실험한 결과 606호는 세균 중에서도 가장 지독한 매독균인 스피로헤타 팔리다 병원균을 죽일 수 있다는 것을 발견했다는 것이다. 어쨌든 당시 매독에 대한 공포는 현재의 에이즈에 대한 공포와 비견될 정도였으므로 살바르산 606의 명성은 대단했다.

매독이 신의 징벌이라는 도덕관에 대항
—

물론 에를리히의 연구가 순탄했던 것만은 아니다. 그가 매독 치료제를 개발하는 것이 알려지자 메치니코프Elie Metchnikoff처럼 매독의 치료법 개발 자체를 반대하는 사람이 많았다. 성병의 일종인 매독은 신세계로부터 유입된 후 300년 동안 치료가 불가능한 질병이었다. 당시 사람들은 매독에 걸린 환자들은 부도덕성에 대한 대가로 정당하게 신의 노여움을 산 것이라 여겼으며, 질병이 갖고 있는 고통은 당연한 것으로 생각했다. 에를리히가 매독 치료제를 개발하는 것에 대한 반대의 목소리가 예상보다 강했지만, 그는 주위 압력에 굴하지 않고 연구에 몰두해 세계를 놀라게 한 606호를 개발했다.

앞에서 약간 설명했듯이 에를리히는 특정 염료가 세균 세포는 염색시키지만 사람의 세포는 염색시키지 못한다는 것을 발견했다. 그 현상을 보고 그는 세포핵이 생물체 내부에서 특수한 기능을 하는 분자 합성물이라고 가정했다. 그의 가설은 추후에 많이 수정됐지만, 이로써 에를리히는 세포핵이 본질적으로 화학적이라는 가설을 세운 최초의 인물이 됐다. 그는 이 가설을 계속 발전시켜 독소가 존재하는 곳에서 자연적인 화학반응으로 항체가 생겨난다고 이론화했다. 항체는 보통의 화학적 합성 규칙에 따라 혈류 속에서 독소를 묶고 무력화한다는 그의 이론은, 특정 질병을 치료하는 특수 화합물을 개발하는 것이 환상만은 아니라는 것을 보여줬다.

에를리히는 메치니코프와 함께 1908년 노벨 생리·의학상을 받아 고생에 대한 충분한 보상을 받았다. 그의 성공은 모든 질병이 간단히 만들어진 해독제, 즉 마법의 탄환으로 정복될 수 있다는 희망으로 변했고, 많은 학자가 질병이나 종합적인 성능을 갖는 마법의 탄환을 찾는 연구에 착수했다.

노벨상 거부 안 했다고 체포된 도마크

—

1930년대에 독일의 생화학자 게르하르트 도마크Gerhard Johannes Paul Domagk(1895~1964)가 등장한다. 그는 1895년 독일에서 태어나 의과대학 재학 중 제1차 세계대전이 발발하자 야전병원의 의무병으로 종군했다. 이때 전장에서 각종 감염성 질환으로 많은 사람이 죽는 것을 보고 이 분야에 평생을 바치겠다는 결심을 하게 된다. 전쟁 후 의사 자격을 얻은 후 1925년부터는 뮌스터대학에 근무했다. 거기서 생쥐의 박테리아 감염에 대한 약제로서 새로

도마크.

만들어낸 일련의 염료를 특정 전염병에 이용할 수 있는지를 에를리히의 화학요법에 따라 실험하고 있었다.

그러던 중 1927년 바이엘 사에서 그를 연구실 책임자로 영입하겠다고 제안하자 교수직도 함께 갖는 것을 조건으로 승낙했다. 한마디로 매우 좋은 여건에서 연구할 수 있었는데, 그는 바이엘 연구소에서 합성한 염료인 아조화합물의 약리적 효과에 주목했다. 결국 바이엘 사의 기대에 어긋나지 않게 도마크는 설폰아미드기를 가진 빨간색 프론토질prontozil이라 불리는 염료가 아주 효과적인 항박테리아성 물질임을 발견했다.

이것은 매우 중요한 발견이었다. 왜냐하면 프론토질은 성홍열을 일으키는 연쇄상구균이라 불리는 종류의 박테리아를 공격할 수 있지만, 숙주 동물에게는 대량으로 투여해도 아무런 악영향이 없었기 때문이다. 프론토질이 의학사에서 더욱 중요한 위치를 차지하게 되는 것은 그것이 시험관 속의 격리된 박테리아는 죽이지 못하고 생체 내에서만 효과가 있기 때문이다. 그것을 보고 도마

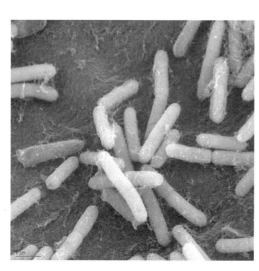
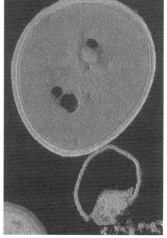

크는 생체 내에서 프론토질이 다른 물질로 전환돼 박테리아를 공격하는 항체 효과를 갖는다고 결론 내렸다. 그는 프론토질을 분해해 효과적인 화합물을 얻었고, 그것을 설폰아미드 염료라고 명명했다.

얼마 후 설폰아미드 염료가 두 부분으로 분해되는데 설폰아미드기 쪽만이 항균제로 유효하다는 것도 발견했다. 또한 이미 알려져 있는 설파닐아미드라는 화합물도 세균성 감염증에 대해 프론토질과 같은 효력이 있었다. 프론토질은 최초의 설파제였고 다른 비슷한 약제들이 뒤이어 만들어졌다. 세균은 이 약에 차례로 정복됐다(설파제는 잘 녹지 않는 성질 때문에 신장에 남아서 해를 끼치는 단점이 있으므로 근래에는 이를 투여할 때 세 종류의 설파제를 꼭 유효량이 되도록 복합해서 사용한다).

도마크는 프론토질의 항균 효과 발견으로 1939년 노벨 생리·의학상 수상자로 통보받았다. 하지만 그는 노벨상을 직접 수상할 수 없었다. 사실 도마크는 1938년 프랑스, 미국, 영국의 과학자들에 의해 노벨상 후보로 추천받았었다. 노벨상위원회는 당시 독일인에게 노벨상을 수여하는 것이 문제를 일으키리라는 것을 알았다. 그것은 언론인 폰 오시체츠키 때문이다. 그는 1932년 나치가 집권하자 격렬하게 나치당을 공격했다. 나치가 가져올 국민의 고통과 세계 평화에 대한 절망과 재앙을 예견한 그의 필봉은 히틀러의 감정을 매우 상하게 했다. 그러던 중 1935년 노벨 평화상이 폰 오시체츠키에게 수여되자 히틀러는 모욕당했다고 생각하고 그를 체포한다. 그는 결국 1935년 감옥에서 죽는다.

이것이 빌미가 돼 히틀러는 1937년 모든 독일인에게 노벨상이 수여되더라도 받지 말도록 명령했다. 하지만 노벨상 위원회는 1939년 10월 26일 도마크를 노벨 생리·의학상 수상자로 발표했다. 국적에 관계없이 수여한다는 노벨의 취지에 따른 만장일치의 결정이었다. 이에 대해 독일 정부는 정치적 동기가 있다고 의심했다. 그가 소속한 뮌스터대학에는 내무부나 홍보 부서로부터 공식적인 발표가 있을 때까지 함구하라는 명령이 내려졌다. 도마크는 정부의 지시에 의해 노벨상 위원회에 노벨상은 받을 수 없을지 모르지만, 스톡홀름을 방문해 자신의 연구에 대한 강연회에는 참석할 수 있기를 바란다고 편지를 보냈다.

하지만 그는 노벨상 수상자로 통보받은 10여 일 후에 비밀경찰에 의해 체포됐다. 체포 이유에 대해서는 아무런 얘기가 없었고 1주일 후에 석방됐다. 그후 도마크는 노벨상을 거절한다는 편지에 서명하도록 강요받았고 스톡홀름의 강연도 금지됐다. 그는 당시의 부당한 조치에 대해 아무에게도 얘기하지 않았으나 대신 다음과 같은 일화를 소개했다.

"저녁에 순찰을 도는 간수가 무엇 때문에 체포됐는가 물었다. 그때 나는 노벨상을 받아 갇혔다고 말했다. 간수는 아무 말도 하지 않고 몇 발짝 가서 다른 간수에게 '저 친구 미쳤어. 바로 저 친구 말이야' 하고 말했다."

제2차 세계대전이 끝난 1947년 12월 10일, 8년 늦게 노벨상 시상식에 참석한 도마크에게 상장과 메달이 수여됐다. 하지만 1년 내에 찾아가지 않은 상금은 회수한다는 수상 규정에 의해 상금은 환수된 후였다.

도마크의 성공은 다음과 같이 설명될 수 있다.[37] 첫째, 시대적인 운이 따랐다. 실험에 이용한 설폰아미드와 아조 색소는 그가 발견한 것이 아니고 다른 학자들도 많이 연구하고 있던 것이다. 둘째, 그는 노력파였으며 이타심의 소유자로 쉬지 않고 연구할 수 있는 체력이 있었다. 셋째, 프론토질을 연구하게 된 계기는 아조 화합물로 세균 염색에 관한 연구를 하던 중 세균용 배지에 떨어진 색소 주위로 세균 증식이 일어나지 않는다는 것을 우연히 발견했고, 도마크는 이 발견을 놓치지 않았다. 결과적으로 이 염료가 항균 효과를 지니고 있음을 발견한 것으로 그는 자신의 발견에 대해 안목을 갖춘 연구자였다. 마지막으로 임상 실험이 적시에 이뤄졌다는 점이다. 프론토질의 항균력을 발견했을 때 마침 그의 딸이 바늘에 찔린 후 감염돼 패혈증으로까지 발전했는데, 그가 발견한 프론토질을 투여하자 놀라운 회복 증세를 보인 것이다.

한마디로 도마크는 마법의 탄환을 발명한 학자 중에 예외적이라 할 수 있을 정도로 좋은 여건에서 연구했으며, 그에 걸맞은 성과를 거둔 행운의 과학자였다.

20세기 인간이 만들어낸 최고의 약

—

프론토질의 발견은 화학약품이 다양한 박테리아성 감염에 사용될 수 있음을 입증했고, 특히 폐렴에 대한 사망률을 현저히 줄였다. 산바르산 606호와 설파제는 다양하게 응용됐지만 독성을 지닌 비소가 약품의 주성분이었기에 종종 예기치 못한 부작용을 일으키기도 했다. 또한 이 약제에 영향을 받지 않는 많은 박테리아도 여전히 존재했다. 학자들은 산바르산 606호나 설파제를 통해 병원균을 치료할 수 있다는 가능성을 발견하자, 진실한 '마법의 탄환'이 어디엔가 존재한다는 희망을 갖게 됐다.

학계의 예상은 옳았다. 바로 제2차 세계대전 때 세계를 깜짝 놀라게 한 마법의 탄환이 혜성같이 등장한 것이다. 20세기 인간이 만들어낸 약 가운데 으뜸이라는 페니실린이 그것이다. 페니실린은 현대 의학적 사고의 산물이라고 할 '마법의 탄환magic bullet`, 즉 특효약의 범주에 진정으로 걸맞은 최초의 약일 뿐만 아니라 인류의 생명을 가장 많이 구한 약이다.

페니실린은 발견부터 극적이다. 이야기의 주인공인 플레밍Alexander Fleming 은 1881년 스코틀랜드의 시골 집안에서 태어났다. 8명과 4명의 형제를 가진 부모가 재혼한 이 집안에서 그는 일곱째였다.[38]

그의 형이 의사였기에 플레밍도 의사가 되기로 결심한다. 공부를 잘한 플레밍은 입학시험에서 수석을 차지하며 세인트메리대학에 입학했고 졸업하자 병원에 신설된 접종과에 배치됐다. 이 과의 책임자는 면역학의 선구자인 앨름로스 라이트 박사로 그는 전쟁 기간을 제외하고는 이곳에서 연구에 몰두했다. 그가 세인트메리병원에서 처음으로 부여받은 임무는 살바르산을 투여하는 것이었다. 제1차 세계대전 동안에 그는 왕실 근위대의 의무단으로 프랑스로 파견돼 부상병의 치료를 담당한 후 귀국해서 연구소에 근무하고 있었는데, 전쟁 중 상당수의 부상병들이 부적절한 치료로 희생되는 것을 목격했다.[39]

당시에는 어떤 경우든 세균에 감염돼 상처가 악화되면 감염된 부위를 절단하는 것을 최선으로 여겼다. 그렇지만 세균이 마구 증식하고 있는 부위가 배라면 어떻게 해야 하는가? 더구나 살균제라는 것은 상처를 치유하지만 반대로 덧내기도 했다. 그럼에도 불구하고 소독약과 살균제를 이용해 상처에 박테리아가 접근하지 못하도록 하는 것만을 최선의 치료로 간주했다. 의사들은 종종 환부를 방부제 연고로 뒤덮어버리곤 했는데, 그 때문에 고름이 빠져나갈 수 없어 결과적으로는 가스괴저증에 의해 상태가 악화되기 일쑤였다. 하지만 야전병원에서 플레밍이 할 수 있는 방법은 거의 없었다. 단지 방부제 남용에 반대하는 조처를 취할 뿐이었다. 그는 당시 후송병원에서의 상황을 다음과 같이 말했다.

"상처를 통해 침입한 세균 때문에 고통받으며 죽어가는 환자들을 아무런 도움도 주지 못한 채 보고만 있어야 했던 그때, 나는 살바르산과 같이 이 세균을 죽일 수 있는 약을 발견해야겠다는 열망에 사로잡혔다."

당시의 의학자들은 일단 박테리아가 체내에 침투하고 난 뒤 어떻게 박멸할 것인지에 대해서는 생각하지 않았다. 플레밍은 1918년 전쟁이 끝나자 친구와 함께 런던 시내에서 병원을 개업하고 세인트마리병원의 라이트 박사와 함께 중상자들을 위한 치료약 개발 연구를 계속했다.[40]

페니실린은 전쟁 중 많은 병사들의 목숨을 구했다(위). 아래는 페니실린의 대량생산 모습(1940년대).

1922년 플레밍은 감기에 걸리자 자신의 콧물을 조금 채취해 배양하면서 관찰하고 있었다. 배양 접시는 황색 세균으로 가득 차 있었는데, 어느 날 우연히 그의 눈물 한 방울이 배양 접시에 떨어졌다. 다음날 배양 접시를 조사해보니 눈물이 떨어진 부분은 깨끗해져 있었다. 그는 인간의 조직에는 해가 안 되는 물질이 함유돼 있다고 생각하고, 눈물에 함유돼 있는 항생 효소를

'리소자임lysozyme'이라 불렀다. 그것은 그리스어로 '녹인다'라는 의미의 '리소lyso'와 '효소'를 의미하는 '엔자임enzyme'의 어미를 딴 것이다. '세균을 녹이는 효소'라는 뜻의 리소자임은 눈물, 타액, 점액, 달걀 흰자위와 식물 등 살아 있는 유기체와 체액 속에 존재하는 물질이다.

플레밍은 예상치 못한 대발견을 했다고 좋아했지만 결과는 그의 기대치에 못 미쳤다. 리소자임은 인간에게 비교적 무해한 박테리아는 죽일 수 있었지만 질병을 야기하는 대부분의 박테리아는 죽이지 못했다. 플레밍은 리소자임에 대한 희망을 버리고 더이상 연구하지 않았다.

그러던 1928년 7월 어느 날 세인트메리병원 의과대학에서 포도상구균 계통의 화농균을 배양하던 플레밍(당시 예방접종 과장)은 스코틀랜드로 휴가를 떠나기 전에 연구실의 창문을 닫는 것을 깜박 잊는다. 그때 그가 배양하던 포도상구균이 든 배양 접시의 뚜껑이 우연히도 약간 열린 채 방치됐다. 그가 휴가를 떠나고 없는 동안 공중에 날아다니던 푸르스름한 곰팡이균이 방으로 들어와 그 배양 접시에 떨어졌다. 휴가에서 돌아온 플레밍은 놀라운 광경을 목격했다. 푸른곰팡이가 떨어진 곳에 있는 세균의 무리가 죽어버린 것이다. 반면 그 곰팡이에서 멀리 떨어진 곳에 있는 박테리아들은 살아 있었다.[41]

플레밍은 눈물이나 침에 들어 있는 효소인 리소자임을 연구한 바가 있어 곧바로 곰팡이 연구에 착수했다. 결과는 그의 기대를 저버리지 않았다. 문제의 곰팡이를 배양해 새로운 액체 배지에 옮기고 다시 1주일이 지난 뒤 남은 배양액을 1000분의 1까지 희석시켰는데도, 이 액체에 포도상구균을 넣자 그 발육이 억제되는 놀라운 사실을 발견했다. 더욱이 중요한 것은 사람의 백혈구에는 아무런 영향을 끼치지 않았다는 점이다.

그는 곰팡이 자체가 아니라 곰팡이가 생산해내는 어떤 물질이 강력한 항균

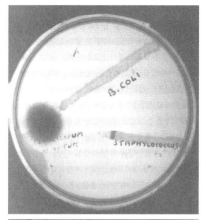

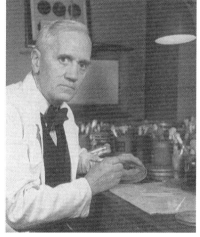

플레밍의 푸른곰팡이 첫 배양접시(위), 실험실의 플레밍.

작용을 나타낸다고 생각했다. 그 곰팡이는 페니실리움penicillium 속屬에 속하는 것이었으므로, 플레밍은 곰팡이가 생산하는 물질 자체를 페니실린이라 불렀다. 계속된 연구로 그는 650여 종에 달하는 페니실리움 속에 속하는 곰팡이 대부분은 페니실린을 만들지 않고, 페니실리움 노타툼Penicillium nota-tum을 비롯한 단 몇 종류의 사상균만이 페니실린을 생산한다는 점도 알게 됐다. 그가 그야말로 믿을 수 없을 정도의 행운아라는 것은 그 곰팡이는 당시 플레밍의 연구실 아래층에서 연구하고 있었던 물질이라는 데 있다. 그렇기에 학자들은 아마도 바람에 날려서 위로 올라왔다는 것이 사실일지 모른다고 생각한다. 그런데 그 곰팡이가 뚜껑이 없는 배양 접시에 내려앉았다는 것도

우연이 아닐 수 없다.[42]

　사실 푸른 곰팡이류는 매우 오래전부터 알려져 있었다. 프랑스가 세계적으로 내세우는 것으로 포도주와 치즈가 있는데, 로크훠르Roquefort라는 치즈는 녹색 줄무늬를 만들며 코를 톡 쏘는 독한 맛을 낸다. 이것이 과수원에 퍼지면 과일을 빠른 속도로 부패시키기도 한다. 로크훠르는 다른 치즈에 비해 월등히 비

쌌데, 그 특유의 색과 맛은 바로 푸른곰팡이의 일종인 페니실리움 로크휘티가 치즈 전체에 자라면서 만들어내는 것이다.

한국에도 이와 유사한 것이 있다. 바로 콩으로 만드는 메주다. 구수한 된장 찌개를 만드는 메주에는 곰팡이가 피어 있는데 이것이 잘 펴야 장맛이 좋다고 한다. 이는 메주에서 자라는 곰팡이가 콩 단백질을 분해할 수 있는 단백분해효소를 분비해 단백질 덩어리를 아미노산으로 쪼개기 때문이다. 메주에서 콩 단백질을 분해하는 곰팡이를 흔히 누룩곰팡이Aspergillus라고 하는데, 인체에 무해한 것은 물론이다. 메주에 항암 효과가 있다는 보고도 있는데, 메주 곰팡이가 특정 병원균에 대해 '마법의 탄환'이 될지 모를 일이다. 그럴 경우 메주 곰팡이가 노벨상의 반열에 놓일 순간을 기대해도 좋을 것이다.

모르모트가 아닌 생쥐 실험이 행운 불러

—

플레밍의 페니실린 발견이 얼마나 극적이었는가는 다음에서도 알 수 있다. 우선 플레밍이 발견한 현상이 생기려면 여러 단계를 거쳐야 한다고 레슬리 앨런 호비츠는 다음과 같이 적었다.

"포도상구균 배양균은 따뜻한 세균배양기에 들어 있지 않고 대기 중에 노출돼 있어야만 한다. 만약 배양균이 세균배양기에 들어 있다면 절대로 포자에 오염될 수는 없다. 더구나 예기치 못한 차가운 날씨 덕분에 곰팡이는 뿌리를 내리고 성장할 수 있었다. 이어서 기온이 다시 상승하자 포도상구균은 성장하면서 잔디처럼 퍼져서 페트리접시를 전부 덮을 수 있었다. 하지만 푸른색곰팡이가 오염물에 직접 노출된 부분에는 포도상구균이 퍼질 수 없었다."

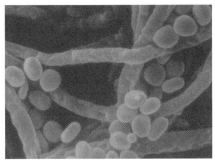

페니실린 현미경 사진과 잘 핀 곰팡이를 이용한 음식 메주.

　　플레밍은 곰팡이가 자라는 곳에서 상당히 떨어졌는데도 포도상구균이 용균 (세포의 용해 또는 파괴)되고 있어 참 놀랍다고 말했다. 또한 페니실린의 발견이 얼마나 행운이었는가를 이런 말로 표현했다.

　　"나의 연구실이 내가 가본 다른 사람들의 연구실처럼 현대적인 것이었다면 나는 결코 페니실린을 발견할 수 없었을 것이다."[43]

　　적어도 곰팡이가 그의 연구실 안으로 들어올 수 있을 정도로 최첨단 연구실 은 아니었다는 뜻이다. 여하튼 플레밍은 용균 즉 파괴의 과정이 자신의 세균을 변색시킨 원인이라는 것을 알아차렸다. 그는 곰팡이가 어떤 물질을 내놓고 이 물질이 살아 있는 세균을 파괴하면서 그 성장을 억제한다고 정확히 추론했다. 문자 그대로 곰팡이에 오염된 쓰레기가 인류 역사의 흐름을 바꿀 정도로 큰 발 견이 된 것이다.[44]

　　플레밍은 이어서 페니실린이 여러 종류의 세균에 대해 항균작용을 나타낸다 는 사실을 입증했다. 다행히도 페니실린으로 퇴치가 가능한 세균들은 인간에게 심각한 전염병을 옮기는 것이 많았다. 폐렴균, 수막염균, 디프테리아균, 탄저균, 가스괴저균 등 인간과 가축들에게 무서운 전염병을 일으키는 병원균들에 효과가 컸다. 반면 결핵균, 대장균, 인플레인자균 등에는 거의 효과가 없다는 사실도 알아냈다.

페니실린의 장점은 다른 약물들과는 달리 백혈구에 전혀 해를 끼치지 않는다는 것이다. 이전에 개발된 물질들은 세균의 성장과 발육에 억제 효과를 갖지만 인간의 세포에 대해서도 치명적인 손상을 주곤 했다. 페니실린에는 이러한 문제점이 없었다. 페니실린의 치료 효과는 세균의 정상적인 생장 과정에 필수적인 부분인 세포막의 신전伸展에 간섭하는 능력에서 비롯한다.

모든 세균은 강한 방어 외벽, 탄력 있는 내막內膜을 친 내부의 밀도 높은 액체 즉 세포질로 구성돼 있다. 보통 견고한 외벽은 세포가 생장함에 따라 확장된다. 먼저 오래된 벽의 일부가 분해됨으로써 탄력 있는 막이 확장할 수 있게 된다. 다음에는 특수한 수송 효소에 의해 무코단백질 분자가 세포질로부터 막을 통해 외벽으로 운반돼 새로운 벽의 일부가 생성된다. 이 효소는 열쇠와 자물통처럼 무코단백질과 정확히 결합할 수 있도록 돼 있다. 하지만 페니실린이 이 시스템에 투입되면 위와 같은 과정이 뒤틀리는 것이다. 페니실린 분자의 일부분은 무코단백질의 열쇠 구조와 흡사하기 때문에 수송 효소가 페니실린 분자와 잘못 결합하게 되고, 수송 효소는 그것을 세포 표면의 무코단백질과 결합할 예정인 부위로 운반해간다. 하지만 페니실린 분자는 이 장소에 잘 맞지 않기 때문에 벽에는 흠집이 생긴다.

세포가 계속 성장함에 따라 벽은 강한 압력을 받게 되며 흠집이 있는 부분은 약해져서 결국 파괴되고 만다. 세포막은 부풀어 오르다가 파열돼버리며 세포질이 밖으로 흘러나오면서 세포는 죽는다.[45] 페니실린이 박테리아는 공격하면서 사람의 세포를 공격하지 않는 이유는, 박테리아와 같이 튼튼한 세포벽을 사람이나 다른 동물들은 갖고 있지 않기 때문이다. 하지만 플레밍은 페니실린의 실용화에는 실패했다. 그는 다음과 같이 이야기했다.

"페니실린이 언젠가는 치료약으로서 진가를 발휘할 것으로 제가 믿게 된 이유는 그것이 백혈구에 아무런 해가 없었기 때문입니다. (…) 저의 생각으로는 이것을 농축할 필요가 있었습니다. 우리는 페니실린의 농축을 시도했는데 알아낸 것은 (…) 페니실린은 쉽게 분해되며, 그리고 우리의 간단한 방법은 도움이 안 된다는 것이었습니다."

게다가 당시에는 설파제가 큰 성공을 거두고 있었다. 때문에 플레밍의 공동 연구자인 레이스트릭은 페니실린을 농축시키는 연구가 실패하자 더이상 실용화하려는 시도를 하지 않았다. 플레밍은 여기서도 기회를 잡았다. 즉 페니실린 실용화 연구를 중단하고 있을 때 플레밍과 직접 일한 적이 한 번도 없는 옥스퍼

플로리(왼쪽)와 체인.

드대학의 병리학자 플로리Howard Walter Florey와 생화학자 체인Ernst Boris Chain 이 그 작업을 수행한 것이다.

플로리는 눈물과 침 등 점액에 들어 있다는 리소자임과 페니실린에 관한 플레밍의 논문에 주목했다. 놀랍게도 플로리와 체인은 미국의 록펠러재단에서 연구비를 받아 단 6개월의 노력 끝에 페니실린의 정제된 결정을 얻는 데 성공했다. 이 분말을 200만 배로 희석한 용액도 세균을 죽일 수 있었다. 페니실린이 발견된 지 12년 후의 일이었다. 1940년 5월, 플로리와 체인은 연쇄상구균에 감염된 쥐 집단 중 절반에게 페니실린을 시험 투여했다. 페니실린을 투여하지 않은 생쥐들은 감염된 지 16시간 반 만에 모두 죽었지만, 페니실린을 투여한 쥐들은 건강하게 살아남았다.

학자들은 플로리와 체인이 생쥐들을 대상으로 실험했다는 것이야말로 항생제 발명에 있어 기적으로 평한다. 당시에는 생쥐와 유사한 기니피그를 실험동물로 사용하는 것이 일반적이었는데, 그들은 특별한 이유 없이 생쥐를 선택했다. 그런데 페니실린은 기니피그(모르모트)에는 독성을 지니지만 생쥐에는 독성을 띠지 않았다. 페니실린의 발견이 우연에 우연이 겹친 작품임을 알 수 있다. 1941년에 패혈증으로 회복 가능성이 전혀 없는 환자에게 최초로 페니실린이 투여됐다. 그 환자는 면도를 하다가 상처를 입은 후 연쇄상구균에 감염돼 급성혈액중독이 된 경찰관으로, 황색의 포도상구균과 녹농綠膿의 연쇄상구균이 온몸에 퍼져 있었고 설파제도 효력이 없었다.

의사가 앞으로 며칠밖에 살지 못할 것이라고 진단하자 병원 측은 플로리와 체인이 개발한 신약을 사용하는 데 동의했다. 그들은 그동안 모아둔 찻숟가락 한 스푼 정도의 페니실린을 환자에게 투입했다. 3시간 간격으로 약을 주사하자 빠른 속도로 진정되기 시작해 이틀 뒤에는 열이 내렸으며 종기도 가라앉기 시작해 식사까지 할 정도였다. 하지만 그들이 준비한 페니실린이 떨어져 투여를 중단하자 증상은 다시 악화됐고 환자는 결국 사망했다. 페니실린을 사용하는 동안 감염이 놀라울 정도로 저지됐다는 사실은 그야말로 귀중한 경험이었다.

마침 제2차 세계대전 중에 전투에서 사망하는 장병보다 전선에 창궐하는 전염병의 치료와 예방이 더욱 큰 문제가 되자 페니실린이 대안이 될 수 있을 거라 여겨졌다. 미국 정부는 페니실린의 대량생산을 위해 막대한 예산을 투여했다. 페니실린이 실용화되기 위해서는 곰팡이를 대량 배양해야 했다. 하지만 곰팡이는 배양 수조의 표면에서만 자라기 때문에 균의 배양에는 한계가 있었다. 더구나 곰팡이들이 자라려면 공기를 많이 필요로 했다. 따라서 공기를 수조 속으로 불어넣으면서 수조액을 휘저어야 하는데, 이때 불필요한 세균이 들어가는 단점도 있었다. 물론 그 어려운 문제를 플로리와 체인은 극복했다. 그들이 개발한 배양 방법에 의해 몇 톤이나 되는 커다란 탱크에서 페니실린이 대량으로 생산될 수 있었다.

페니실린의 대량생산법을 발견하게 된 연유도 마치 꾸며낸 이야기처럼 극적이다. 플로리가 미국에서 이 문제로 고민하고 있을 때 미국은 '주류판매금지법'이 실시된 뒤 그 여파로 술을 양조하는 데 쓰던 거대한 가마솥들이 흔하게 나돌아다녔다. 그런데 이들을 돕는 사람으로 모이어 박사가 있었다. 그는 가끔 아무 계획 없이 손에 잡히는 대로 뒤섞어서 부어보는 것이 특기였다. 그러던 어느 날 플로리가 흥분한 채로 모이어의 연구실로 뛰어갔다. 페니실린 추출물이 단번에 20배로 늘어나 있었던 것이다. 모이어 박사도 영문을 몰라 자신의 행동을 자초지종 더듬어보기 시작했다. 그가 증류기를 살펴본 결과 그 안에 들어 있었던 것은 옥수수 전분을 걸러내면서 남은 알칼리 여과액이 틀림없었다. 푸른

곰팡이를 배양하는 데 가장 적당한 물
질을 마침내 찾아낸 것이다.

페니실린의 생산량을 200배로 올리는 데 이용한 칸탈루프 멜론.

추후에 칸달루프 멜론에 부착된
푸른곰팡이(페니실리움 크리소게
남)를 이용하면서 페니실린의
생산량을 200배로 올릴 수 있었
다.[46] 제2차 세계대전이 끝날 무
렵에는 1년에 700만 명의 환자를
치료하는 데 충분한 양을 생산할 수 있
었다. 결과는 그야말로 기적에 가까웠다.

폐렴의 사망률은 제1차 세계대전 중에는 18퍼센트였는데, 제2차 세계대전이
끝날 무렵에는 1퍼센트 이하로 떨어졌다. 한때 사망률이 높았던 성홍렬, 연쇄
상구균 인후염, 디프테리아, 매독, 임질 등의 질병에 대해서도 페니실린은 놀
라운 치료율을 보였다. 가스회저, 혈액중독은 물론 일부 심내막염과 수막염에
도 효과가 있다는 것이 밝혀졌다.

플로리와 체인이 추출한 페니실린은 장시간 보관해도 세균을 전멸시키는 효
과가 그대로 유지됐다. 더욱 중요한 것은 자신들이 추출한 순수한 페니실린을
3000만 배로 희석시켜도 역시 그 효과가 유지된다는 점이다.[47] 그것은 플레밍
이 발견한 푸른곰팡이보다 수천 배나 더 강했다. 대량생산에 성공한 페니실린
은 1943년부터 전선에서, 1944년부터는 민간에서도 널리 사용돼 수많은 전염
병 환자의 생명과 건강을 지켰다. 1945년에 노벨상 위원회는 페니실린의 발견
및 전염병에 대한 치료 효과의 발견과 개발 업적을 토대로 노벨 생리 · 의학상
수상자를 발표했다. 바로 플레밍, 체인, 플로리였다. 플레밍은 페니실린 발견

의 공로에 대해 겸손하게 말했다.

"페니실린의 발견은 지식을 갖추고 미리 준비한 덕이기도 하지만 다음 교훈을 생각할 필요가 있다. 그 교훈은 올바른 대답을 얻기 위해서는 어떤 질문을 해야 하는지를 알고 있어야 한다는 것이다. 내 장점은 관찰 결과를 무시하지 않고 세균학자로서 그 문제를 좀더 깊이 알아보려 했던 것뿐이다."[48]

그런데 정작 페니실린으로 인해 부자가 된 과학자는 단 한 사람뿐이다. 그는 옥수수 전분 여과액에 대해 재빨리 특허 신청을 한 모이어 박사다.[49]

실험의 달인, 스트렙토마이신 발견

—

페니실린의 발견은 경제적이면서도 효과가 있는 약물이라는 점에서 의약품 역사상 가장 중요한 위치를 차지한다. 또한 곰팡이 등을 통해 새로운 약제 개발에 대한 희망을 심어줘 전염병이 발생하더라도 이를 퇴치할 수 있다는 희망을 갖게 한 점에서 더욱 중요하다.

페니실린 발견 이후 수많은 연구원이 곰팡이들로부터 항생물질을 얻기 위해 노력했다. 이것은 오늘날

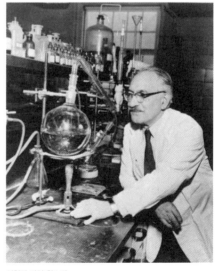

실험의 달인 왁스먼.

까지 이어져 새로운 질병이 생기면 곰팡이로 퇴치하려는 일련의 연구들을 조직적이고 체계적으로 수행한다. 이러한 연구가 얼마나 중요한지는 노벨상의 수상 여부로도 알 수 있다. 원래 노벨상은 인류 역사에 뚜렷한 족적을 남기는 것은 물론 독창적이면서 창의적인 연구 결과에만 수여한다. 아무리 큰 공헌을 해도 독창적이 아니라면 수상 대열에서는 탈락했다.

하지만 한 번의 예외가 있었는데, 플레밍의 연구 방법을 그대로 답습한 왁스먼Selman Abraham Waksman(1888~1973)이다. 노벨상 역사상 똑같은 방법으로 반복된 연구에 대해 상이 수여된 유일한 예다. 물론 그가 노벨상을 받은 데는 충분조건이 있다. 그것은 수많은 인간을 괴롭힌 결핵으로부터 인류를 해방시킬 수 있다는 가능성을 보여줬기 때문이다. 그것이 바로 스트렙토마이신이다.

왁스먼은 1888년 러시아에서 태어나 농학을 전공하고 1920년에 레트거즈대학의 토양미생물학 교수가 됐으며, 1927년에 『토양미생물학 원리』라는 책을 출간하면서 유명해졌다. 그가 항생제를 연구하기 시작한 것은 1930년대다. 그는 각각 선택된 배지에 여러 가지 균주를 배양하면서, 흙을 배지에 첨가시켰을 때 세균 증식에 어떤 영향을 끼치는가에 대해 연구했다. 그의 연구는 배지에 첨가된 미생물이 증식하면서 오염을 유발하므로 결과를 정확히 예측할 수 없을 뿐 아니라, 많은 노동력이 필요한 매우 지루한 작업이었다. 왁스먼은 묵묵히 작업을 계속하면서 흙 속에는 수많은 세균이 존재하며 동식물이 부패해 사라지는 것은 이들 미생물에 의한 것임을 발견했다. 그는 당연히 토양의 미생물 중 병원성 미생물과 싸워 이길 수 있는 것이 존재한다는 확신을 가졌다. 그의 목표는 페니실린의 효과를 능가하는 것을 찾아내는 것이었다.

알려진 바에 따르면 왁스먼이 관찰했던 세균은 무려 1만여 종에 달한다. 이 것은 적어도 1만 개의 배지를 만들었다는 뜻으로 그가 얼마나 어려운 일을 했는지 알 수 있다. 그는 1만여 종 중 1000여 종이 살균 효과를 갖고 있다는 것을 발견했고, 점점 가능성이 있는 물질로 줄여 13가지 세균을 선별했다. 그로부터 4년이 지나 왁스먼은 방선균의 일종streptomyces griceus이 페니실린으로 해결할 수 없던 장티푸스나 결핵균을 비롯한 많은 균주에 탁월한 효과가 있음을 발견했다. 이것이 유명한 스트렙토마이신streptomycin이다. 계속된 연구로 스트렙토마이신은 2개 또는 그 이상의 아미노당이 배당체성 결합으로 중심부에 있는 육탄당핵에 연결돼 있는 구조라는 것도 밝혔다.

스트렙토마이신은 여러 균주에 효과를 보였는데, 그중에서도 결핵 치료에 효과가 있다는 점이 주목을 받았다. 지금은 결핵의 일차 약제로 사용되지 않는 대신 장내 구균성 심내막염, 페스트, 야토병, 브루셀라 감염증 등에 이용된다.[50] 1952년 미국 세균학회는 왁스먼이 발견한 세균이 분비하는 항균물질을 항생제 antibiotics로 명명해 현재까지 사용된다.

왁스먼도 매우 운 좋은 사람이다. 그는 결국 노벨상까지 수여되는 커다란 보상을 받았지만 천재일우의 기회를 놓칠 뻔했던 적이 있다. 그것은 왁스먼이 공식적으로 항생물질을 발견한 1943년보다 훨씬 전에도 스트렙토마이신을 발견할 기회가 있었기 때문이다.[51] 첫번째 기회는 1916년 약 3년간 스트렙토마이신을 연구할 때 성과를 거둘 수 있었

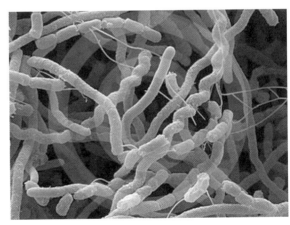

결핵 치료에 혁신을 가져온 스트렙토마이신.

다. 당시 그는 방선균으로부터 스트렙토마이신을 분리했으나 그 효과를 측정하는 방법이 잘못돼 무시했다. 두번째는 1932년에 배양한 결핵균에 곰팡이가 생기자 결핵균이 죽어버렸다는 얘기를 동료 연구원들로부터 들었으나 이를 무시했다. 마지막으로는 그의 외아들인 바이런이 의과대학에 재학 중일 때 아버지에게 몇 가지 곰팡이와 방선균으로부터 항생물질을 찾아보자는 제의를 했지만 그는 아들의 의견을 무시했다. 학자들은 하버드 의과대학 교수가 된 아들에게 물질 분리 방법에 대해 조언만 해줬다면 그의 연구 업적은 보다 빨리 이뤄졌을 것으로 생각한다.

이처럼 스트렙토마이신의 발견이 다소 늦어진 것에 대해 아쉬워하는 것은, 그가 일찍 발견만 했더라면 그동안 이를 처방받지 못해 사망했던 많은 사람을 구할 수 있었기 때문이다.

현재까지 5000개 이상의 항생물질 발견

—

왁스먼은 미생물에 의해 생합성되며 다른 미생물의 생장을 저해하는 물질을 항생제라 정의했다. 항anti + 생명bios을 따서 항생물질antibiotics이라고 명명한 것이다.[52] 이후 미생물로부터 항종양·항바이러스 기능을 가진 물질들이 발견되면서부터는 항생물질의 정의를 항균성 물질로 한정한다.

현재까지 발견된 항생물질은 5000개 정도이며, 이를 토대로 3만 가지 이상의 유도체가 만들어졌고, 이중 50종 이상이 치료제로 사용되고 있다. 항생물질의 사용 범위도 넓어져 사람이나 가축의 의약품뿐만 아니라, 농약이나 발육 촉진을 목적으로 한 가축 사료첨가제 등으로도 사용된다. 일부 학자들이 양식된 어류를 먹지 않는 것이 좋다고 말하는 이유는 어류를 양식할 때 대부분 많은 항생제를 살포하기 때문이다.

미생물 종류에 따라 다양하게 적용할 수 있는 경구 투여가 가능해지자 항생제는 급속히 보급됐다. 그러던 중 항생제 개발은 예상치 못한 심각한 부작용을 일으키기 시작했다. 이 문제를 제일 먼저 지적한 사람은 페니실린을 발견한 플레밍이다. 그는 1946년에 너무 적은 양의 약에 의존하다보면 내성을 갖춘 세균의 변종이 나타날 수도 있다고 예견했다. 1950년대에 다른 항생제들이 발견됐지만 플레밍의 우려 섞인 지적에 귀 기울이는 사람은 거의 없었다. 일부 학자들은 전 세계가 전염병에서 완전히 해방돼 연구할 것이 남아 있는지조차 모르겠다고 한탄했을 정도다.[53]

항생제가 특효약이라는 소문이 돌자 조그마한 질병에도 무단 남용됐고 내성균이 나타나기 시작했다. 항생제라는 창이 나타나자 미생물들도 내성이라는 방패를 만들었다. 즉 미생물이 내성을 이겨내는 것이 아니라 내성이 있는 돌연변이종이 생겨난 것이다. 미생물은 빨리 증식하기 때문에 한 번 돌연변이가 생기면 신속하게 형질전환이 진전된다. 물론 하나의 항생제가 실패하면 다른 많은 항생제로 내성을 갖고 있는 변종을 공격할 수 있다. 새 항생제와 옛 항생제의 합성 변이물을 사용해 치료할 수도 있다. 가장 이상적인 것은 어떤 돌연변이체도 면역성을 갖지 못하는 항생제를 개발해 특정 미생물이 살아남지 못하도록 하는 것이다.

항생제로 전염성 미생물을 퇴치하는 것이 점차 어려워지자 학자들은 새로운 방향의 치료법을 연구하기 시작했다. 20세기 후반부터 비약적으로 발전한 분자의학, 즉 유전자 기법 등을 이용하는 것이다. 학자들이 가장 주목하는 것은 질병의 초기 단계에서 원인이 되는 유전자를 찾아 진단에 이용하거나, 그 유전자의 기능을 효과적으로 억제하면서 치료하는 것이다. 따라서 미래에 개발되는 약들은 유전자로부터 단백질이 합성되는 발현 과정을 조절할 수 있는 약제가 주를 이룰 것으로 추정된다. 분자생물학의 기본 개념에 따라 유전자의 발현을 조절하는 방법은 다음 세 가지로 나뉜다.

첫째, 유전자가 mRNA로 전사되는 과정을 억제하거나 항진시키는 방법
둘째, mRNA가 단백질로 번역되는 과정을 억제하거나 항진시키는 방법
셋째, 유전자로부터 형성된 단백질의 기능을 억제하거나 항진시키는 방법

생명과학의 발전으로 유전자가 mRNA로 전사되는 과정을 조절하는 유전자나 단백질도 차례로 밝혀지고 있다. 당연히 이들 단백질을 치료에 이용하려는 시도가 계속되고 있으며 인류를 괴롭힌 많은 질병이 천연두처럼 지상에서 영원히 사라질 것으로 여긴다. 그러기 위해서는 수많은 사람이 부단한 노력을 경주해야 할 것이다. 하지만 그러한 노력을 마다하지 않을 사람이 많이 있다는 데 인간들은 위로를 느낄 것이다. 참고로 2000년 동아일보에서 지난 100년 동안 노벨 생리 · 의학상 분야에서 최고의 업적으로 뽑은 5개 분야의 수상자는 다음과 같다.

① 왓슨과 크릭, 윌킨스의 DNA 발견
② 플레밍, 플로리, 체인의 페니실린 발견
③ 밴팅과 매클리어드의 인슐린 발견
④ 코흐의 결핵균 발견
⑤ 루이스와 위샤우스, 뉘슬라인의 초기 배아 발생의 유전학적 조절 메커니즘 규명

5명 중에서 두 분야가 마법의 탄환과 관련 있다는 것으로도 이 분야에 대한 연구가 인간에게 얼마나 큰 기여를 했는지 알 수 있다.

날아다니는 사진을 꿈꾼 가난한 소년

텔레비전

필로 판즈워스 Philo Farnsworth, 1907?~1971

판즈워스의 전기에 대한 재주는 천부적이었다. 농장 주변에 방치돼 있는 부품을 조립하면서 세탁기와 농기구에 쓸 모터를 만들었는데 그가 만든 기계는 무려 60여 개나 됐다. 어느 날 잡지에서 그는 '공중을 날아다니는 사진'이라는 기사를 읽었다. 저자는 전 세계의 집으로 화면과 소리를 동시에 전송할 수 있는 라디오와 영화를 합쳐놓은 기계를 상상하고 있었다. 날아다니는 사진이라는 말에 매혹된 판즈워스는 자신이 이 분야를 개척해야 할 운명을 갖고 태어났다고 믿었다. 그는 우선 날아다니는 사진에 대해 배울 수 있는 모든 것을 배워야 한다고 생각했다.

그 외 등장인물

페센덴 Reginald A. Fessenden • 고주파 교류를 발생시키는 전송기 발명 | **드 포리스트** Lee de Forest • 그리드로 3극진공관 발명 | **암스트롱** Edwin H. Armstrong • 무선회로 발달에 크게 공헌 | **마르코니** Guglielmo Marconi • 통신 거리 연장, 혼신混信 제거 등 무선 혁명 주도 | **베르셀리우스** Jones Jacob Berzelius • 광전지 원료 원자인 셀레늄 발견 | **케리** George Carey • 그림을 분해 · 전송하고 수신 · 합체하는 기술 발명 | **닙코** Paul Nipkow • 전기신호를 영상으로 바꿔주는 닙코원판 발명 | **브라운** Karl Ferdinad Braun • 음극선관과 형광 스크린에 기초한 수신기 개발 | **로징** Boris Rosing • 브라운관에 원통형 거울 스캐너 도입 | **스윈턴** A. A. Campbell Swinton • 카메라와 송신기 끝에 음극선관 사용 제안 | **무어** Daniel McParlan Moore • 네온가스 방전램프 발명 | **베어드** John Logie Baird • 잔상효과 이용한 실용적 TV의 원조 | **즈보리킨** Vladimir Kosma Zworykin • 아이코노스코프라는 TV 해상관 발명

라디오는 전화기에서 탄생했다

—

현대 문명의 이기 중에서 가장 많이 사용하는 것이 라디오, TV라는 데 이의를 제기하는 사람은 없을 것이다. 1998년 미국 시사주간지 라이프가 선정한 '서기 1000년부터 1천 년을 만든 100대 사건' 중에는 TV 발명이 열네번째로 들어 있다. 20위 내에서 1900년대에 발명된 것으로는 TV가 유일하다. 19세기의 발명으로는 전화가 20위로 올라 있고, 파스퇴르의 미생물 발견이 6위, 다윈의 종의 기원 발견이 15위에 들어 있다. TV는 라디오가 발명된 후에 목소리만 들리는 것을 직접 화면으로 볼 수 있도록 개발된 것으로, 둘은 같은 맥락으로 볼 수 있다. 따라서 라디오를 포함해 이들 두 발명품을 지난 1000년간의 20대 발명품이라 하는 것이다. 라디오와 TV가 우리 생활을 완전히 바꿔놓을 정도로 엄청난 영향력을 미쳤다는 뜻이다.

라디오는 1876년 벨의 전화기 발명에서 힌트를 얻었다. 전화기가 발명되자 전화기에서 송신기 부분을 빼고 수신기 부분만 소리가 증폭되도록 개량한다면, 소리와 음악을 동시에 전달할 수 있을 거라 생각하는 사람들이 생겨났다. 하지만 이 방법은 전선이 필요했기에 실용화에는 문제가 있었다. 그 대안으로 떠오른 것이 전파를 이용하는 방법이었다.

크리스마스이브에 시작된 라디오 방송
—

마르코니와 브라운에 의해 무선전신이 개발되자 미국의 물리학자 레지날드 퍼센덴Reginald A. Fessenden은 고주파의 교류를 발생시킬 수 있는 전송기를 발명했다. 그는 에디슨 연구소에서 근무한 경험도 있고 몇몇 대학에서 전기공학을 가르치기도 했다. 1900년에서 1902년까지 미국 기상청의 특수 요원으로 일하면서 일기예보와 폭풍경보에 적합한 무선전신 체계를 개발했으며, 전기분해를 이용해서 감도 좋은 탐지기도 발명했다. 그는 이 고감도 탐지기와 5만 헤르츠의 고주파 발진기, 헤테로다인 수신기 등을 사용해 음파를 파형으로 보낼 수 있는 체계를 만들었다. 이것이 바로 오늘날 'AMAmplitude Modulation 라디오'라고 부르는 것이다.

1906년 크리스마스이브에 뉴잉글랜드 근해를 항해하던 선박의 무선사 몇 명이 영문도 모르고 그들의 이어폰을 통해 놀랍게도 한 남자의 목소리를 들었다. 그 남자는 성경 이야기를 낭독하고 바이올린을 연주했으며 이어서 녹음된 헨델의 〈라르고〉를 틀어준 다음, 모두 즐거운 크리스마스를 보내라며 작별인사를 했다. 방송은 몇 분 만에 끝났다. 바로 페센덴이 1킬로와트의 발전기를 이용해서 음악과 말소리를 전파에 실어 공중으로 보낸 것이다.

페덴센은 500여 건의 발명 특허를 냈는데 그중에서 유명한 것은 잠수함용 신호 장치, 선박에서 소리를 이용해 해저의 깊이를 측정할 수 있는 장치 등이

다. 물론 그의 가장 큰 업적은 지속적으로 음파를 송신할 수 있는 라디오 방송 체계다.[54]

한편 당시 에디슨은 전구의 밝기를 증대시키기 위해 탄화시킨 대나무 필라멘트를 실험하다가 공기 간격 사이에 흐르는 전류는 전자의 흐름이라는 것을 발견했다. 에디슨은 그것의 중요성을 모르고 단지 그 현상을 기록해 특허를 획득했다. 그게 바로 유명한 '에디슨 효과'임은 에디슨 장에서 설명했다.

영국의 물리학자 리처드슨은 1900~1903년까지 실험을 하다가 에디슨 효과가 진공상태에서 가열된 금속 필라멘트에서 전자가 튀어나오기 때문에 발생한다는 것을 증명했다. 이 공로로 리처드슨은 1928년 노벨 물리학상을 받았다. 1904년 영국의 플레밍은 에디슨 효과를 이용해 필라멘트 둘레에 금속 원통을

2극 진공관(왼쪽)과
3극 진공관.

놓으면 음전기가 필라멘트를 거쳐 그 원통으로 흘러가지만 반대 방향으로는 흐르지 않는다는 사실을 발견했다. 또 그것에 교류를 통하면 그 전류의 파동 가운데서 (＋) 부분만 지날 수 있으므로 정류整流된다는 사실도 알아냈다. 플레밍은 이 장치가 전극 두 개, 곧 원통과 필라멘트를 갖고 있으므로 '2극 진공관'이라 불렀다. 이 진공관은 라디오에 처음으로 사용돼 '라디오관'이라고도 불린다.

1907년 미국의 드 포리스트Lee de Forest는 2극 진공관에 '그리드'를 집어넣어 증폭기 역할을 하는 3극 진공관을 만들었다. 그가 오디온이라고 이름 붙인 이 진공관은 방송된 인간의 목소리를 청취하는 데 사용될 만큼 성능이 좋았다. 머지않아 오디온은 통신에 새바람을 일으켰고, 라디오뿐만 아니라 모든 전자 기구에 필수적인 부품이 됐다.[111] 진공관 증폭기는 유성영화, TV, 하이파이, 라디오, 컴퓨터, 축음기, 의학용 X선, 마이크로파, 위성통신용 등 엄청난 분야에 놀라운 발전을 촉진시켰다. 에디슨 자신은 자신의 발견이 갖고 올 파급효과들을 예상하지 못했지만 또다시 발명왕으로서의 성과를 올렸다.

"라디오를 가정의 필수품으로 만들어 보이겠습니다"

—

페센덴이 1906년에 획기적인 발명 즉 육성방송을 시작했음에도 여러 해 동안 라디오방송은 무선통신에서 중요한 분야로 간주되지 않았다. 뉴욕 메트로폴리탄 오페라하우스에서의 공연을 페센덴과 드 포리스트가 생방송으로 중계한 것을 포함해 몇 차례에 걸쳐 사전에 예고하고 방송한 적도 있지만, 대중화에는 성공하지 못하고 있었다. 아직 라디오가 광범위하게 사용되기 위해서는 해결돼야 할 문제가 남아 있었기 때문인데, 바로 주파수를 맞추는 장치의 개발이었다.

미국의 암스트롱Edwin H. Armstrong은 제1차 세계대전 당시에 항공기를 탐색할 목적으로 개발된 수신 장치를 라디오 수신기에 사용했다. 이 장치는 주파수가 비슷한 여러 전파 중 하나만 골라 수신할 수 있었다. 암스트롱의 발명에 의해 간단하게 라디오의 다이얼을 돌려 주파수를 맞춤으로써 다른 방송을 듣는 것이 가능하게 됐다. 또 하나의 이유는 사람들이 라디오방송이라는 낯선 개념을 받아들이는 데 시간이 걸렸기 때문이다. 사람들은 목소리를 방송한다는 발상 자체는 흥미롭게 여기면서도 비현실적이고 멍청한 이야기로 취급했다. 따라서 무선에 의한 육성 전달은 '햄'이라 불리는 소수의 열성적인 아마추어 방송가들에 의해 유지됐다.

라디오방송에 엄청난 미래가 있음을 간파한 이는 미국 마르코니 사에 근무했던 데이비드 사르노프였다. 1916년 당시 25세에 불과했던 사르노프는 회사에 다음과 같은 기획서를 제출했다.

라디오가 개발되자 사람들은 녹음기에서 흘러나오는 음악에 맞춰 노래를 불렀다. 이를 빗댄 작품. 〈노래하는 조각〉

"저는 라디오를 각 가정의 필

수품으로 만들 복안을 갖고 있습니다. 무선통신을 이용해 각 가정에 음악을 공급하는 겁니다. 그러려면 '무선 뮤직 박스'라는 이름이 어울릴 정도로 아주 간단한 형태의 수신기를 고안하면 됩니다. 이 뮤직 박스는 간단히 스위치를 돌리거나 단추를 눌러 몇 개의 파장이 다른 전파를 받을 수 있도록 만들면 됩니다."

앞에서 설명한 암스트롱이 그의 아이디어에 부응하는 수신 장치를 개발하자 그의 예언은 실현이 가능해졌고, 추후에 RCARadio Corporation of America 사에서 그의 계획을 실천에 옮겼다. 하지만 라디오방송이 상업화에 성공할 수 있었던 계기는 웨스팅하우스 사의 중역인 해리 데이비스Harry Davis의 공헌 때문이다. 그는 라디오방송의 가능성을 예견하고 무선전신 공학자인 프랭크 콘래드Frank Conrad를 포섭했다. 그는 자신의 차고에 무선전신 장치를 설치한 대표적인 '햄'으로 대화에 싫증을 느끼면 소장한 레코드를 틀었는데, 많은 사람이 그 음악을 듣기 위해 차고로 몰려들었다. 콘래드의 인기를 파악한 데이비스가 전문적인 라디오 프로그램을 통해 더 많은 청취자를 끌어들일 수 있다고 여겨 그를 스카우트한 것이다.

1920년 11월 웨스팅하우스 사가 미국 최초의 라디오 방송국인 KDKA를 설립해 회사 건물의 지붕에서 상업방송을 내보내기 시작했다. 방송이라는 'broadcast'는 콘래드가 비공식적인 방송을 하는 도중 만들어낸 말이다. 당시 웨렌 하딩과 콕스가 대통령 선거에서 격돌했는데 그는 라디오로 개표 결과를 중계했다. 많은 사람이 확성기를 통해 흘러나오는 라디오방송을 듣고 선거 개표 소식을 즉시 알 수 있었다. 개표 결과 통보가 중단되는 사이사이에는 축음기를 틀기도 하고, 대기시켜둔 악사가 음악을 연주하기도 했다.[56] 여하튼 하딩이 대통령으로 당선됐다는 소식이 다음날 아침 신문으로 배달되기 전 라디오를

에드윈 암스트롱과 그의 발명품.

통해 전달됐을 때 대중은 라디오의 위력을 실감하게 됐다.

2년이 지나기 전에 방송국이 499군데나 설립됐으며, 10만 대의 라디오가 팔렸다. 라디오 방송국은 곧바로 세계 각국으로 전파돼 프랑스는 1921년, 영국은 1922년, 독일은 1923년 순으로 라디오방송이 시작됐다. RCA사는 방송 프로그램을 제작할 NBC 방송사를 창설해 최초로 미국 전역에 네트워크를 형성했다.

라디오가 보다 빨리 보급될 수 있었던 것은 이를 통해 상품을 판매할 수 있었기 때문이다. 이 전에는 물품 광고를 위한 곳이 신문과 잡지뿐이었는데, 라디오는 인쇄매체가 갖지 못하는, 사람의 감정을 부추기는 그 무언가가 있었다. 하지만 아직 미답의 땅으로 위험부담도 있었다. 광고계의 전문가들은 라디오를 통해 나오는 친근감 있는 목소리가 엉뚱한 메시지를 전달하다가 오히려 역효과를 내지 않을까 우려했다. 특히 정부 관리들도 경계심을 나타냈다. 공중파는 공중의 이익을 위해 규제해야 하는 공익 재산으로 간주됐기 때문이다.

1927년 라디오 광고는 '정보 프로그램'이란 이름으로 행해졌다. 가령 육류식품회사를 대변하는 이가 자기 회사 제품의 장점을 직접적으로 말하지 않고

'가정주부를 위해' 조리법을 가르쳐주는 식이었다. 다음에는 자신의 이름을 상표명으로 바꾼 사람들이 출연하는 프로그램이 등장했으며, 이것이 효과를 보자 좀더 적극적인 프로가 탄생했다. 본격적인 광고물은 맥스웰하우스 커피 광고였는데 등장인물들이 커피를 마시면서 맥스웰하우스 호텔 등에서 보낸 옛날의 추억에 대한 향수를 주고받는 식이다.

라디오 광고에 대한 반발도 적지 않았으나, 1927년 '공공의 이익과 편리 및 필요'를 목적으로 설립된 연방라디오위원회는 광고가 공공의 이익에 부합한다는 결론을 내렸다. 1년 후 미국 담배회사는 모든 인쇄물 광고를 중지하는 대신 라디오 프로그램에 홍보비를 집중적으로 투자한 결과 판매액이 47퍼센트나 증가했다고 발표했다. 1935년경 라디오 기술은 광고주들의 재정 지원을 받아 주로 대중의 오락을 위해 봉사하는 공공매체로서의 위치를 확보했다. 이것이 이후 방송의 정의로 정립됐다. 1937년 마르코니가 세상을 떠났을 때, 전 세계의 방송사들은 그의 업적을 기려 2분 동안 침묵을 지켰다.[57]

한편 암스트롱은 1935년 불필요한 잡음의 간섭에도 쉽게 영향받는 진폭 변조 대신에 주파수 변조를 택할 수 있는 새로운 라디오 방식을 창안했다. 이것이 'FMFrequency modulation'으로 잡음을 줄이고 감도를 높일 수 있었다. 이 방송은 기술적으로는 뛰어났지만 기존 방송사로부터 호평을 받지 못했다. 방송사들이 이미 AM 방식에 대규모 투자를 했기 때문이다.

하지만 방송사에서 그가 개발한 FM 방식의 장점을 그대로 둘 리 없었다. 그들은 암스트롱의 허가를 얻지 않고 FM 시스템을 이용한 방송을 무단 송출하기 시작했다. 암스트롱은 이 사실을 알고 방송사들을 상대로 수많은 소송을 제기했지만 대형 회사를 상대하기에는 역부족이었다. 결국 파산 상태에 이르자 그는 1954년 자살을 했다. 그후 FM 방송은 전 세계로 퍼져나가 그의 죽음을 안타

깝게 했다.

사실은 라디오보다 먼저 개발된 TV

—

목소리를 전달하는 라디오가 개발되자 이러한 장면을 직접 보고자 하는 욕
망이 나타났다. 이것이 바로 TV가 발명된 동기다. 사실 TV의 원리는 전화나
라디오보다 먼저 알려져 있었다. 1817년에 스웨덴의 과학자 베르셀리우스Jones
Jacob Berzelius는 우연히 셀레늄selenium(원자기호 Se)이라는 원소를 발견했다. 셀
레늄은 빛이 닿으면 전류가 흐를 뿐 아니라, 빛의 강약에 따라 전류의 세기도
달라지는 특성을 갖고 있다. 더구나 전류가 흐르면 빛이 발생하는 것은 물론 전
류의 강약에 따라 빛의 강약도 달라진다. 셀레늄의 이러한 성질을 이용한 것이
광전지로, 오늘날 전자시계나 전자계산기 등에 붙어 있는 태양전지들은 모두
셀레늄과 대동소이한 물질로 만들어진 것이다.

20세기 초기의 텔레비전들.

TV의 원리는 사진기의 필름 부분에 필름 대신 수많은 셀레늄 조각으로 만들어진 판을 설치한 것으로 볼 수 있다. 이 셀렌판에 전선을 연결한 후 어떤 물체를 찍으면 그 물체의 윤곽은 셀레늄판에 비치게 되며, 각각의 셀레늄 조각에는 자신이 받은 빛에 따라 세기가 다른 전류가 흐르게 된다. 이 전류를 다른 셀레늄판에 연결시키면 이 판의 셀레늄 조각은 전류의 세기에 따라 밝고 흐린 빛을 발생하게 된다. 즉 사진기 부분에서는 빛이 전류를 발생시키고 수상기 부분에서는 전류가

파울 닙코.

빛을 발생시키기 때문에 찍은 물체의 윤곽은 수상기 부분에 그대로 나타날 수 있는 것이다.

1875년에 미국의 조지 케리George Carey는 그림을 모자이크와 같이 분해한 후 전기로 전송하고 수신 측에서는 다시 조립해 원래의 상을 만드는 방법을 개발했다. 엄밀한 의미에서 이것이 TV의 출발이다. 1880년에는 미국인 소이어 W. E. Sayer와 프랑스인 르블랑Morrice LeBlance이 방송에 필요한 모든 형태의 작동 원리를 발표했다. 그들은 개별적인 회로에 의지하는 대신 사진의 각 요소가 선에서 선으로, 프레임에서 프레임으로 신속히 주사될 수 있다고 주장했다. 따라서 사람의 눈이 완벽하지 못하기 때문에 최종적인 영상은 흑백의 연속된 점이 아닌 일관된 전체 영상으로 나타날 것이라고 말했다.[58] 하지만 이런 방법으

로는 움직이는 화상을 송신하는 것이 불가능했다. TV가 되기 위해서는 1초당 수십 개의 화상을 송신해야 하는데, 셀레늄 광전지만으로는 반응속도가 너무나 느리기 때문이다. 전화기의 발명가인 벨 등 여러 사람도 비슷한 시도를 했으나 모두 실패했다. 이때 독일인 파울 닙코Paul Nipkow가 1884년 전기신호를 영상으로 바꿀 수 있는 '닙코원판'이라는 초보적인 장치를 발명해 TV가 현실화될 수 있는 가능성을 열어놓았다. '주사원판' 또는 '닙코원판'은 회전하는 원판에 작은 구멍을 뚫어 물체를 주사走査하고 이 구멍을 통과한 빛이 셀레늄 광전지에 전기를 일으켜서 영상을 복원하는 방식이었다. 브라운관을 사용하는 오늘의 전자식 TV와는 원리도 다르고 화질도 매우 조악한 수준이었지만 닙코원판을 빠르게 회전시키면 그런대로 움직이는 영상을 보여줄 수 있었다.

하지만 닙코의 TV를 실용화하는 데는 송신상의 문제점이 있었다. 역시 셀레늄이 빛의 변화에 너무 늦게 반응하므로 광전도체에 적당하지 않았기 때문이다. 그러던 중 1913년 독일의 과학자들이 칼륨수소화물을 입힌 셀을 개발했는데, 이것은 빛에 극히 민감하고 빛의 빠른 변화를 따라잡을 수 있었다. 드디어 실용성 있는 TV가 나올 수 있는 여건이 조성된 것이다. TV는 효율적인 송신기와 수신기가 함께 접합돼야 한다.

1897년 독일의 발명가인 칼 페르디난트 브라운Karl Ferdinad Braun이 음극선관과 형광 스크린에 기초한 초기 수신기를 개발했다. 음극선관은 전기신호를 화면 위의 패턴으로 전환시키는 전자관으로 TV 수신기의 기초가 된다. 전기 광선이 관을 통과해 스크린에 부딪치면 이에 반응해 눈으로 볼 수 있는 빛이 만들어지는 것이다. 1907년 러시아의 과학자 보리스 로징Boris Rosing은 송신기의 끝에서 작동하는 원통형 거울 스캐너를 도입함으로써 브라운의 발명품을 개선시켰다. 이 방법을 사용하자 기하학적으로 조악하나마 몇 개의 영상을 전송, 재생할 수 있었다.

다음에 스코틀랜드의 전기기술자 캠벨 스윈턴A. A. Campbell Swinton이 근대 TV의 기본이 되는 방법을 고안했다. 그는 카메라와 송신기 끝에 음극선관을 사용하자고 제안했다. 전송되는 화상을 화면에 집중시키면 화면 뒤로 향하는 음극선이 투사돼 순차적으로 선을 그려나간다는 것이다. 물론 그의 제안은 실패했다. 당시에는 그의 구상을 실현시킬 만한 기술이 없었기 때문이다. 그다음에 중요한 발명은 미국의 기술자 대니얼 맥패런 무어Daniel McParlan Moore의 네온가스 방전램프이다. 무어는 네온램프에 투입되는 전기의 양을 조절함으로써 빛의 밝기를 변화시킬 수 있었다.[59]

잊혀진 발명자

실용적인 TV를 처음으로 만들어낸 사람은 영국의 존 베어드John Logie Baird 다. 그는 닙코원판을 1분에 600번 회전시켜 동화상을 복원했는데, 한꺼번에 모든 화면을 옮기는 것이 아니라 하나씩 순서대로 옮겨 시각 잔상 효과를 이용해 연속되는 화면을 만들 수 있었다. 그는 1925년에 복화술複話術 인형을 희미하게 나마 송신하는 데 성공했다. 눈으로 볼 수 있는 라디오, 즉 TV가 발명된 것이다. 주사선이 30개인 베어드의 새로운 TV 모델은 영국의 BBC 방송을 통해 방영됐고 1928년에는 뉴욕까지 방영하는 데 성공했다.

하지만 베어드의 TV는 문제점이 있었다. 그것은 기계식이었기에 닙코원판의 회전으로 생기는 영상의 깜빡임을 어느 한계 이상 개선하는 것이 불가능했던 것이다. 곧바로 초기에 TV를 만들려다 실패했던 벨 연구소에서 베어드의 기계식을 전자식으로 전환시키는 방법을 개발했다. 뒤에서 설명하겠지만 베어

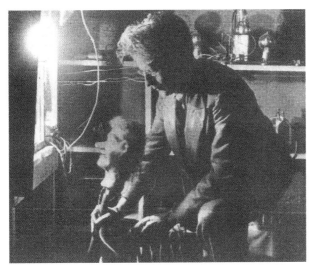

존 베어드.

드는 TV가 기계식에서 전자식으로 바뀌자 어둠 속에서도 볼 수 있는 TV 연구와 입체 TV, 영화 화면에 TV 영상을 투사하는 연구를 계속했다. 그는 제2차 세계대전으로 TV 시대가 곧 도래할 것을 예견하면서 1946년에 사망했다. 사망할 당시 그는 다음과 같이 말했다.

"내가 걸어온 길은 역경과 파란의 길이었다. 그렇지만 TV의 발명이라는 업적을 남겨 인류에 다소라도 헌신했다고 생각할 때 내 인생을 결코 후회하지 않는다."

이제 본격적으로 TV의 발명자인 필로 판즈워스의 이야기로 들어간다. 그는 TV의 발명자라기보다는 비운의 발명가로 더욱 유명하다. 레슬리 앨런 호비츠는 판즈워스야말로 역사상 가장 가난하게 태어난 발명가라고 말했다. 그는 미국 유타의 오두막에서 태어나 1919년 11세 때 아이다호의 농장으로 이사했는데, 그곳에서 처음으로 전기를 봤을 정도로 가난했다. 그때까지 그는 책을 통해서만 전기를 알 수 있었다.

하지만 전기에 대한 그의 재주는 천부적이었던 모양이다. 그는 농장 주변에 방치돼 있는 부품을 조립하면서 세탁기와 농기구에 쓸 모터를 만들었는데, 그가 만든 기계가 무려 60여 개나 됐다. 판즈워스는 기계를 조립하면서 틈틈이 아인슈타인의 이론 등이 나온 과학 책과 잡지들을 빌려봤는데, 어느 날 잡지에

판즈워스.

서 '공중을 날아다니는 사진'이라는 제목의 미래세계에 대한 기사를 읽었다. 저자는 전 세계의 집으로 화면과 소리를 동시에 전송할 수 있는 라디오와 영화를 합쳐놓은 기계를 상상하고 있었다. 날아다니는 사진이라는 말에 매혹된 판즈워스는 자신이 이 분야를 개척해야 할 운명을 갖고 태어났다고 믿었다. 그는 우선 날아다니는 사진에 대해 배울 수 있는 모든 것을 배워야 한다고 생각했다.

당시 TV에 대한 기초 연구는 알려졌으나 회전하는 원판과 거울을 이용해 빛을 전기로 전환시키는 것이 어려웠다. 원판의 회전속도가 너무 느려 일관된 상을 전송할 수 없었기 때문이다. 하지만 판즈워스는 쟁기질하면서 이랑을 따라 감자를 캐나가듯이, 전자를 이용해 영상을 한 줄 한 줄 스캔할 수 있다면 TV가

갖고 있는 문제점을 해결할 수 있을 거라 여겼다. 현재로서는 지극히 단순한 일이겠지만 1920년대 초, 그것도 고작 14세에 불과한 아이의 생각으로선 대단한 것이었다. 사실 그가 감자밭에서 떠올린 이 원리가 오늘날 TV의 기초적 원리다.

아이디어가 있었지만 그는 그야말로 가난한 학생이었다. 또한 많은 사람이 TV 개발에 열을 올리고 있어 함부로 자신의 아이디어를 발설한다면 누군가가 이를 도용할 우려가 많았다. 그에게는 자금과 비밀을 보장해줄 사람이 필요했다. 그는 고등학교 화학선생인 저스틴 톨만Justin Tolman에게 이야기했다. 톨만 선생은 판즈워스의 말을 모두 이해하지는 못했지만, 그가 전자 TV를 만들 수 있는 방법을 알아냈다는 것을 파악했다. 두 사람은 곧바로 판즈워스의 생각을 구체화하기 시작했고 그에 대한 확신을 가졌다.

하지만 판즈워스는 생계를 꾸릴 수 없어 유타 주 프로브 인근의 가드너 가의 농장으로 옮겨야 했고 더이상 TV 개발에 신경을 쓸 수 없었다. 다행히 고등학교 때 공부를 잘해 가난하지만 브링검영대학에 진학할 수 있었다. 그때 설상가상으로 아버지가 사망하고 가족을 부양할 책임이 주어지자 학교를 중퇴해야 했다. TV 개발은 꿈도 꿀 수 없었다. 판즈워스는 클리프 가드너와 통신교육으로 라디오 수리 과정을 이수한 후, 1926년부터 라디오 설비와 수리 사업을 시작했지만 신통치 않았다.

그러던 중 행운이 찾아왔다. 태평양 연안의 일부 부유층으로부터 기금을 모집하던 조지 에버슨George Everson을 만나 자신의 아이디어를 설명할 기회가 주어진 것이다. 그의 나이 19세 때였다. 에버슨은 판즈워스의 설명을 모두 이해할 수는 없었지만 존 베어드가 움직이는 사진을 전기를 이용해 전송하는 것의 가능성을 입증했다는 사실은 알고 있었다. 이 사진은 초당 10회 반복됐고 30개의 줄로 구성됐는데, 결과는 조악하지만 기계적인 시스템은 작동했다. 하지만 TV가 그런대로 작동하기 위해서는 200개 이상의 줄이 있어야 했다. 판즈워스는 존 베어드가 발명한 기계의 단점을 지적했다. 전자를 이용하지 않는 연속된 주사는 원통형 거울이나 렌즈가 있는 원판 따위의 기계 장치에 의존했는데, 그것으로는 감도가 떨어진다는 것을 확실히 설명했다.

에버슨은 판즈워스가 기계의 모형을 제작하는 데 5000달러가 필요하다고 하자, 성공하지 못해도 상관없다며 6000달러를 투자했다. 자금이 확보되자 그는 클리프 가드너의 동생 펨과 결혼하고 함께 솔트레이크시티의 연구실에서 TV를 제작하기 시작했다. 그런 와중에 그는 자신의 아이디어를 보호할 장치를 잊지 않고 1927년 1월에 특허를 출원했다. 특허청은 이 장치가 제대로 작동한다는 것을 입증할 때까지 특허권을 유보한다고 통고했다.

판즈워스는 세계 최초의 전자식 TV 해상관Image Dissector 개발에 몰두했다. 그의 기계는 영상을 독립적인 요소들로 분해한 뒤 각 요소를 한꺼번에 한 줄씩 전기신호로 전환하는 것이다. 그는 세슘을 해상관의 광전 표면에 발랐다. 세슘을 선택한 것은 빛에 노출됐을 때 전자를 방출하기 때문이다. TV가 제대로 작동하려면 다른 종류의 음극선관이 필요하다는 것을 파악하고 냉음극선관을 발명했다. 냉음극선관은 일반적인 음극선과는 달리 가열되지 않고도 화면에 전기신호를 투사할 수 있었다. 또한 TV 수신기도 만들어 '이미지오실라이트 Image Oscillite'라 명명했다.

1927년 투자자인 에버슨이 참석한 자리에서 그는 자신의 발명품을 작동시켰다. 그들은 판즈워스와 가드너가 작동시키는 움직이는 동작을 볼 수 있었다. 한 장소에서 다른 장소로 전송되는 최초의 전자식 TV 영상을 본 것이다. 판즈워스는 자신의 발명품에 대해 이렇게 간단히 설명했다.

"봐요. 전자식 TV가 성공했죠?"

판즈워스의 방법은 앞에서 설명한 대로 자기의 전자빔을 굴절시켜 영상을 한 번에 한 줄씩 전송함으로써 해상도를 높이는 장치를 만든 것이다. 이 원리는 현대의 아날로그 TV에 적용되는 방식 그대로다. 판즈워스는 최초의 영상에 성공한 당일 연구실 일지에 다음과 같은 기록을 남겼다.

"이번에는 수신된 영상에서 선이 뚜렷하게 보였다."

투자자인 에버슨은 로스앤젤레스에 있는 동업자인 고렐에게 다음과 같은 전보를 쳤다.

"세상에! 그 물건이 작동한다."

너무나 고통스러운 비하인드 스토리
—

판즈워스의 발명이 일반인들에게 알려지기 시작한 것은 다음해부터다. 샌프란시코 지는 1928년 9월 3일자로 다음과 같이 보도했다.

"SF맨이 TV에 혁명을 일으켰다. (…) 해상관은 주부들이 과일을 보관할 때 사용하는 1쿼터짜리 항아리 크기다. 푸르스름한 불빛 속에 기이한 형태의 선이 자주 흐릿해지곤 하지만 기본 원리는 찾아냈으므로 앞으로 얼마나 완성도를 높이는가가 관건이다."

즈보리킨.

판즈워스가 발명한 전자식의 중요성을 간파하지 못한 그들이 계속 기계식 TV 개발에 몰두하고 있는 동안, 당시 거대 기업인 RCA의 부사장 겸 총지배인인 데이비드 사르노프David Sarnoff는 다른 경쟁자들이 나타나기 전에 화상과 라디오를 결합시킨 새로운 장치의 특허권을 손에 넣어야 한다고 생각했다. 하지만 그의 전략은 다른 사람과 달랐다. 라디오에 대한 RCA의 특허 기간이 끝나기 전에 라디오로 최대한의 이익을 뽑아내려는 전략을 세운 것이다.

그의 아이디어는 간단했다. 사람들은 일상생활에 혁신을 가져올 TV가 곧 시판될 것이라는 생각으로 라디오를 구입하지 않았다. 그들은 TV가 나오면 곧바로 사겠다며 돈을 저축하고 있었던 것이다. 따라서 그는 판즈워스의 특허권을 구입해 TV 개발을 장기간 지연시키고 라디오 사업을 계속하려고 했다. 물론 자신이 직접 TV회사를 발족시키겠다는 구상도 병행했다.

그러면서 사르노프는 1923년에 '아이코노스코프Iconoscope'라 불리는 해상관에 관한 특허를 출원한 러시아 태생의 기술자 블라디미르 즈보리킨Vladimir Kosan Zworykin과 1930년에 용역 계약을 맺었다. 즈보리킨은 판즈워스보다 2년 뒤인 1929년에 전자식 TV 수신기를 만들었지만 성능은 형편없었다. 그의 수상관은 프레임당 40~50줄밖에 만들지 못했기 때문이다. 그러자 즈보리킨은 샌프란시스코에 있는 판즈워스를 찾아갔다. 이것이 판즈워스의 불행을 예약하는 단초였다. 즈보리킨이 자신의 고용주가 누구인지 밝히지 않고 TV에 관심 있는 기술자라고 하자, 판즈워스는 3일간이나 즈보리킨이 연구실에서 연구의 주요 기밀 사항을 충분히 살펴볼 수 있도록 했다.

RCA 연구실로 돌아온 즈보리킨은 곧바로 판즈워스의 발명품을 모방하려고 했으나 1년이 가도록 성과를 낼 수 없었다. 사르노프가 무려 10만 달러를 즈보리킨에게 투자한 뒤였다. 사르노프는 즈보리킨이 계속 실패하자 판즈워스의 특허를 사들이려 했다. 그는 판즈워스와 동업자인 에버슨에게 모든 권리를 거금 10만 달러에 팔라고 제안했다. 하지만 자신들의 발명품의 미래를 알고 있는 판즈워스는 사르노프의 제안을 거절했다.

일은 이때부터 꼬이기 시작했다. 판즈워스의 TV는 점점 성능이 개선됐지만, 그와 에버슨은 독자적으로 사업을 수행할 수 있는 자금이 부족해 라디오 사업을 했던 필코와 동업 계약을 했다. 하지만 필코의 약점은 당시의 거대 기업인 RCA, AT&T, 제너럴 일렉트릭에 비해서는 규모도 작고 전자산업에서 차지하는 비중이 낮았다는 것이다.

1933년 판즈워스는 미국통신협회FCC로부터 TV 무선전송 실험을 해도 좋다는 허가를 받았다. 곧바로 판즈워스는 미키마우스 만화영화를 성공적으로 송출했다. 판즈워스의 성공에 자극받은 사르노프는 초창기 TV 산업에서 선점하지 않으면 회사의 운명이 어렵다는 것을 알고, 즈보리킨을 재촉해 120줄짜리 전자식 TV를 시연한 후 TV의 선점은 즈보리킨에 있다고 선언했다. RCA는 즈보리킨이 1923년에 출원한 것과 동일한 원리로 TV를 만들었다는 것이다. 따라서 TV의 발명자는 판즈워스가 아니라 즈보리킨이라고 주장했다. 사르노프의 공세는 더욱 거세 TV 세트의 생산권과 관련해 판즈워스에게 로열티를 지불할 이유가 전혀 없다고 선언했다. 오히려 다음과 같이 주장했다.

"RCA에서는 로열티를 지불하지 않는다. 우리가 로열티를 받아야 한다."

판즈워스가 발끈한 것은 당연하고 TV를 실제로 발명한 사람이 누구인가에 대한 처절한 법정 논쟁이 일어났다. 누가 봐도 RCA가 무리수를 두는 것이 틀림없었다. 즈보리킨이 1923년에 특허를 제출했지만, 그 당시 제대로 작동되는 TV를 만들었다는 증거가 없기 때문이다.

반면 판즈워스가 고등학교 때 화학선생 톨만과 함께 전자식 TV를 개발했다고 증언하자, RCA는 판정패하고 특허청은 1934년에 판즈워스에게 특허의 우선권을 부여했다. RCA는 끝까지 판즈워스를 물고 늘어져 소송을 질질 끌다가 드디어 판즈워스에게 로열티를 지급하는 데 동의했다. 그동안 사르노프는 자신의 전략대로 TV 송출을 늦추면서 라디오로 최대한의 소득을 올렸다.

공룡 기업 RCA와의 싸움은 판즈워스에게 악몽이었다. 자금에서 불리한 그는 소송하는 동안 금전적인 손실은 물론 건강마저 나빠졌다. 1935년 드디어 독일에서 180줄 영상으로 세계 최초로 TV 송출이 이뤄졌고 1936년 11월 영국방송공사 BBC가 하루에 두 시간씩 TV 방송을 시작했다. 1937년 BBC의 조지 6세 대관식 실황보도는 약 5만 명이 시청했다. 1939년 4월, 수십만의 인파가 뉴욕 시 플러싱메도우에서 열린 세계박람회의 개막식을 지켜보고 있었다. 이 박람회의 주제는 '내일의 세계'였는데 관객들은 새로운 장비로 무장한 여러 사람을 볼 수 있었다. 바로 텔레비전 카메라맨이었다. 이것이 미국 최초의 정규 텔레비전 방송이었지만 또다시 판즈워스에게 불운이 닥쳤다. RCA가 TV를 송출하자마자 제2차 세계대전이 발발해 TV 사업이 곤두박질한 것이다. 판즈워스에 돌아간 특허료도 형편없었음은 물론이다.[60]

이것이 RCA에게는 호기였다. TV 방송이 출발하자마자 발발한 제2차 세계대전으로 인해 민생용 TV의 연구·개발은 한때 중단됐지만, 뜻밖에도 제2차 세계대전은 오히려 TV가 폭발적으로 보급되는 계기가 됐다. TV 방송에서 사용되는 초단파가 전쟁 중에 군용 통신에서도 사용되자, 군에서 TV 보급의 가장 큰 난제였던 안테나 문제를 해결했기 때문이다. 더구나 전쟁이 끝날 무렵 판즈워스의 핵심 특허권이 소멸되자, RCA는 특허료를 지불하지 않고 마음껏 TV 방영을 할 수 있었다.

1947년에 고작 6000대의 TV 수상기를 판매한 RCA는 1950년대 중반에 이미 미국 시장의 80퍼센트 이상을 점유하면서 수백만 대의 수상기를 판매했다. 그러면서 RCA는 판즈워스가 아니라 즈보리킨이 TV 발명자라고 계속 선전했다. 판즈워스에게 더욱 불행했던 것은 자신의 회사를 다른 회사에 팔았는데, 그 회사가 RCA에 밀려 TV 사업을 완전히 포기했다는 것이다.

판즈워스의 말년은 비극적이었다. 그는 RCA의 처사에 충격을 받아 우울증과 알코올중독으로 고통받았고, 1947년에는 엎친 데 덮친 격으로 집이 화재로 전소됐다. 10년 후 판즈워스가 〈나는 비밀이 있어요〉라는 TV프로그램에 초대됐다. 그는 X박사로 소개됐다. TV 프로그램은 패널들이 출연자에게 질문하고 대답에 따라 그가 살아오면서 어떤 일을 했는지를 맞추는 것이었다. 패널 중 한 명이 판즈워스에게 사용할 때마다 고통스러운 기계를 발명한 적이 있느냐고 질문했다. 그는 "예, 가끔씩 너무나도 고통스럽죠"라고 대답했다. 판즈워스는 1971년에 무명으로 사망했는데, 사르노프도 같은 해에 사망했다.[61]

발전하는 TV, 알 수 없는 미래

—

미국에서 라디오가 가정의 필수품이 되기까지는 두 세대(50년)가 걸렸다. 하지만 TV는 한 세대도 지나지 않아 이미 가정의 필수품이 됐다. 이처럼 TV가 급격하게 보급된 것은 과학의 발전으로 시청자를 전 지구상의 사건들에 즉각 가까이 접하게 함으로써 시야를 넓혀줬기 때

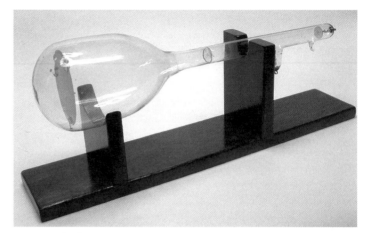

막 발명된 브라운관은 이런 모양이었다.

문이다. 오늘날의 세계는 전혀 새로운 '동시성'의 세계다. 과거의 잣대로 보면 '시간'과 '공간'은 정지됐다고 마셜 맥루언은 말했다.

판즈워스와 즈보리킨은 영상을 구현하기 위해 닙코원판 대신에 브라운관 CRT(Cathoderaytube)를 사용했다. 브라운관은 영국의 과학자 크룩스가 고안한 크룩스관을 독일의 칼 브라운이 개량한 것이다. 브라운관에는 '전자총'이라고 불리는 필라멘트가 있는데, 여기서 발사된 전자가 발광 물질을 바른 영사막에 부딪치게 되면 전류의 세기에 따라 다양한 밝기의 빛을 발하게 된다. 이것을 사용하면 완전한 화면을 이룰 때까지 30분의 1초밖에 걸리지 않는데, 사람 눈의 잔상殘像, Persistence of vision 효과는 16분의 1초이므로 단절감을 느끼지 않고 연속적인 동작을 볼 수 있다. 현재 우리가 보는 TV는 이 같은 원리를 보다 기능적으로 개선한 것이다.

1953년 미국에서는 RCA 라디오 회사 방식을 바탕으로 한 새로운 컬러 TV 규격인 NTSCNational Television System Committee 방식이 TV 방식으로 채택됐다.

이것은 흑백 TV와 컬러 TV가 서로 호환 가능한 시스템이다. 하지만 프랑스에서는 1956년 미국의 방식과는 다른 SECMA Sequential Couleur Memoire Alternance Line 방식을 채택했고, 1962년 독일에서도 PAL Phase Alternance Line이라는 방식을 독자적으로 개발해 자체적으로 보급했다. 전 세계 TV 시스템은 세 가지로 분할돼 오늘에 이르고 있다. 하지만 이들 시스템에는 최소한 13개의 서로 다른 하부 시스템이 있으므로 휴대용 TV를 가지고 여행할 때는 주의해야 한다.

또한 미국에서는 가정용 전류의 방향이 1초에 60번씩 바뀐다. TV 기술자들은 TV 카메라와 수상기의 화면을 교류의 주파수에 맞춰 쓴다. 미국의 TV는 교류 2사이클마다 1화면을 보냄으로써 미국 표준에 맞춘다. 하지만 유럽과 영국의 교류는 50번씩 방향을 바꾼다. 따라서 유럽의 TV는 매초 25장의 화면을 내보낸다. 양측의 TV가 호환되지 못하는 것은 이런 이유 때문이다. 유럽의 전자 제품을 국내로 들여오면 고장이 잘 나는데, 미국식 교류 방식을 사용하는 한국의 전류와 주파수가 맞지 않기 때문이다. 물론 제품에 따라 호환성이 있지만 그래도 유럽에서 전자제품을 구입할 때는 주의해야 한다. 게다가 양쪽의 주사선 수 역시 다르다. 미국 TV의 표준 주사선은 525개에 불과하지만, 유럽의 TV는 625개의 주사선을 가지고 있다. 미국인들에 비해 유럽인들이 더 나은 화면을 보고 있는 셈이다.

지금까지 설명한 브라운관을 사용하는 TV만 개발된 것은 아니다. 번화가에서 흔히 볼 수 있는 발광다이오드 LED(Light Emitted Diode)를 사용한 대형 전광판이나 벽걸이 TV는 플라스마 디스플레이 PDP(Plasma Display Panel)라고 한다. PDP는 형광등과 같은 원리로 기체를 넣어 밀봉한 공간에 두 개의 전극을 설치하고, 이 두 적극 간에 방전을 일으켜 자외선을 방출한다. 이 자외선이 주변에 칠해져 있는 형광체를 들뜨게 해 원하는 색상의 빛을 발하게 하는 것이다. 또한 액정화

20세기 최대 발명품 중 하나로 꼽히는 TV는 가장 비판받는 매체로 전락하기도 했다.

면으로 잘 알려진 LCDLiquid Crystal Display는 광원에서 들어온 빛을 액정 소자에서 변조시켜 원하는 영상을 표시하는 것이다. 하지만 LCD는 편광판을 사용하기 때문에 보는 각도에 따라 광의 투과량이 달라져, 정면에서 볼 때는 화면의 색상이나 화상이 제대로 보이지만 옆에서 보면 색상이 엉망이 돼 화질이 나빠진다. LCD로 CRT와 같은 고화질을 얻기 위해 시각을 넓히는 연구가 계속되고 있음은 물론이다.

TV는 현대의 사회 구조에 혁혁한 변화를 갖고 왔다. 정치 집회, 의회, 청문회, 국제회의는 물론 각종 재해 사건 등이 실시간으로 시청자들에게 전달된다. 정치가들이 TV를 통해 만들어지거나 몰락하고 때로는 부활한다. 끊임없는 광고의 물결이 소비 욕구를 선동하고 세계 오지의 참상이 시청자들의 양심을 흔들어놓기도 한다.

좋아하건 말건 TV는 우리 생활의 상당 부분을 흡수하면서 웃고 울리는 세상이 됐다. 이것은 앞으로도 TV가 우리 사회의 더욱 많은 영역을 침투하게 된다는 것을 의미한다. TV가 없는 세상은 이제 상상할 수 없게 된 것이다.

이보다 공격적인 상상력은 없다

컴퓨터

앨런 매티슨 튜링 Alan Mathison Turing, 1912~1954

…… 이처럼 거짓말 같은 일이 일어날 수 있었던 것은 당시로서는 상상할 수 없는 기계가 발명

됐기 때문이다. 컴퓨터다. 수공업에서 대량생산으로 바뀐 18세기 초가 산업혁명의 시작이었

다면 진정한 산업혁명의 완성은 1943년, 즉 컴퓨터가 최초로 만들어지면서부터라고 과학자들

은 말한다. 이 컴퓨터는 과연 누가 만들었을까? 진정한 최초 발명자에 대해서는 많은 논란이

있지만 근래에는 제2차 세계대전이 한창이었던 1943년 12월 영국의 수학자 앨런 튜링이라고

인정한다. 하지만 그는 일반인들에게 근래까지 거의 알려지지 않은 인물이다.

그 외 등장인물

부울 George Boole • 모든 논리식이 '예(1)'와 '아니오(0)'로 구성된다고 밝힘 | **부시** Vannevar Bush • 간단
한 연산을 하는 아날로그 컴퓨터 발명 | **처치** Alonzo Church • 함수에 대한 명확한 정의를 위한 '람다 셈법' 구
상 | **모클리** John W. Mauchly와 **에커트** J. Presper Eckert • 초대형 진공관 컴퓨터 '에니악' 발명 | **바딘**
Bardeen, **브래튼** Brattain, **쇼클리** Shockley • 접합 트랜지스터 개발 | **클리칭** Klaus von Klitzing • 양자 홀
효과 발견 | **호프** Marcian Edward Hoff • 칩 하나에 컴퓨터가 들어가는 마이크로프로세서 탄생 | **노이만** John
von Neumann • 게임이론의 창시자, 프로그램 내장형 컴퓨터 개발

예와 아니오의 혁명

—

컴퓨터의 개념은 계산을 하는 가장 간단한 도구로 알려진 주판으로부터 출발한다(기원전 5세기에 중국에서 발명). 요즘 세대는 주판을 잘 모르겠지만 간이 계산기가 나오기 전까지 주판은 동양인들이 꼭 배워야 할 도구 중 하나였다. 은행원, 사무원을 비롯해 상인들의 계산대에는 필수적으로 주판이 비치됐고 주산·암산 경기가 도처에서 열리기도 했다. 한국의 주판 챔피언은 TV에 출연해 계산기와 시합을 벌이기도 했는데, 덧셈과 뺄셈에서는 주판이 계산기를 이겼다.

서양에는 주판 같은 계산기가 없었지만, 1642년 프랑스의 수학자이자 철학자인 파스칼(1623~1662)이 톱니바퀴를 이용해 덧셈과 뺄셈을 할 수 있는 수동 계산기를 고안했다. 그후 1671년 독일의 라이프니츠(1646~1716)가 파스칼의 수동 계산기를 개선해 곱셈과 나눗셈도 가능한 계산기를 만들었다. 톱니바퀴를 이용한 이 계산기는 실용성 면에서는 성공하지 못했지만, 그는 모든 계산이 10

배비지와 그가 발명한 계산기.

진법이 아닌 0과 1의 2진법으로 가능하다고 주장해 디지털 컴퓨터 역사에 한 장을 장식했다. 라이프니츠는 숫자로 세상의 모든 것을 계산할 수 있다고 믿었다.

현재 컴퓨터의 프로그래밍에 해당하는 일련의 명령을 해독하면서 자동으로 계산을 실행하는 기계는 19세기 초에 영국의 수학자 배비지(1792~1871)에 의해 계획됐다. 그는 산업혁명의 여파로 축적되는 수많은 데이터를 정부가 효과적으로 수집하고 처리하는 것을 돕기 위해 계산기를 설계했다. 그는 이러한 계산기에는 별개의 다섯 가지 요소가 포함돼야 한다고 생각했다.

① 문제를 설정하고 풀기 위해 필요한 정보를 기계에 투입하는 입력 체제
② 투입된 자료를 기계가 필요로 할 때까지 갈무리하는 저장 장치
③ 실제로 계산을 담당할 수학 장치
④ 저장된 정보를 언제 어떻게 사용하는가를 기계에 알리는 제어 장치
⑤ 인쇄된 형식으로 해답을 제시하는 산술 장치

기계 부품을 이용한 배비지의 계산기는 당시의 기계 수준이 미흡해 성공하지 못했지만, 그 착상은 주목할 만한 것으로 현대의 컴퓨터가 작동하는 이론과 거의 동일하다. 1990년 영국 과학박물관에서 그가 설계한 차분계산기를 제작했는데 훌륭하게 작동했다고 한다.[62]

1854년 영국의 수학자인 조지 부울은 『사고의 법칙The laws of thought』을 출판해 현대적 기호논리학의 탄생을 알렸다. 이 책에서 부울은 아무리 복잡한 논리식일지라도 두 종류의 기호, 즉 참을 의미하는 '1'과 거짓을 의미하는 '0'으로 표현될 수 있다고 주장했다. 인간의 추론이 예(1)와 아니오(0)의 연속체로 이어질 수 있다는 부울의 아이디어는 현대 컴퓨터의 핵심 개념이다.

20세기에 들어서 일명 계산기라고 불리는 연산장치의 개발이 도처에서 시도됐는데, 1930년 미국 MIT 공대의 바네바 부시 교수가 처음으로 전기장치를 사용해 간단한 연산을 할 수 있는 아날로그 컴퓨터를 발명했다. 학자에 따라 1930년을 컴퓨터의 시대가 탄생한 해로 인정하기도 한다.[63]

기계로 계산할 수 있다는 개념은 많은 과학자의 주목을 받았는데, 본격적인 컴퓨터의 원리는 놀랍게도 겨우 24세에 불과한 영국인 앨런 튜링Alan Turing(1912~1954)에 의해 탄생했다. 아버지가 영국 식민지인 인도 주재 공무원이어서 튜링은 어려서부터 부모를 자주 만나지 못했는데, 이 때문인지 그는 평생 사람들과 어울리는 데 어려움을 겪었다. 중·고등학교 때 수학 성적은 매우 뛰어났지만, 천재들에게 자주 보이는 성격처럼 학교 교육에 그다지 잘 적응하지 못했다. 학창 시절에는 너저분한 외모에 말도 더듬거리고 더구나 영어와 라틴어를 몹시 싫어해 평생을 맞춤법과 글쓰기 때문에 고생했다. 언제나 왼쪽이 어디인지 분간하지 못해 왼쪽 엄지에다 빨간색 점을 칠할 정도였다고 한다.[64] 학교 선생님도 튜링에게 좋은 점수를 주지 않아, 그가 다닌 셔본 스쿨Sherborne

School의 교장은 다음과 같이 평할 정도였다.

"이 학생이 사립학교에 있으려면 교양 있는 학생이 되려고 노력해야 한다. 하지만 과학 분야의 전문가가 되려고 한다면 사립학교에 다니는 것은 시간 낭비일 뿐이다."

튜링은 16세가 되던 해인 1927년 셔본 스쿨에서 크리스토퍼 모컴Christopher Morcom을 만나면서 큰 위안을 받는데, 모컴은 튜링과는 달리 뛰어난 수학적 재능을 갖고 있다고 알려져 있었다. 두 친구는 힘을 모아 엄청나게 복잡한 수학 문제를 풀기로 작정했는데 1930년 모컴이 결핵으로 갑자기 사망한다. 이 충격적인 경험이 튜링의 인생을 완전히 바꿔놓았고, 그는 인간의 마음이나 지능이 무엇인지에 대한 탐구에 몰두한다. 그는 엉뚱하게도 모컴의 뇌에 있던 지능을 저장하거나 다른 사람에게 전달할 수 있는 방법은 없을까를 고민했다. 튜링이 계산 이론을 창안하게 된 계기도 이때 마련된 셈이다.[65]

여하튼 튜링은 수학에 천부적인 자질을 보여 1931년에 케임브리지대학의 킹스 칼리지에 입학한다. 이 대학에는 빛이 태양 때문에 휜다는 아인슈타인의 이론을 증명한 아서 에딩턴Arthur Eddington(1882~1944)이 있었다. 그는 평균값 근처에 매우 많은 관측 값들이 존재하고 극단적인 경우로 갈수록 관측 값들이 급격히 적어지는 종 모양의 분포를 말했는데, 가우스가 관측 오차를 다루기 위해 도입했기 때문에 '가우스 분포'라고도 한다. 대부분 자연현상을 관찰한 관측 값들이 정규분포를 따르므로 물리학에서는 대단히 중요한 분포인데, 에딩턴은 물리학자이므로 어떤 개념을 설명하는 데 수학적 엄밀성보다는 직관적인 방법을 토대로 문제들을 설명하곤 했다.

하지만 튜링은 에딩턴과는 반대로 수학적인 엄밀성을 선호했다. 그는 관측값들이 정규분포를 따른다는 단순 설명에 만족하지 않고 1934년 나름대로 새로운 아이디어를 만드는 데 성공했다. 이때가 그의 나이 겨우 22세로 그의 논문은 곧바로 주목을 받아 1935년에 킹스칼리지 학회원으로 선발됐고, 1936년에는 케임브리지대학에서 우수 연구원에게 수여하는 스미스 상을 받았다(엄밀히 말하면 그의 증명은 핀란드 수학자 린데베르크가 12년 전에 증명했지만 당시에는 영국에 잘 알려지지 않은 상태였다).

세 가지만 있으면 모든 걸 하는 튜링 기계

—

1936년 튜링은 「계산 가능한 수에 관하여」라는 석사학위 논문을 작성했다. 논문의 요지는 사람의 두뇌에 해당하는 제어장치, 데이터가 수록된 테이프, 이를 읽고 기록하는 입출력 헤드의 세 부분만 있으면 기계적 절차로 모든 계산이 가능해진다는 것이다.

물론 이번에도 튜링보다 한 발 먼저 유사한 생각을 도출한 수학자가 있었다. 그의 논문이 발표되기 직전에 미국의 알론조 처치Alonzo Church(1903~1995)가 접근 방법은 매우 달랐지만 계산의 의미에 대한 수학적 접근을 시도했기 때문이다. 그는 튜링 기계와 같은 어떤 종류의 기계적인 장치로도 풀리지 않는 문제가 존재함을 증명했지만, 엄밀하게 컴퓨터와 같은 생각을 한 것은 아니므로 튜링의 석사학위 논문이 디지털 컴퓨터의 원조 개념을 다뤘다고 간주한다. 일부 학자들은 인간이 생각할 수 있는 모든 것은 튜링 기계를 통해 구현이 가능하다는 가설을 들어 '처치-튜링 논제'라고도 부른다. 처치의 논문을 읽은 튜링은 미국으로 건너가 처치의 지도를 받으면서 자신의 논문을 수정했고, 1938년 26세의

나이로 프린스턴대학에서
박사학위를 받았다.

　게임을 하기 위해 컴퓨
터 앞에 앉는다고 할 때 컴
퓨터는 다음과 같은 기능
을 갖는 물건을 말한다. 첫
째, 테이블 위에서 보고 만
질 수 있는 기계(하드웨
어), 즉 본체가 있고 그다

튜링 기계.

음에 게임을 하게 만드는 프로그램(소프트웨어)이 있다. 게임을 위해 투입된
각 프로그램은 컴퓨터 안에서 각기 다른 방식으로 작업을 하면서 게이머들이
마음껏 게임에 몰입할 수 있도록 한다. 다시 말해, 컴퓨터란 중앙처리장치, 데
이터 채널, 기억장치, 입출력장치 등으로 구성돼 있는 기계를 말한다. 여기에
서 가장 중요한 것은 사람의 두뇌와 비슷한 기억장치로 프로그램이나 수를 기
억해둔다. 컴퓨터가 가능한 한 많이 기억할 수 있고 또 읽는 속도가 빨라질수

록 효용성이 높으므로, 소형이면서도 기억용
량이 높은 컴퓨터를 개발하려는 것도 이 때문
이다.

　튜링은 인간의 기능을 기계가 분담할 수 있
는데, 그 당시에 보편화된 자동화 기계가 아
니라 인간과 같은 두뇌 기능도 기계가 할 수
있을 거라 여겼다. 따라서 그는 먼저 인간의
정신과 지능을, 그다음에 기계가 행할 수 있

는 모든 작업을 생각한 후, 그러한 모든 일을 하나의 기계가 행하려면 어떻게 해야 할지를 고민했다. 그는 기계가 인간의 두뇌 역할을 하기 위해서는 우선 수학적인 체계로 정보를 이해할 수 있어야 한다고 보았다. 튜링이 고안한 기계는 실제로 조립돼야 할 기계가 아니라 사고 속에서의 기계였다. 그는 모든 수학적 작업을 논리적 연산의 작은 원자들로 분해하고 그것을 수행하도록 한다면 인간의 두뇌처럼 움직일 수 있을 거라 여겼다. 놀랍게도 그는 자신이 생각한 기계를 실제로 만들 수 있다는 것을 깨달았고, 그러한 기계를 만드는 데 자신을 투입시켰다. 튜링이 제시한 원리를 앤드루 호지즈는 다음과 같이 설명했다.

"우선 부호가 기록될 종이테이프가 있다. 그런 다음에 한 번에 한 개의 부호만을 볼 수 있는 기계가 있다. 기계는 정해진 수만큼의 여러 상태에서 한 상태에만 놓일 수 있다. 기계가 무엇을 행하는가, 어떻게 작동하는가는 전적으로 그것이 어떤 상태에 놓여 있는가와 그것이 보는 부호에 달려 있다. 기계가 할 수 있는 것은 테이프의 한 곳에서 우측이나 좌측으로 움직이고 테이프에 하나의 부호를 쓰며 한 상태에서 다른 지정된 상태로 옮겨가는 것뿐이다."

이러한 기계를 튜링 기계Turing machine라고 부른다. 각각의 기계는 각각의 상태에서 어떻게 행동할 것인지, 그리고 어떤 부호를 봐야 하는지에 대한 결정적인 규칙을 가진다. 튜링 기계가 어떤 부호를 봤을 때 각 단계에서 어떻게 해야 할지를 알려주는 '행동표'를 갖도록 규정해주면, 인간은 기계에 대한 모든 것을 알 수 있게 된다. 즉 '명확한 방법'이라 부를 수 있는 모든 것을 하나의 튜링 기계로 생각할 수 있다는 것이다.

하지만 튜링 기계의 중요성은 기계를 사용하는 사람들이 모든 단계에서 그

튜링이 고안한 기계는 조립돼야 할 기계가 아니라, 인간의 두뇌처럼 움직일 수 있어야 하는 기계였다.

다음에 무엇이 행해져야 할지에 대해 완벽한 메모를 남길 수 있으며, 그 일을 다른 사람에게 인계할 수 있다는 점이다. 이러한 '명확한 방법'의 정의는 수리논리학에서 중요한 위치를 차지하는데, 놀랍게도 튜링의 아이디어는 1936년에 씌어진 것이다. 튜링 기계는 곧바로 '보편 기계'라는 아이디어를 창출했다. '행동표'에 있는 값을 보는 일은 기계적인 과정이므로 특별한 종류의 튜링 기계, 즉 보편적 튜링 기계가 고안되면 다른 튜링 기계의 행동표를 읽고 또다른 튜링 기계가 행했던 일을 수행할 수 있다. 따라서 모든 튜링 기계의 행동을 보기 위해서 하나 이상의 기계를 만들 필요가 없다는 점이다.

게임을 하든 영화를 보든 이메일을 보내든 컴퓨터를 다루고 있는 이들은 무슨 뜻인지 곧 알아차릴 것이다. '보편 기계'가 바로 지시된 프로그램을 읽고 그것을 수행하도록 고안된 컴퓨터다. 기계 자체를 게이머가 손댈 필요가 없다. 컴퓨터 게임을 위해 컴퓨터 박스를 열 필요가 없으며 단지 그 기억장치에 다른 프로그램을 넣어주기만 하면 된다. 다양한 업무를 처리하는 데 하나의 기계만으로 충분하다. 튜링이 1936년에 제안한 이 아이디어는 컴퓨터가 존재하지 않았고 상상 속의 것이었다는 데 더욱 놀라움을 준다. 튜링의 상상력은 더욱 비약해 인공지능이 가능하다고 믿었다. 그러면서 '기계가 사고할 수 있다면 우리는 어떻게 알 수 있는가'라는 질문을 제기했다. 그의 생각은 단순했다.

'기계로부터의 응답을 인간의 응답과 구별할 수 없다면 그 기계는 사고할 수 있다고 결론내려야 한다.'

이것을 '튜링 테스트Turing Test'라 하며, 인공지능을 판별하는 시험이라 부른다. 뒤에서 로봇의 지능을 이야기할 때도 정확히 부합된다.[66]

독일군 암호 해독용으로 탄생한 컴퓨터
—

컴퓨터의 탄생은 일반 발명품들과 그 태어난 동기가 다르다. 컴퓨터는 전쟁의 비밀 무기로 탄생했기 때문이다. 인류 문명이 탄생한 이후 과학자 집단은 모든 분야에서 인류 문명을 새롭게 만드는 데 열중했다. 하지만 아이러니하게도 그들이 최고의 기술을 동원한 것은 군사 무기 분야다. 전쟁에 패배했을 때의 비참한 생활을 생각한다면 과학자들이 무기 개발에 참여한 것은 이해할 수 있다. 가령 로마와 카르타고의 전투에서 결정적으로 패배한 카르타고인들은 단 한 명도 예외 없이 모두 노예로 팔려갔다. 또한 칭기즈칸은 한 전투에서 자신의 아들을 죽게 했다는 것을 빌미로 50만여 명에 달하는 주민을 단 한 명도 남기지 않고 모두 학살했다.

제1차 세계대전 이전의 군사 무기는 고작해야 총과 대포와 같은 원시 무기로서, 기상 조건과 지휘관의 통찰력, 군사의 숫자와 사기만으로도 전쟁의 승패를 결정지을 수 있었다. 하지만 제1차 세계대전 중에 비행기와 탱크가 등장하고, 곧이어 발발한 제2차 세계대전에서 최첨단 탱크, 항공모함, 잠수함은 물론 고

성능 전투기가 개발되면서 전쟁의 형태는 변화하기 시작했다. 특히 제2차 세계대전 중에 등장한 무전기와 레이더, 원자폭탄 등은 전쟁의 형태를 근본적으로 바꿔놓았다.

이 목적에 부합하게 발명된 것이 컴퓨터다. 제2차 세계대전에서 독일군에게 결정적인 타격을 가한 것은 노르망디상륙작전이다. 사상 최대의 작전이라 불리며 무려 100만 명 이상의 장병이 동원돼 독일군을 압박했지만, 이 작전이 성공하기까지는 제3의 비밀 병기가 있었다는 것을 알고 있는 사람은 거의 없었다. 제3의 병기는 엄청난 규모의 기계였다. 당시 유럽에서 일어난 전투 전개 과정을 조금이라도 숙지하고 있다면 연합군이 프랑스 어딘가로 상륙할 것이라는 것은 다 알고 있었다. 독일군으로서 연합군의 상륙을 저지하고 초반에 승기를 잡는 가장 빠른 방법은 프랑스의 어느 지점에 연합군이 상륙할 것인가를 알아내는 것이었다. 그에 반해 연합군은 상륙작전의 장소가 알려지지 않게 하는 것이 전쟁의 승패를 좌우한다고 믿었기 때문에 상륙지를 위장하려고 총력을 기울였다. 결과적으로 연합군은 위장 작전을 훌륭하게 수행했는데, 이 작전을 만든 장본인이 거대한 기계라는 것은 전쟁이 끝난 후 30년이 지날 때까지도 알려지지 않았다. 1976년 비밀이 해제되기까지 존재조차 알려지지 않은 기계의 정확한 이름은 세계 최초의 진공관 컴퓨터인 '콜로서스'다.

학계에서는 일반적으로 펜실베이니아대학에서 만든 애니악ENIACE(lectronic Numerical Integrator And Calculator)을 세계 최초의 컴퓨터로 보지만, 본격적인 컴퓨터는 독일군의 암호를 해독하기 위해 만든 콜로서스가 처음이었다. 컴퓨터 전문가 조페트는 에니악은 세계 최초가 아니라 11번째라고 발표했다.

골머리 아픈 독일의 에니그마

—

콜로서스가 위장 작전에 참여할 수 있었던 것은 영국과 독일 간에 첨예하게 벌어졌던 암호 해독 때문이다. 영국은 독일과 전쟁에 들어가기 전부터 독일의 암호를 해독하려고 총력을 기울였고, 독일은 독일대로 암호가 해독되지 않도록 모든 방어 체계를 도입했다. 독일 정보 체계의 중추는 구식 현금 등록기와 비슷한 에니그마Enigma(수수께끼라는 의미)라는 기계였다. 에니그마는 세 개의 톱니바퀴와 반사경으로 이뤄져 있는데 이 톱니바퀴를 장착하는 순서에 따라 전혀 다른 암호가 나온다. 또 톱니바퀴 둘레에 알파벳을 나열하는 방법에 따라서도 완전히 다른 암호가 나오는 데다, 반사경을 이용해 두 알파벳을 바꾸면 모두 2,418,98 3,437,669,710,912,000가지 경우가 가능하다.[67] 이후 톱니바퀴를 다섯 개까지 늘려 경우의 수는 더욱 크게 만들어졌다.

독일은 이 무수한 경우 중 몇 가지를 골라 암호 책을 만들어 각지에 배포했다. 이 책자는 그날그날 사용할

에니그마.

에니그마의 상태를 기록했기에 한 달간 유효했다. 전쟁의 막바지에는 8시간마다 바꿔 쓰게 했다. 따라서 독일은 자신들이 만든 기계의 성능이 얼마나 완벽한지 인간이라면 자신들이 만든 암호를 풀 수 없다고 자신했기에, 에니그마로 만들어지는 암호를 모든 분야에 사용했다. 세계 각지로부터 본국으로 보고되는 비밀문서 전송이나 군 작전 통신 등에도 거리낌 없이 이를 이용했다.

에니그마에도 단점은 있었다. 그것은 암호 책이 없으면 암호를 보낼 수도 없고 받은 암호를 해독할 수도 없다는 점이다. 따라서 독일군은 암호 책이 유출될까봐 보안에 대단한 신경을 썼다. 그들은 암호 책을 만들 때 불에 잘 타는 종이에 물에 잘 녹는 잉크로 써서 만약의 사태에 대비하도록 했다. 드물게 이 암호 책이 연합군에 의해 탈취되는 경우가 있었지만, 한 달에 한 번씩 암호 책을 바꿨고 추후에는 수시로 바꿔가면서 에니그마를 계속 사용했다.

에니그마의 해독에 처음으로 도전한 나라는 폴란드였다. 폴란드는 독일의 군사력에 위협을 느끼고 에니그마를 분석하기 위해 암호 해독을 전담하는 부서까지 만들었다. 결론적으로 폴란드 첩보부는 독일의 에니그마 암호를 상당 부분 해독해낼 수 있었지만, 독일이 에니그마의 운영 체계를 정비하면서 완전하게 해독하는 데는 실패했다. 하지만 이 당시 연구 자료가 영국에 전달돼 영국에서는 블레츨리 파크에 암호 해독을 전담하는 비밀 기구를 설치했다. 암호명 '울트라'인 이 비밀 기구에는 여러 수학의 달인들이 포함됐는데, 이중에는 튜링도 있었다.

적군이 사용하는 암호 해독의 중요성은 말할 필요도 없었다. 대표적인 예가 무적함이라 불리던 독일 전함 비스마르크호의 격침이다. 1941년까지 독일의 비스마르크호는 연합군의 고민거리였다. 연합군은 악착같이 이 괴물을 격침하려 했지만 번번이 실패했다. 그러던 중 영국 정보부에서 비스마르크호가 수리를 위해 프랑스의 브레스트 항을 향하고 있다는 것을 알게 됐다. 독일군이 발신한 무선을 해독함으로써 영국은 곧바로 전함을 비스마르크의 항로로 파견했으며, 이를 발견하자마자 포문을 열어 단 90분 만에 비스마르크호는 2000명의 수병과 함께 바다에 침몰했다. 연합군은 북아프리카에 있는 롬멜 장군의 지휘로 아프리카 군단으로 향하는 독일군 보급선의 항로도 파악해 정기적으로 침몰시켰다. 그들은 심지어 롬멜 장군의 건강 상태까지 알고 있었다.

하지만 독일은 또다른 암호기를 사용하고 있었다. 독일군의 최상급 메시지, 즉 독일군 사령관과 베를린 사이에 오가는 교신은 물론 히틀러 자신이 보내는 최고급 비밀 정보는 텔레타이프로 전달되고 있었다. 독일의 텔레타이프는 문자 배열이 무작위이므로 암호 해독이 간단한 일은 아니었다.

튜링의 암호 해독반 결정적 역할하다

—

튜링의 탁월한 재능을 인정한 프린스턴대학에서는 1938년 박사학위를 받자마자 그에게 교수직을 제안했지만, 그는 이를 사양하고 영국으로 돌아갔다. 그는 영국이 전쟁에 돌입한 1939년 9월 4일 런던 북쪽의 블레츨리 파크에 위치한 '정부 암호학교'의 암호 해독반 수학팀장으로 임명된다. 이 학교를 운영하던 영국 첩보부가 튜링을 눈여겨보고 그를 스카우트한 것이다.[68] 그는 암호학교 안에서도 이방인처럼 지내면서 그의 성격을 유감없이 발휘했다. 일에만 파묻힌 채 군대 내 규칙이나 법규는 깡그리 무시하는 것은 물론, 자신보다 자질이 떨어지는 사람들에 대한 경멸과 군에 대한 혐오를 숨기지 않았다. 함께 지내는 사람들은 그를 좋아하진 않지만 그가 수학적 귀재라는 데는 이론이 없었다.

튜링은 1940년 자신의 논문을 구체화하는 기계를 완성했다. 군인과 동료들은 그것을 '폭탄'이라고 불렀는데 폭탄 하나는 12개의 원통형 연산기로 이뤄졌고, 독일 무전들 가운데 의미를 유추할 수 있는 철자들을 걸러내는 작업을 수행했다. 제2차 세계대전이 점점 가열되자 1943년 영국 국방부는 튜링을 비롯한 과학자들에게 간단명료한 부탁을 했다. 독일 해군의 암호인 텔레타이프를 해독해달라는 것이었다.[69]

영국 정부에서 튜링에게 시급하게 부탁한 이유는 제2차 세계대전에서 가장 고민거리였던 U보트에 대한 대안 때문이었다. U보트는 세계 바다를 누비면서 연합군의 함정들을 효과적으로 침몰시키고 있었는데, 연합군에서는 그들을 격파하는 방법은 암호 해독뿐이라고 결론 내렸다. 하지만 숙련된 장병들이 설사 독일군의 암호를 푼다 해도 속도가 문제였다. U보트의 명령 내용과 보고 내용을 해독해 이용하려면 암호 해독가들은 몇 시간 안에 암호를 풀어야 했다. 속도에 대한 영국 국방부의 요구는 전자공학의 도입을 요구했고 튜링은 케임브리지대학의 수학 교수였던 맥스웰 뉴먼과 함께 '히스 로빈슨'을 제작했다. 이는 당시의 전기기계가 사용했던 전화교환 기술보다 1000배 빠른 논리적인 연산을 수행할 수 있는 획기적인 기계였다.

성과는 곧바로 나타났다. 1943년 3월과 20일 사이에 독일 잠수함은 무려 108척, 총 62만 7000톤의 연합군 선박을 침몰시켰다. 상선을 호송하던 전함들도 38척의 잠수함으로부터 기습 공격을 받아 21척이 파괴됐다. 반면 독일 잠수함은 단 1척만 피해를 봤다. 그러던 중 3월 21일 급격한 전세 변화가 일어났다. 독일 잠수함이 격침한 연합국 선박 수가 현저하게 줄어든 반면, 연합국이 침몰시킨 독일 잠수함의 수는 크게 늘어났던 것이다. 이것은 결국 히틀러가 대서양에서 벌인 전투에서 패배했다는 것을 의미했다.

이 같은 전황 변화의 원인을 처칠은 정교해진 레이더 시스템, 개선된 어뢰, 미 장거리 폭탄의 증강, 새로운 호송 전술의 구축으로 돌렸다. 처칠의 말이 틀린 것은 아니지만 그는 하루아침에 갑자기 전세가 뒤바뀐 진정한 이유에 대해서는 설명하지 않았다. 결론적으로 말하면, 이 결과에 대해서는 튜링의 암호 해독반이 결정적인 역할을 했다. 튜링의 기계는 독일군의 일일 암호를 해독하는 시간을 한 시간으로 단축시켰고 나중에는 단 몇 분, 다시 말해 암호문이 수신되는 즉시 해독할 수 있게 했다.[70]

곧이어 튜링은 당시에 전자교환기를 제작하고 있던 플라워스와 함께 공동으로 1943년 12월, 진공관으로 작동되는 전자식 암호 해독기, 즉 '콜로서스 마크 I'를 개발했다. 이것이 바로 이전의 것과는 완전히 다른 개념의 진정한 컴퓨터다. 1944년 6월에는 개량된 콜로서스 마크 II가 2400개의 진공관에다 800개의 전자기식 중계기를 덧붙여 운전에 들어갔다. 콜로서스는 그들의 기대에 부응해 독일이 사용하는 암호들을 성공적으로 해독할 수 있었고, 독일의 U보트가 갑자기 연합군의 먹이가 됐음은 물론이다.

튜링이 만든 컴퓨터는 디지털 컴퓨터로 오늘날의 컴퓨터가 갖고 있는 모든 기능을 갖고 있다. 이것은 미국 펜실베이니아대학의 모클리와 에커트가 1943년부터 1946년에 걸쳐 만든 세계 최초의 컴퓨터로 알려진 '에니악'과는 완전히 구별된다. 콜로서스는 10자리 수의 덧셈과 뺄셈은 0.2밀리초(1밀리초는 1000분의 1초), 곱셈은 3밀리초, 나눗셈과 곱셈은 20밀리초에 풀어낼 수 있었다. 이것은 오늘날과 비교해도 아주 훌륭한 속도다.

콜로서스의 활약으로 영국은 독일의 텔레타이프 암호를 90퍼센트 정도 해독할 수 있었다. 가장 중요한 것은 노르망디상륙작전 즈음 독일군의 반격이 어떻게 세워지고 있는지를 속속들이 알고 그 대안을 수시로 세울 수 있었다는 점이

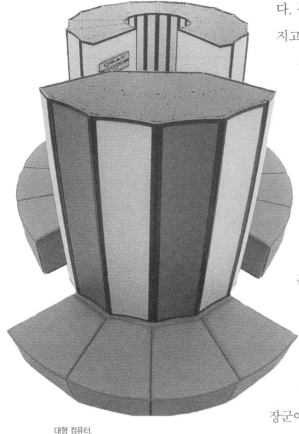
대형 컴퓨터.

다. 독일군은 자신들의 암호가 밝혀지고 있다는 사실을 알지 못하고 전쟁이 끝날 때까지 에니그마와 텔레타이프로 모든 비밀 문건들을 작성했다. 그 모든 정보를 콜로서스가 해독해 연합군 측에 제공한 것은 물론이다.

컴퓨터처럼 태어나자마자 효용성을 일찍부터 인정받고 일반 대중에게 큰 충격을 준 기계는 거의 없다. 1952년 미국 대통령 선거에서 유니백 컴퓨터는 단지 5~7퍼센트가 개표된 상황에서 공화당 후보인 드와이트 아이젠하워 장군이 일방적인 승리를 거뒀다고 예측했다. 최종 개표 결과 이 예측은 1퍼센트 미만의 오차밖에 나지 않아 시청자들을 경악시켰다. 유니백 컴퓨터는 5000개의 진공관을 사용했고 메인프레임mainframe이라 불렸다. 초창기의 컴퓨터는 방 한 칸을 모두 차지할 만큼 본체가 컸기 때문에 메인프레임이라 불렸고, 이어 등장한 소형 컴퓨터를 미니 컴퓨터로 분류한다.

메인프레임의 정보처리 능력을 기업에서 좌시할 리 만무하다. 사무실 안에서 서류 작업이 주 업무인 행정 직원들의 생산성을 증대시키기 위해 기업체마다 커다란 메인프레임이 설치된 전산실을 갖추고 업무 전산화 작업에 나섰다. 먼저 복잡한 급여 계산이나 재고 관리 등 사무직 업무를 기계화했고, 경영관리직의 계획 수립에 필요한 데이터를 제공하는 경영정보시스템MIS을 구축하기 시작했다. 이러한 기업 전산화가 사회의 모든 부분

컴퓨터로 비행기를 설계하는 모습.

에 확산되기 시작하자 정보혁명은 걷잡을 수 없이 촉진되기 시작한 것이다.[127]

1만 8천 개의 진공관을 대체할 트랜지스터 발견

영국에서 콜로서스를 개발해 암호를 해독하고 있다는 것을 모르는 펜실베니아대학의 무어 공대에서 모클리와 에커트는 1945년에 진공관을 사용해 최초의 전자식 계산기인 에니악을 만들었다. 에니악은 전체 무게가 30톤의 거대한 기계로, 약 170제곱미터의 바닥 면적을 차지했다. 사용하는 전력도 엄청나 스위치를 넣을 때마다 서필라델피아 지역의 전구 밝기가 어두워졌다고 한다. 에니악에는 무려 1만 8000개의 진공관이 사용됐다. 진공관에서 나오는 열을 냉각시키는 데 날마다 10여 층에 해당하는 물이 소비됐고, 진공관이 터지고 고장나는 데 들어가는 보수 점검이 만만한 것은 아니었다.

이처럼 진공관을 사용하는 컴퓨터를 제1세대라고 하는데 제2세대로 불리는 트랜지스터가 곧바로 개발되지 않았다면, 사실 오늘날과 같은 컴퓨터 세대로 넘어오지 않았을 것이라고 학자들은 생각한다. 1904년 영국의 플레밍은 에디

슨의 효과를 이용해 2극 진공관을 만들었고 1907년 미국의 리 드 포리스트는 이를 개량해 증폭기 역할을 하는 3극 진공관을 만들었다. 진공관의 개발은 즉시 통신에 새바람을 일으켰으며, 라디오뿐만 아니라 모든 전자기구에 필수적인 부품이 됐다. 하지만 신개발품인 진공관은 결정적인 단점이 있었다.

진공관은 일정한 성능을 내기 위해서 최소한의 부피와 크기를 가져야 했다. 그것은 내부를 진공으로 유지하거나 희박한 공기에 전류가 흐를 수 있도록 많은 부속물을 포함하고 있어야 했기 때문이다. 게다가 만약 관이 깨지거나 누전되는 것이 있으면 교체해줘야 했다. 초기의 라디오나 TV 수상기는 진공관을 손쉽게 교체하도록 설계하는 것이 가장 중요한 디자인 요건 중 하나였다. 뿐만 아니라 진공관은 높은 전류가 소비되며 필라멘트가 가열될 때까지 기다려야 하는 등 여러 가지 개선해야 할 부분이 많았다.

에니악은 진공관의 단점을 단적으로 알려준다. 그 당시 1만 8000개의 진공관을 사용했는데, 진공관 중 몇 개만 고장나도 컴퓨터 전체의 작동이 중단됐고 하루 24시간 내내 작동시킬 때는 매달 2000개의 진공관을 교체해줘야 했다. 또한 컴퓨터의 작동을 제어하는 프로그램을 바꾸기 위해서 기술자들이 몇 시간 동안이나 전선들을 기계 앞쪽에 꽂으면서 분주하게 일해야 했다.[71] 진공관을 사용하는 한 이런 단점들을 개선할 수 없었다. 즉 진공관이 아닌 획기적인 방식의 전환이 필요했던 것이다. 원리 자체를 바꾼다는 것은 모래사장에서 바늘을 찾는 것과 같은 것이다. 하지만 인류사를 보면 우연에 의해 획기적인 발명이 이뤄지는 경우가 종종 있다.

제2차 세계대전이 끝난 후 각국은 전쟁 중에 엄청난 위력을 보인 레이더의 성능을 개선하기 위한 연구를 진행하고 있었다. 이를 위해서는 극히 짧은 파장의 전파를 검출하는 장치가 필요했는데, 진공관은 고주파에서는 작동하지 않는 문제점이 있었다. 레이더의 성능을 개선하기 위한 연구를 하고 있던 미국의 벨연구소에서는 반도체에 관심을 갖기 시작했다. 이유를 알 순 없었지만, 규소나 게르마늄 같은 반도체는 상당히 제한적으로 전류를 흐르게 한다는 것을 발견했다. 게다가 규소나 게르마늄에 불순물을 첨가하면 전도성이 증대한다.

물론 단지 불순물이 들어 있다고 해서 반도체 역할을 하는 것은 아니다. 어느 금속이나 불순물의 양이 전기전도성에 영향을 미치지만, 불순물이 많을수록 전도성이 나빠지는 것이 대부분이다. 다만 어떤 정해진 범위 내의 불순물이 특정 금속에 들어 있을 때에 한해 전도성은 증대한다. 전도성은 불순물 원자의 수에 따라 변할 뿐만 아니라, 그 종류에 따라 몇십만 배, 몇백만 배로 변하기도 한다.

1만 8000개의 진공관을 사용해 만든 에니악.

게르마늄 결정에 떨어뜨린 두 가지 불순물

—

벨연구소에서 반도체 연구를 주도하던 바딘John Bardeen과 브래튼Walter Houser Brattain은 전하물 속에 게르마늄 다이오드를 침전시키고 직류를 연결시켰을 때 표면 부근에 전류가 흐르고 있다는 것을 발견했다. 왜 그런 현상이 나타나는지는 알 수 없었지만 이러한 현상은 금속 접촉에 의해, 특히 불순물이 첨가됐을 때 나타났다. 게르마늄 원자는 최외각 껍질에 4개의 전자를 가지고 있다. 순수한 게르마늄 결정의 경우는 4개의 전자가 이웃한 게르마늄 원자의 전자와 쌍을 이뤄 모든 전자가 안정된 결합을 보인다. 그런데 이런 게르마늄 결정에 불순물을 첨가하면 어떻게 될까?

비소 원자의 경우는 최외각 껍질에 5개의 전자를 가지고 있다. 비소 원자를 게르마늄 결정에 섞으면, 비소 원자의 최외각 전자 5개 중 4개는 이웃한 게르마늄 원자의 최외각 전자 4개와 쌍을 이룬다. 따라서 쌍을 이루지 못한 1개의 전자가 나타나고, 이 전자는 게르마늄-비소 혼합물에 전압을 걸 경우 양극 쪽으로 움직인다.

한편 게르마늄에 비소 대신 약간의 붕소를 첨가하면 아주 특이한 현상이 나타난다. 붕소 원자의 경우 최외각 원자가 3개인데, 이 3개의 전자는 게르마늄 원자의 최외각 전자 3개와 쌍을 이룬다. 그렇다면 게르마늄의 쌍을 이루지 못한 1개의 전자는 어떻게 될까? 많은 사람이 이 전자가 게르마늄-비소 혼합물의 경우처럼 움직일 거라 생각할 것이다. 하지만 놀랍게도 이 전자는 '전공'과 쌍을 이룬다. 게르마늄에 붕소를 섞을 경우, 순수한 게르마늄 결정이 전자가 발견되는 자리에 가 진공처럼 행동하게 되는데 이것을 전공이라 한다. 게르마늄-비소 혼합물에 전압을 가할 경우 전자가 양극을 향해 움직이듯이 붕소 혼합물에서 전공은 음극을 향해 움직인다. 즉 전공 역시 전류를 운반할 수 있는 것이다.

자유전자를 가진 게르마늄-비소 반도체를 'n(negative)형 반도체'라 하며, 양전하처럼 행동하는 자유전공을 가진 게르마늄-붕소 반도체를 'p(positive)형 반도체'라 한다. 이제 게르마늄 결정의 반은 n형 반도체로, 나머지 반은 p형 반도체로 만들고 각각에 전극을 연결시키면 어떻게 될까? 먼저 n형 반도체는 음극에 p형 반도체는 양극에 연결하는 경우, n형 반도체의 전자는 양극 쪽으로 p형 반도체의 전공은 음극 쪽으로 이동할 것이다. 따라서 결정 안에는 전류가 발생한다. 하지만 반대의 경우 즉 n형 반도체에 양극을, p형 반도체에 음극을 연결할 경우에는 결정에 전류가 흐를 수 없게 된다.

n-p형 반도체의 이런 성질을 이용해 반도체의 결정에 교류를 걸어주면, 한쪽 방향의 전류는 흐르지만 그 반대의 경우는 전류가 흐르지 못하게 된다. 즉 n-p형 반도체는 진공관과 마찬가지로 정류기로 사용될 수 있는 것이다. 이 반도체를 이용해 진공관이 갖고 있는 문제점을 단번에 획기적으로 해결한 것이 바로 트랜지스터다. 트랜지스터는 전기적 신호를 증폭하고 전달하는 반도체 장치로, '옮긴다'와 '저항한다'는 두 말을 합쳐서 만든 것이다.

이를 보다 심층적으로 연구하던 벨연구소의 쇼클리William Bradford Shockley, 브래튼, 바딘 등은 3극 진공관과 같이 증폭기로 사용할 수 있는 n-p-n형의 트랜지스터를 제작했다. 이것이 컴퓨터 등 전자 제품에서 안 쓰이는 곳이 없는 접합 트랜지스터다. 이 발명으로 바딘, 쇼클리, 브래튼은 1956년에 노벨 물리학상을 수상했다. 그들의 노벨상 수상은 '점접합형 트랜지스터 발명과 개량으로 라디오, 전화 발달에의 공헌'으로 인한 것이었다. 반도체 물질로는 실리콘(규소)과 게르마늄이 많이 쓰인다. 납이나 아연에 포함돼 있는 게르마늄은 불순물을 정제하기는 쉬워도, 열에 약해 65~70도 이상이 되면 반도체의 특성이 아주 나빠져 높은 온도에서는 사용할 수가 없다.

실리콘은 지구상에서 산소 다음으로 풍부한 원소로서, 실리콘의 산화물인 이산화규소는 차돌이나 모래가 주성분이다. 실리콘은 태양전지를 만드는 원료로서, 1970년대 말에 국내에서 에너지 파동이 일자 차돌이 에너지 문제를 해결할 수 있다고 발표된 적이 있다. 그 발표를 보고 전혀 쓸모없는 차돌 밭의 땅 값이 뛰었다는 일화가 있지만 실리콘은 아주 흔한 물질이다. 이렇게 흔한 실리콘을 정제하면 훌륭한 반도체 물질이 되지만, 0.1퍼센트의 불순물이라도 섞여 있으면 효과가 없다. 다행히도 1952년 '구역 정제법'이라는 기술이 개발돼 이 문제점이 해결됐다. 이것은 녹은 결정체가 응고할 때 불순물은 녹은 부분에 남아 있기 쉬우며, 굳은 부분에는 극히 소량만 섞여 있는 현상, 즉 편석효과偏析效果를 이용한 것이다. 이 방식을 6~8회 되풀이하면 99.9999999, 즉 9자가 9개 이상 붙어 있는 마법의 돌이 생산된다. 현재는 9가 10개 붙어 있는 제품도 생산되고 있다.

트랜지스터는 진공관이 갖고 있는 모든 문제점을 한 번에 해결했다. 이것은 진공상태가 필요 없기 때문에 진공관에 비해 크기가 크게 줄었으며, 깨지거나 누전이 생기지 않는다. 또한 상온에서 작동하므로 적은 양의 전류로도 사용이 가능하고 준비 기간이 필요하지 않았다. 100만분의 1와트라는 극소한 전력에도 작동할 뿐 아니라, 수명이 거의 반영구적이며 진동에 강하고 작용이 신속하다는 장점이 있다.

반도체에 대한 연구는 계속 진전됐다. 클리칭Klaus von Klitzing은 1980년 반도체의 전기적인 특성이 재료의 결정구조나 구성 성분과는 전혀 관계가 없는 어떤 식으로 결정된다는 것을 발견했다. 이는 당시까지 정설이었던 반도체의 전기적인 특성은 그 반도체의 결정구조에 의한다는 생각에 반대되는 것이었다. 이것을 '양자 홀 효과'라고 하며, 반도체를 제어하는 데 결정적인 기여를 했다. 그의 연구에 의해 극저온과 강한 자기장 내에서는 어떤 재료에서 얼마나 되는 길이와 두께의 도선을 만들어야 정확히 $1\,\Omega$(옴)의 저항이 되느냐를 결정해야 할 필요가 없어진 것이다. 그는 이 연구로 1985년 노벨 물리학상을 받았다.

1948년 쇼클리 등에 의해 트랜지스터가 발명된 후, 그것의 개발은 눈부셨다. 처음에는 반도체를 이용한 트랜지스터가 저주파에만 사용됐으나, 1950년대 후반부터 라디오파에도 사용돼 트랜지스터 라디오가 만들어지고 소위 트랜지스터 시대를 출현시켰다. 한편 1958년에는 몇 개의 트랜지스터를 조합한 반도체 칩으로 이뤄진 집적 회로IC가 발명되면서 컴퓨터의 성능은 기하급수적으로 발전한다. 1965년 집적 회로의 발명자이자 반도체 회사인 인텔의 고든 무어는 실리콘 칩에 집적되는 전자소자의 수량이 해마다 두 배씩 증가할 것이라고 예측했다. 추후 무어는 1년이 아니라 2년마다 두 배가 될 것이라고 수정했지만, 그의 예상은 적중해 1965년의 칩에는 트랜지스터가 겨우 64개 들어 있었으나 1999년 제품에는 2800만 개가 집적됐을 정도다.[72]

1960년대에 들어서는 각 회사마다 IC, LST, VLST, ULST를 거쳐 바이오칩 등 집적도를 향상시키기 위한 경쟁이 치열하게 전개돼 더욱 작고 강력한 반도체 기술을 탄생시켰다. 마이크로프로세서가 소형화됨에 따라 칩에 조합되는 트랜지스터의 수는 수백 개에서 수백만 개로 급증했고, 배선 부분의 폭이 100 나노미터에 접근해, 21세기 초에는 수십억 개의 수준에 도달할 것으로 예상된다.

이러한 초소형 반도체 소자 덕분에 인공위성과 우주선 등이 여러 기능을 할 수 있음은 물론, 가정에서 라디오, TV, VTR, 도난 경보기, 게임기 등의 전자 제품을 사용할 수 있게 됐다. 또한 인터넷을 통해 이들 전자 제품을 원격 조정하는 일도 가능해져, 집으로 들어가는 도중에 필요한 방송을 비디오로 녹화 예약하거나 전자레인지의 스위치를 넣는 일도 할 수 있게 됐다. 현대 문명으로 표현되는 전자 혁명은 바로 반도체로부터 시작됐다고 해도 과언이 아니다.

1969년 정보기술IT을 획기적으로 발전시킨 두 가지 기술이 태어난다. 마이크로프로세서와 인터넷이다. 인텔의 기술자인 마르시언 에드워드 호프 박사는 1969년 칩 한 개에 컴퓨터 한 개가 들어가는 회로를 설계했다. 최초의 마이크로프로세서가 도면 위에 탄생한 것이다. 1971년 인텔은 4비트인 '4004'를 생산했는데, 크기는 성냥갑만 했지만 무게는 30톤에 이르는 에니악과 성능이 비슷했다. 1983년 애플사에 의해 퍼스널 컴퓨터가 등장한다. 그것은 마우스와 그래픽 사용자 인터페이스GUI를 채용해 세계를 놀라게 했고, 이제 누구나 가정에서 한두 대씩 설치할 정도로 폭발적인 보급 실적을 보였다.

한편 1969년 미국 국방성의 고등연구기획성ARPA은 당시 소련의 침략에도 파괴되지 않을 컴퓨터 네트워크를 연구하면서 몇몇 대학의 컴퓨터를 연결하는 아르파넷Arpanet을 구축했다. 이것이 세계적으로 접속 범위를 확대하면서 컴퓨터 네트워크인 인터넷으로 발전했다. 이제 인터넷에 연결된 컴퓨터 사용자들은 인터넷 안에 형성된 가상공간인 사이버스페이스cyberspace에서 실생활과 구분되지 않을 정도의 새로운 삶을 살고 있다. 컴퓨터가 없는 세상은 생각할 수도 없게 된 것이다.[73]

비사교적인 튜링의 총기 사건

—

전쟁이 끝나고 튜링은 1948년까지 국립물리학연구소에서 컴퓨터 개발 프로

젝트 팀장으로 일했다. 1946년 미
국이 만든 에니악이 놀랄 만한 연
산능력을 갖췄다고 하자 그는 그
보다 뛰어난 컴퓨터를 만들겠다
고 자청했고, 드디어 이를 개발했
다. 그는 곧이어 맨체스터대학의
컴퓨터연구소 부소장에 임명됐으
며 인공지능 연구에 집중했다.
1951년에 튜링은 영국 왕립학회
회원이 됐다. 이후 그는 급격히 추
락한다.

말년이 불행했던 튜링.

　튜링에 대해서 잘 알려지지 않
은 것은 영국 정보부에서 근무했기 때문이기도 하지만, 그의 돌출적이고 비사
교적인 성격 때문이다.[74] 콜로서스를 개발할 때 많은 사람이 그를 싫어했는데
그는 멜빵 대신 새빨간 줄을 바지에 묶고 나타나는가 하면, 자전거로 출퇴근하
면서 봄만 되면 꽃가루를 조심해야 한다며 방독면을 쓰고 다니는 등 기이한 행
동을 많이 했다. 동료들이 더욱 그를 싫어한 것은 다음 사건 때문이다.

　"튜링은 자신이 사용하는 컵을 다른 사람이 쓰는 것을 몹시 싫어해 다른 사람들
에게 자기 컵을 쓰지 말아달라고 했다. 그럼에도 불구하고 자신의 말이 통하지
않자 머그컵을 남이 사용하지 못하도록 난방기에 자물쇠로 채워놓았다. 튜링의
행동이 지나치다고 생각한 동료들은 그가 신경을 쓰지 못하게 한 후 컵의 자물
쇠를 풀었다. 튜링이 화가 나서 펄펄 뛰는데도 동료들이 심각하게 받아들이지

않자 튜링은 동료에게 총을 쏘았다. 튜링은 도망갔지만 그가 극비 중의 극비를 다루는 인물이라 지명수배도 하지 못하고 그의 사진 한 장도 구할 수가 없자 사건을 각하했다. 얼마 후 튜링이 다시 연구소로 돌아오자 동료들은 더이상 그를 놀리지 않았다."

튜링이 자살하게 된 직접적인 요인은 그가 동성애자였기 때문이다. 1952년 1월 튜링은 아놀드 머레이라는 젊은 남자와 동성애관계를 맺었지만 곧 시들해졌다. 그러던 중 튜링의 집에 도둑이 들자 그는 머레이가 의심스러워져 추궁했다. 머레이가 자신의 친구가 튜링의 집을 털자고 제의했다는 것을 자백하자 튜링은 경찰에 도난 사실을 신고했다. 문제는 경찰이 튜링을 조사하면서 그가 동성애자임을 알게 된 것이었다. 당시 영국에서 동성애는 2년 이하의 징역에 처할 수 있는 범죄 행위였기에 경찰은 튜링과 머레이를 '심각한 외설죄'로 고발했다. 전쟁 영웅이었던 학자가 19세 소년과 불법적인 성관계를 맺었다는 기사가 신문에 실려 소문이 확산됐음에도, 튜링은 법정에서도 자신은 동성애가 왜 죄가 되는지 모르겠다고 순진한 변호를 하다가 유죄판결을 받았다.

법원은 금고형을 받든지 아니면 호르몬요법 처방을 받든지 둘 중에 하나를 선택할 것을 명령했고, 그는 여성 호르몬 처방을 받는 쪽을 택했다. 하지만 당시의 호르몬요법은 부작용이 심각했다. 그렇지 않아도 심한 스트레스를 받던 튜링은 발기 불능과 가슴이 커지는 등의 부작용이 생기고 영국 정부의 일급 기밀 전산 프로젝트에서도 보안 인가를 취소당하는 시련까지 겪었다. 결국 그는 1954년 42살이 되던 해 맨체스터 전산연구소에서 한 장의 유서도 남기지 않은 채 청산가리가 든 사과를 먹고 목숨을 끊었다.[75] 당시 언론에서는 평생 결혼도 하지 않은 튜링에 대해 "위대한 천재의 우울증에 의한 죽음"이라고 짧게 보도

했다.

현대 과학은 컴퓨터 없이는 불가능하다고 단정적으로 말할 수 있다. 튜링에 의해 첫선을 보인 컴퓨터는 오늘날 산업 현장은 물론 우주 과학이나 유전 탐사, 인체의 질병 검사와 치료, 스포츠, 선거 등 여러 분야에서 다양하게 쓰이고 있다. 비록 전쟁이라는 특수한 환경에서 태어났지만, 컴퓨터가 인간과 함께 있는 한 이제껏 거의 무명이었던 과학자의 이름은 인류 문명사에서 영원히 기억될 것임이 틀림없다.

암산의 천재 폰 노이만의 놀라운 발명

—

튜링은 콜로서스를 개발했음에도 컴퓨터 개발자로서는 잘 알려지지 않은 반면, 존 폰 노이만(1903~1957)은 현대 컴퓨터를 창안한 주역의 한 명으로 알려져 있다. 그는 경제학과 군사 전략 분야에 적용되는 게임이론을 개발했을 뿐만 아니라 '현대 컴퓨터의 아버지'로도 불리는데, 존 시몬스는 현대세계를 형성하는 데 널리 영향을 끼쳤고 또 계속 영향을 끼치고 있는 '사이언티스트 100명' 중에서 51번째로 거론했다.

그의 업적은 1946년에 현재의 컴퓨터와 같이 기억장치에 컴퓨터의 명령과 수치를 함께 기억시키는 내장 방식을 고안한 것이다. 이것이 현대 컴퓨터의 기본 원리가 돼 1949년 최초로 '에드백EDVAC'이 완성됐다. 수은지연회로에 의한 전용의 기억장치는 1024개 언어의 기억용량을 가지고 저장된 자료 및 명령에 의해서 연산을 할 수 있다.

폰 노이만은 1903년 12월 28일 헝가리에서 유태인 중산층 가정에서 태어났다. 신동인 그는 여섯 살 때 이미 여덟 자리 숫자를 암산으로 나눴으며 여덟 살

때 미적분을 배웠다. 역사에도 관심을 보여 잔 다르크의 재판과 미국 남북전쟁 전투 장면도 모두 암송할 정도였다고 한다. 추후의 일이지만 최초의 프로그램 내장형 컴퓨터(폰 노이만 형 컴퓨터라고 부름)인 에드백이 완성됐을 때 "드디어 세상에서 두번째로 계산을 빨리하는 물건이 만들어졌다"라고 농담했다. 연구원들은 폰 노이만에게 장난삼아 오른쪽에서 네번째 자리의 숫자가 7이 되는 가장 작은 2의 거듭제곱을 구하는 시합을 컴퓨터와 해보라고 제안했다. 놀랍게도 폰 노이만이 에드백보다 더 빨리 정답을 구했다(정답은 2^{21}로 2097152). 아무리 그 당시 컴퓨터의 성능이 떨어진다 해도 이쯤 되면 그의 천재성을 인정하지 않을 수 없다. 다음의 일화는 그의 암산능력을 보여준다. 어느 날 한 사람이 다음과 같은 문제를 노이만에게 주었다.

20마일 떨어져 있는 두 대의 자전거가 시속 10마일의 속도로 마주보고 달리기 시작했다. 그 순간 자전거를 타고 있던 한 사람의 코에 앉아 있던 파리가 시속 15마일의 속도로 반대편 자전거를 향해 날아가, 타고 있던 사람의 코에 닿자마자 다시 반대 방향으로 날기를 반복했다. 두 자전거가 만날 때까지 파리가 날아다닌 거리는 얼마인가?

답은 두 자전거가 만날 때까지의 시간을 구한 다음 파리의 속력을 곱하면 간단하다. 하지만 파리가 날아간 거리를 차례로 구해서 그 일반항을 더한 무한급수를 계산해도 가능하다. 폰 노이만이 문제를 듣고 단 몇 초 만에 '15마일'이라고 답하자 질문자는 트릭을 알고 있다며 매우 실망하는 눈치로 말했다.

"대부분의 사람은 이 문제를 무한급수의 합으로 구하려 하니까요."

이 말에 폰 노이만은 눈이 휘둥그레지면서 "트릭이라니요? 나도 무한급수의 합으로 구했는데요"라며 되물었다. 여하튼 암산에 관한 한 세계적인 천재였던 그는 1921~1923년에 베를린대학, 1923~1925년에는 취리히대학에서 화학을 전공했고, 1926년 부다페스트대학에서 수학박사 학위를 받았다. 1920년 말부터 게임이론에 관심을 보였는데, 그는 다양한 우연 게임과 그 게임을 진행하기 위한 전략적 규칙을 수학

노이만은 그 자체가 에니악 수준의 컴퓨터와 맞먹는 계산능력을 갖춘, 한마디로 비상한 두뇌를 내장한 인간 컴퓨터였다.

적으로 분석하기 시작했다. 1928년에 발표한 「실내게임이론」에서 그는 상대방의 잠재적인 전략이 최선의 수를 발견하는 데 아무 영향도 끼치지 않는 체스같이 '엄격한 조건이 규정된 게임'과 전략이 상호 연관돼 있는 포커 같은 게임을 따로 구분했다. 그는 포커의 경우 경기자가 전략을 마음대로 바꿀 수 있는 최적의 '혼합 전략'이 존재한다고 주장했다. 1944년에는 『게임이론과 경제 행위』를 출간한다. 경기자가 연합하는 것이 유용하다는 비非제로섬 게임 개념도 그가 만든 것이다.

하지만 그의 가장 중요한 역할은 역시 컴퓨터 개발이다. 1943년 초 미국은 로스알라모스연구소에서 본격적인 원자폭탄 개발에 들어갔다. 문제는 고온·고압 기체 내에서 고속충격파 및 연쇄반응에 대한 계산으로 당시의 탁상용 계산기로는 주어진 시간 내에 계산을 마칠 수 없었다. 이때 자문위원으로 참여한 노이만은 마침 에니악을 개발하고 있던 존 윌리엄 모클리와 프레스퍼 에커트를 만난다. 에니악을 본 노이만이 '1만 9000개의 라디오 진공관으로 두뇌를 모

방하는 것이 필요하다'고 생각할 정도로 에니악은 초대형 기계였다. 노이만의 참여로 에니악은 원자폭탄의 분열 계산을 예정된 시간에 마칠 수 있었고, 결국 일본의 히로시마와 나카사키에 투하된 원자폭탄을 탄생하게 만든다.

제2차 세계대전이 끝난 후 노이만은 프로그램 저장장치라는 개념, 즉 프로그램된 컴퓨터를 개발하는 데 기여한다. 에니악은 필요한 연산과 데이터를 모두 펀치카드로 입력해야 했는데, 이럴 경우 컴퓨터가 실제로 계산하는 데 필요한 시간보다 연산을 읽는 시간이 더 들어갈 수 있다. 노이만은 튜링의 논문에서 힌트를 얻어 프로그램을 메모리에 내장한 컴퓨터 아이디어를 도출한다. 소위 '폰 노이만 구조'라 불리는 이러한 기본 구조는 지금까지도 모든 컴퓨터에 그대로 사용되고 있다. 문서를 작성하거나 게임을 하려고 컴퓨터를 켜는 순간 우리는 튜링과 노이만이 제시한 아이디어에 따라 움직이는 것이다.

엘 셔킨에 따르면 폰 노이만의 천재성은 "다른 사람들이 기계에 조잡한 디지털 명령을 쓰는 동안 그는 컴퓨터가 존속하는 한 수정을 거치면서 존속되는 명령을 개발했다"는 데 있었다. 오늘날 프로그램의 구조를 표시할 때 사용하는 흐름도Flow Chart도 노이만과 메트로폴리스가 1950년대 초에 개발한 것이다. 그의 컴퓨터가 활용한 첫번째 프로그램은 기상 예측이었고 미 국방부에서 곧바로 채택했다. 물론 그가 초기에 컴퓨터를 설계할 때 비인간적인 측면을 강조했다는 비판도 존재한다. 컴퓨터를 작업장과 수천만 명의 일상생활 속으로 파고들도록 유도하면서 '인간의 인간적 활용'이라는 개념을 배제했다는 것이다.

유태인 출신인 폰 노이만 가문은 매우 특이한 경력을 갖고 있다. 1930년경 반유태주의를 피하기 위해 기독교로 개종했고, 사망하기 직전에 가톨릭으로 개종했지만 그의 생애 대부분은 무신론자였다. 병석에 있는 동안 친구들과 군인사들이 문안을 했지만 그가 치매 현상으로 자주 헛소리를 하고 기밀을 누설하자 침대 곁에 군인 한 명을 배치했다. 하지만 그는 헛소리도 헝가리어로 했기에 원자폭탄에 관한 비밀은 누설되지 않았을 것으로 추정한다. 그는 1957년 2월 8일 췌장암으로 눈을 감았다.

제2차 세계대전 중에 개발된 콜로서스가 맹활약했음에도 불구하고 영국은 세계 최초의 컴퓨터는 에니악이라는 데 주저하지 않았다. 그것은 콜로서스가 제2차 세계대전의 첩보전을 위해 동원됐기 때문에 군이 컴퓨터의 최초 개발자가 누구냐를 밝히기 위해 콜로서스를 공개할 필요는 없다고 판단했던 것이다. 실제로 노르망디상륙작전 수립에 대한 세부 사항은 오늘날까지도 비밀로 남아 있는데, 전 영국 정보부 간부 해리 힌슬리 경은 1986년 노르망디상륙작전에 콜로서스가 큰 역할을 했음을 간접적으로 비쳤다.

"암호 해독 작전이 상륙 계획을 효과적으로 바꿀 수 있도록 적절한 정보를 제때 제공해주었다."

1974년 블레츨리 파크의 암호 해독 작전에 동참했던 프레더릭 윌리엄 윈터보섬F. W. Winterbotham이 『울트라의 비밀The Ultra Secret』이라는 책을 발간했다. '울트라'는 암호 해독 작전명으로 영국 정부로부터 에니그마 해독에 얽힌 이야기를 써도 좋다는 허락을 받았기 때문이다. 비로소 튜링을 비롯한 암호 해독반의 역할이 공식적으로 인정을 받았다는 것을 의미하며, 더불어 튜링의 진가를 알릴 수 있는 기회가 됐지만 아쉽게도 튜링이 사망한 지 20년 뒤의 일이었다.[76]

하나의 질문이
세기를 뒤흔들다

레이저

찰스 타운스 Charles H. Townes, 1915~

타운스는 메이저를 개발한 후 한 가지 아이디어를 떠올렸다. 마이크로파를 증폭시키면 다른 파도 증폭시키는 게 가능하지 않겠느냐는 것이었다. 이는 빛도 가능하지 않을까 하는 질문을 던진 거나 다름없다. 역사에서 레이저가 실용화되는 순간이었다.

오펜하이머 John Robert Oppenheimer • 원자폭탄 개발 | **밀리칸** Robert Millikan • 근대 미국 물리학의 자존심 | **알렉산더슨** Ernst Alexanderson • 고주파 교류발전기 제작 | **부트** Henry Boot와 **랜달** John Randall • 공진공동마그네트론 개발 | **바소프** Nikolai Gennadiyevich Basov • 양자광학 발전에 지대한 역할 | **프로호로프** Alexander Mikhailovich Prokhorov • 메이저 및 레이저 발명 | **숄로** Arthur Schawlow • 레이저분광학 발전에 공헌 | **메이먼** Theodore H. Maiman • 최초의 레이저광 제조 | **블렘버겐** Nicolaas Blömbergen • 고분해능의 전자분광학 연구 | **펜지아스** Arno A. Penzias와 **윌슨** Robert W. Wilson • 빅뱅시 생긴 우주 배경복사 발견 | **굴드** Gordon Gould • 타운스와 레이저 발견 분쟁 일으킴

어설픈 소년이 20세기를 뒤바꾸다

—

인류 문명이 탄생한 이후 과학자 집단은 모든 분야에서 인류 문명을 새롭게 만드는 데 열중했지만, 아이러니하게도 그들이 최고의 기술을 동원한 것은 군사 무기 분야다. 제1차 세계대전 이전에는 고작해야 총과 대포와 같은 원시 무기, 기상 조건, 지휘관의 통찰력, 군사의 숫자와 사기만으로도 전쟁의 승패를 결정지을 수 있었다. 하지만 제1차 세계대전 중에 비행기와 탱크가 등장하고, 곧이어 발발한 제2차 세계대전에서 최첨단 탱크, 항공모함, 잠수함은 물론 고성능 전투기가 개발되면서 전쟁의 형태는 변화하기 시작했다. 특히 제2차 세계대전 중에 등장한 무전기와 레이더, 원자폭탄 등은 전쟁의 형태를 근본적으로 바꿔놓았다.

학자들은 이들 무기의 개발로 전쟁이 단시간 내에 끝날 수 있었다고 생각한다. 사실 많은 군인과 정치가들은 제2차 세계대전이 적어도 5~10년은 더 지속되리라 생각했다. 하지만 대량 살상 무기의 등장은 더이상 전쟁을 계속할 수 없게 만들었던 것이다. 전쟁이 끝나자 과학자들은 연구의 시각을 평화로운 분야로 돌리기 시작했다. 핵무기를 개발했던 학자들은 입자물리학 분야로 연구 방향을 돌렸으며, 레이더를 개발하던 학자들은 원거리 통신 및 천체물리학을 연구하기 시작했다.

이때 마이크로파를 연구하던 학자들 중에 한 명이 제1, 2차 세계대전의 모든 발명에 버금갈 만한 획기적인 이론을 내놓는다. 그가 바로 미국의 물리학자 찰스 타운스Charles Townes다. 그는 1915년 7월 사우스캐롤라이나 주의 그린빌 인근 농가에서 태어났다. 열 살 때 변호사인 아버지가 선물로 시계를 사주자 그는 작동 원리를 알기 위해 시계를 분해해서 조립했다. 그는 자신이 기계에 흥미를 갖고 있다는 것을 알고 자동차, 라디오 등 무엇이든 고장이 나면 어설프게라도 고쳐보려 했다. 그럼에도 불구하고 그는 농가에서 살았기에 생물학자가 되려 했는데, 풀만대학에 들어가자마자 물리학으로 전공을 바꿨고 캘리포니아 공과대학 대학원에 입학했다.

캘리포니아 공과대학에는 추후에 원자폭탄을 개발한 로버트 오펜하이머 Robert Oppenheimer와 원자물리학 분야로 노벨상을 수상한 로버트 밀리칸Robert Millikan 교수 등이 있었다.

하지만 그가 대학을 졸업하던 1939년은 대공황의 후유증이 아직 치료되지 않은 상태여서 물리학 박사학위로는 직장을 얻을 수 없었다. 대학에서 강의하고 싶은 생각도 있었지만 결국 벨연구소의 문을 두들긴다. 그곳에서 그는 항법장치와 폭격에 이용할 장치, 즉 레이더에 관한 연구를 하라는 주문을 받았다. 타운스는 추후에 이 임무가 마음에 들지 않았다고 술회했지만, 결론은 그에게 불후의 명성을 가져다주는 임무가 된다. 그가 수행해야 할 업무는 전자공학이고 마이크로파였는데, 그것이 바로 레이저 개발로 이어지기 때문이다.

타운스, 메이저를 탄생시키다

—

마이크로파는 파장이 짧고 주파수가 높은 전파로서 파장은 초고주파인 자외선과 일반적인 전파의 중간 정도다(1밀리미터에서 30센티미터). 마이크로파는 원자를 들뜨게 하는 성질이 있어서 과학자들은 이를 이용해 다른 상태에 놓여 있는 물질들을 조사할 수 있게 됐는데, 이것이 전자레인지의 기본 원리다. 당시 마이크로파 기술은 1900년대 초에 제너럴 일렉트릭의 에른스트 알렉샌더슨Ernst Alexanderson, 뉴욕의 리 드 포레스트, 런던의 존 암브로스 플레밍의 연구 결과에 주로 의존했다. 그런데 1930년대 말에 파장이 몇 밀리미터 정도로 짧은 마이크로파를 방출할 수 있는 진공관이 마이크로파의 기본 기술이 됐다.

진공관은 공기를 뺀 유리관과 그 안에 들어 있는 도선과 금속판으로 된 전극으로 구성돼 있으며, 전류와 전자신호를 조절할 수 있는 기능이 있다. 잘 알려진 사실이지만 진공관은 1948년에 트랜지스터가 발명되기 전까지 TV, 라디오, 초창기 컴퓨터 등의 부품으로 사용됐다. 학자들은 파장을 더 짧게 하면 더 강력

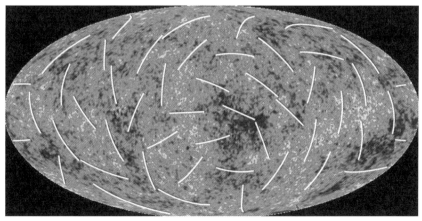

마이크로파를 이용해 하늘의 분극 현상을 촬영한 모습.

한 복사선을 얻을 수 있다고 추론했다. 그렇다면 분자와 원자의 행동을 이용해서 복사선도 통제할 수 있게 된다. 하지만 이러한 추론은 진공관 수준의 기술로는 이룰 수 없고 다른 장치를 필요로 했다.

이 연구를 부여받은 사람이 바로 타운스다. 마침 레이더 개선의 임무를 부여받을 때 그의 연구를 결정적으로 도와줄 장비가 개발됐었다. 1939년에 영국의 과학자 헨리 부트와 존 랜들이 강력한 극초단파를 생성할 수 있는 공진공동마그네트론이라는 장비를 개발했던 것이다. 레이더의 기본 원리는 비교적 간단하다. 레이더 장치는 특정 파장의 무선신호를 퍼뜨리는데, 이들 신호가 전함이나 비행기 같은 물체에 부딪쳐 반사되면 이를 파악해 그 물체가 어디 있는지를 식별하는 것이다. 이때 신호의 파장이 짧을수록 수신된 정보는 더 정확하다.

타운스가 연구하고 있던 레이더 항법 폭격장치는 10센티미터부터 3센티미터 파장까지를 사용했는데, 군에서는 0.25센티미터의 파장을 원했다. 또한 비행기에서도 사용할 수 있는 소형 안테나를 주문했는데, 이때 문제점은 이 정도 파장에서는 기체 분자가 파동을 흡수할 수 있다는 점이다. 즉 대기 중의 수증기(안개·비·구름)가 레이더의 작동을 방해할 수 있다는 것이다.

타운스는 제2차 세계대전이 끝날 때까지 수증기의 파동 흡수 문제를 해결하지 못하고 전

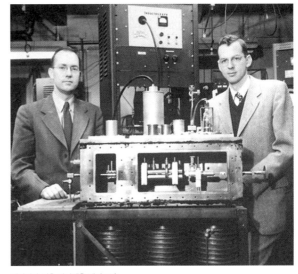

메이저가 처음 발명됐을 때의 모습.

쟁이 끝나자 콜럼비아대학으로 옮겨갔다. 그곳에서도 전쟁 중에 해결하지 못한 문제에 계속 매달렸는데 어느 날 아이디어가 떠올랐다. 그것은 과거의 전자회로를 이용하는 방법에서 벗어나 분자 자체를 조작하는 것이었다. 이제 문제는 분자를 조작하는 방법을 알아내는 것이다. 다행히도 그는 마이크로파를 잘 흡수하고 파장에 따라 강력하게 상호작용을 하는 암모니아를 알고 있었다. 그는 암모니아 분자들을 높은 에너지 준위로 격리시킨 다음 적절한 크기의 극초단파 광자로 충격을 주는 데 성공했다. 입사된 광자는 많지 않았지만 대량의 광자가 나왔다. 즉 입사된 복사가 아주 크게 증폭된 것으로, 고에너지 복사선 빔을 만든 것이다.

1953년 12월 타운스는 드디어 어느 방향으로든 강력한 마이크로파를 생성할 수 있는 장치를 만드는 데 성공했다. 그는 이 과정을 '자극받은 분자의 복사에 의한 극초단파의 증폭'의 뜻인 '메이저MASER(Microwave Amplification by Stimulated Emission of Radiation)라 불렀다. 이론은 아주 간단하다. 암모니아 분자가 극초단파의 복사에 노출되면 두 가지 변화가 일어난다. 첫째는 낮은 에너지 준위에서 높은 에너지 준위로 올라가는 것이고, 다른 하나는 그 반대다. 보통의 경우는 에너지 준위가 올라가는 과정이 훨씬 많이 일어난다. 하지만 모든 암모니아 분자를 높은 에너지 준위에 있게 한다면 낮은 에너지 준위로 떨어지는 과정이 많이 일어난다.

이때 극초단파의 복사가 1개의 광자를 제공하면 암모니아 분자 1개가 낮은 에너지 준위로 떨어지는데, 동시에 암모니아 분자로부터 전자 1개가 방출된다. 즉 최초의 전자와 방출된 분자 2개의 전자가 있게 된다. 다시 2개의 전자는 2개의 암모니아 분자를 흔들고 2개의 전자가 방출된다. 다음에는 4개의 전자가 방출되는 등 연쇄작용이 일어나 처음에 입사된 하나의 전자에 의해 같은 크기를 갖고 같은 방향으로 행동하는 전자의 폭발적인 이동이 일어나게 된다. 타운스는 소련의 바소프Nikolai Basov, 프로호로프Alexander Prokhorov와 공동으로 1964년 노벨 물리학상을 받았는데, 그 둘도 타운스와 동일한 연구를 했다.

레이저의 개발

—

타운스는 메이저를 개발한 후 한 가지 아이디어를 떠올렸다. 마이크로파를 증폭시키면 다른 파의 증폭도 가능할 거란 생각이었다. 이는 빛도 가능하지 않을까 하는 질문을 던진 거나 다름없다. 레이저가 실용화되는 것이다. 사실 타운스에게는 빛을 실용화한다는 생각은 없었다. 그는 추후에 다음과 같이 말했다.

"파장이 짧은 파동을 만들려고 했던 이유는 과학을 하기 위해서였다. 분자에 관해 더 많은 것을 알고자 했지 응용에 대해서는 생각하지 않았다. 레이저 광선을 밝은 빛 같은 것으로 생각하지 않았다. 그저 분자에 관해 더 알고 싶었기 때문에 그 분자를 연구할 수 있는 파장이 짧은 파동을 만들려고 했다."

그가 궁극적으로 성공할 수 있었던 것은 아서 숄로Arthur Schawlow(1921~1999)라는 물리학자 때문이기도 하다. 그들은 1949년에 콜럼비아대학에서 만난 적이 있고 1955년 분광학에 대해 공동으로 저술한 적도 있다. 1956년 타운스는 벨연구소에 근무하는 숄로를 찾아갔다. 그들은 메이저의 원리를 마이크로파 영역에서 끌어내 가시광선이나 자외선과 같은 파장이 더 짧은 영역으로 확장하는 데 의견이 일치했다. 그들은 모든 파장, 즉 광파에도 메이저를 이용할 수 있다고 결론 내렸다. 광파는 파장이 약 1000분의 1밀리미터인데, 마이크로파

타운스(왼쪽)와 아서 숄로.

는 파장이 약 1밀리미터다.

여하튼 그들은 한 가지 주파수로 융합될 수 있으며 한 방향으로 정확히 진행할 수 있는 간섭성 빛을 생산하는 장치 개발에 착수했다. (간섭성과 반대되는 것은 비간섭성인데, 이는 사방으로 산란되는 광양자(빛의 최소 단위)를 뜻하며, 일반적인 빛은 비간섭성이다.) 원리적으로 메이저는 전자기파의 어느 파장에도 응용이 가능하지만, 가시광선 파장 범위의 광선을 증폭시키는 메이저가 레이저 LASER(Light Amplification by the Stimulated Emission of Radiation)다. 태양 광선을 프리즘에 통과시키면 무지개 색의 분광 현상이 생긴다. 레이저는 그 무지개 색 가운데 단 하나의 색, 즉 단일 진동수의 빛을 내보내는 장치다.

레이저에서 방출된 빛은 간섭성이 강하며, 진행 방향이나 파장이 일정하다. 따라서 레이저 광선은 퍼지지 않고 가느다란 빛으로 아주 멀리까지 진행해나갈 수 있다. 1600킬로미터나 떨어진 곳에서 발사한 레이저 광선으로 커피 주전자를 가열할 수 있을 정도며, 1962년에 달을 향해 발사된 레이저는 40만 킬로미터의 우주 공간을 지나 달에 도착했을 때 직경이 약 3킬로미터 정도밖에 퍼지지 않았다. 최초의 레이저광은 1960년에 미국의 물리학자 테오도르 메이먼 Theodore H. Maiman에 의해 만들어졌다. 그는 산화알루미늄에 산화크롬을 첨가한 인조 루비 막대를 이용해 태양 표면에서 방출되는 빛보다 네 배 강한 붉은 빛을 얻을 수 있었다. 메이먼이 개발한 레이저를 '고체 레이저'라고 하며, 현재도 고출력의 광 펄스원으로 이용하고 있다. 한편 같은 해에 벨연구소의 야반은 네온과 헬륨 기체를 혼합한 광원을 사용하는 레이저 장치를 만들었다. 기체 레이저는 가시광을 포함한 여러 파장의 빛을 발생시킬 수 있고, 안정된 연속 발진을 하므로 영상 분야에서 널리 이용되고 있다.

레이저의 개발에서도 아인슈타인이 등장한다. 아인슈타인은 1917년 원자가 여기 상태일 경우, 동일한 에너지의 광자가 원자를 원래 상태로 돌아가도록 촉진시키면서 유도된 광자의 복제품 광자를 방출할 수 있다는 유도방출 이론을 발표했다. 원자가 에너지를 얻고 또 그 원자가 얻은 에너지와 같은 양의 에너지를 지닌 광자가 그 원자에 와서 부딪친다면 그 원자는 얻었던 에너지를 내놓는다. 이때 그 원자는 부딪쳤던 광자와 꼭 같은 크기의 광자를 내놓으며, 방출된 광자는 원래의 광자와 방향 특성, 파장, 위상, 그리고 편광 상태가 같다. 광자 하나가 들어오면 같은 광자 두 개가 나간다는 것은 마이크로파를 증폭할 수 있다는 가능성을 제시한 것이다.

20세기 최고의 과학자로 아인슈타인을 꼽는 것도 무리는 아니다. 사실 그가 10년만 더 살았다면 1961년 뫼스바우어 Rudolf Ludwig Mössbauer와 함께 상대성이론으로, 1964년에는 메이저와 레이저에 대한 기초 이론으로 노벨상을 수상해 사상 최초로 3개의 노벨상을 받았을 거라고 보는 학자들이 많다.

이제 레이저는 새로운 형태의 빛을 만들었다. 기존 광원에서는 빛을 파동으로 제어하는 방법이 없어 공간을 통해 에너지를 전달하는 것 외에는 활용 방법이 별로 없었다. 즉 조명이나 광학 기계 등에 사용하는 게 고작이었다. 이에 반해 레이저는 전파처럼 규칙적인 진동을 연속해서 발생케 하는 장치이므로 파장을 마음대로 조정할 수 있다. 현재 이용 가능한 레이저광의 파장 범위는 가시영역은 물론, 자외선과 전파 영역까지 넓혀져 파장마다 고유의 레이저 광선을 만들 수 있게 됐다. 이것이 레이저를 거의 모든 전자 제품에 사용하게 된 요인이다. 또한 레이저 쪽으로 움직이는 물체에서 반사된 빛은 도플러 효과에 의해 속도에 비례해서 진동수가 증가하고, 멀어지는 물체는 진동수가 감소한다. 이를 이용하면 아주 미세한 속도도 측정할 수 있어 수많은 산업 제품에 이용된다.

레이저 선속은 아주 강한 단색 광파로 특징지어진다. 블렘버겐Nicolaas Blömbergen은 매우 높은 빛의 강도에서 물질의 성질을 연구하기 위해 레이저를 이용했다. 왜냐하면 물질 내의 편광은 광파의 진폭에 더이상 비례하지 않기 때문이다. 그는 또한 분광학과 연관한 셋 혹은 네 개의 파선뿐만 아니라, 포화 분광학, 도플러 효과와 같은 새로운 분광학 기술에 모든 이론을 적용시켰다. 그 기술들은 자동차와 제트엔진 내의 연소장치와 생물학적 원료의 탐색같이 다양한 효과를 연구하기 위해 사용됐다.

레이저 분광학은 레이저 광선이 비춰진 물체의 원자와 분자의 성질을 이용하기 위해 이용된다. 표본이 흡수한 파장과 흡수된 에너지의 상대량은 화학적 변화, 화학 결합, 원자와 분자 에너지 준위들을 규정하는 데 사용될 수 있다. 아서 숄로는 주로 광학과 극초단파 분광학, 핵자기 공명, 초전도체와 레이저에 대한 연구를 했다. 숄로와 블렘버겐은 레이저 분광학의 발전에 대한 공헌으로 1981년 노벨 물리학상을 받았다. 또한 크뢰머 박사와 알페로프 박사가 실온에서 작동 가능한 반도체 레이저를 연구해, 레이저 시대를 여는 촉진제가 됐고 2000년 노벨 물리학상을 수상했다.

통신용 레이저가 인공별을 만드는 모습.

레이저의 혜택을 가장 많이 본 사람은 아마도 펜지아스Arno A. Penzias와 윌슨 Robert W. Wilson일 것이다. 그들은 메이저 증폭기를 이용해 빅뱅이 일어났을 때 생긴 우주배경복사를 발견해 1978년 노벨 물리학상을 수상했다. 1997년에는 스티븐 추Steven Chu, 코엔타누지Claude Cohen-Tannoudji, 필립스William D. Phillips 가 레이저를 이용한 원자의 냉각 및 포획 연구로 노벨 물리학상을 받았다.

레이저 개발에도 특허권 논쟁이 있었다. 타운스의 동료인 고든 굴드Gordon Gould와의 일이었다. 굴드는 1943년에 물리학 석사학위를 받은 후 뉴욕에서 원 자폭탄을 만드는 맨해튼 프로젝트에도 참여했고, 전쟁이 끝나자 콜럼비아대학 에서 광학과 마이크로파분광학을 공부했다. 그는 타운스가 최초의 메이저를 시연한 3년 뒤인 1957년 레이저에 대해 갑자기 영감이 떠올라 본격적으로 연구하기 시작했다. 그러던 중 기체를 채운 관 속에 있는 거울 사이에서 광파를 반사시키면, 1000분의 1초 이내에 물질을 과열시킬 수 있는 단일 파장의 집속된 광선을 만들 수 있다는 것을 발견했다. 이 아이디어는 곧 레이저가 산업, 통신, 군사용으로 유용할 것이라는 데 이르렀다.

그는 자신의 생각을 「레이저의 가능성에 관한 간략한 계산」이라는 글로 남겼다. '레이저'라는 단어의 창시자로 고든 굴드를 꼽는 이유다. 그런데 그는 이 아이디어를 특허로 제출하지 않고 자신이 직접 레이저를 개발할 생각을 했다. 단지 자신의 노트를 인근 과자 가게에서 설명하고 자신이 설명했다는 증명을 받아두었다. 그후 TRG라는 작은 회사에 입사해 자신의 아이디어를 국방성에 제출하고 특허를 신청했는데, 이때는 이미 타운스와 숄로가 특허를 출원한 지 몇 달 후였다. 더구나 두 사람은 굴드와는 달리 1958년 12월에 발표한 논문 「자외선과 광학 메이저」로 레이저의 발명자로 공인돼 있었다. 타운스는 이미 학계와 정부 요직에 있었기에 굴드와는 경쟁 상대가 되지 않았다.

이때만 해도 레이저가 실용화되지 않아 두 사람 간의 문제는 명예에 관한 것뿐이었다. 하지만 메이먼을 선두로 메이저, 레이저가 개발되자 사건은 복잡하게 얽히기 시작했다. 특허 논쟁 초기에는 굴드가 여러 면에서 불리했다. 특허 심사관은 굴드가 이전에 고안했다는 증거가 불확실하기 때문에 발명의 증거가 적절치 못하다고 판정 내렸다. 굴드는 자신이 타운스보다 레이저를 먼저 만들었다는 데 양보하지 않았다. 그는 자신이 출원하고 있는 특허권의 절반을 팔아 소송에 매달렸다.

결론은 굴드의 승리였다. 그는 1977년 특허청으로부터 '광학 펌핑 레이저'로 특허권을 인정한다는 통보를 받았다. 물론 특허청의 인정에도 몇몇 회사들

고든 굴드.

은 로열티를 지불하지 않으려 했지만, 1987년 법원은 또한번 굴드에게 유리한 판정을 내렸다. 그가 브롱코스의 과자 가게에서 증명받아둔 노트가 30년 후에 인정받은 것이다. 굴드는 소송으로 많은 자금을 소비했지만 산업용, 상업용, 의료용 레이저 장치의 80퍼센트가 광학적으로 펌핑되고 방전·여기되는 레이저 증폭기에 관한 원천 특허를 확보해 더 큰 로열티를 받는 행운아가 됐다.

한마디로 레이저는 두 발명가 모두에게 행복을 주었다. 타운스는 노벨상을 받았고 굴드는 엄청난 로열티를 챙긴 것이다. 타운스는 140만 달러가 넘는 세계 최대의 상금을 수여하는 '2005 템플턴상' 수상자로도 선정됐다. 이로써 타운스 박사는 역사상 세번째로 템플턴상과 노벨상을 모두 수상한 인물이 됐다. 템플턴상은 종교적 실체에 대한 연구나 발견에 공로한 이에게 수여되는데, 여태껏 노벨상과 템플턴상을 모두 수상한 인물은 테레사 수녀와 알렉산드르 솔제니친뿐이다. 타운스는 수상 소감을 말하는 자리에서 연구 초기에 신앙심 때문에 종종 비난을 받기도 했다며 과학과 신앙의 관계에 대한 견해를 밝혔다.

"많은 사람은 과학이 가설과 신앙을 기본적으로 포함한다는 사실을 인식하지 못하고 있습니다. 여러분은 아무것도 증명할 수가 없습니다. 또 많은 사람은 이 우주가 무엇인지 모르고 있다는 것조차도 인식하지 못하고 있습니다. 우리는 천체에서 별을 보고, 다른 현상들을 관찰하고 있지만, 현재 우리가 알고 있는 우주는 전체의 5퍼센트에 불과합니다. 우리는 그 안의 세계가 어떤 모습인지 모릅니다. 단지 거기에 어떤 것이 존재하고 있다는 것을 알고 있을 뿐입니다. 하지만 우리는 그것을 실험할 수도 없고, 볼 수도 없습니다. 그 존재를 알기 위해 과학자들은 열심히 노력하고 있지만, 아직 알아내지 못하고 있습니다. 이는 단지 수많은 수수께끼 현상 가운데 하나일 뿐입니다."

폭발적인 레이저의 활용 분야

—

레이저가 한번 그 모습을 드러내자 과학자들은 이 광선의 적용뿐만 아니라 더 효율적으로 만드는 것도 게을리 하지 않았다. 레이저 기술의 응용 분야가 실용화 된 것 중에서 대표적인 예를 간단히 살펴보자.

① 오락 분야

총천연색 레이저빔이 개발돼 각종 이벤트나 박람회 등에서 활용되고 있다. 헬륨과 아르곤을 혼합한 고성능 기체 레이저를 사용해 네 가지 색상을 만들어내서 레이저 광선의 영상에 담아 거울로 된 천장에 투사하는 것이다. 이것을 이용하면 극장에서 영화를 보는 것과 같은 효과를 거둘 수 있어 만화영화 등을 상영할 수도 있다.

현재 레이저가 가장 많이 사용되고 있는 것 중 하나가 광디스크에 이용하는 것이다. 콤팩트디스크는 직경 12센티미터의 원판 한 면에 44.1킬로헤르츠의 주파수로 샘플링되고 16비트로 양자화된 오디오 신호가 한 면에 60분 녹음돼 있다. 콤팩트디스크는 음질이 매우 좋을 뿐만 아니라 먼지나 흠집에 강하고 다루기 쉬운 장점이 있다. 한편 자기 테이프와는 달리 콤팩트디스크는 자료를 지울 수 없는데, 이 분야도 연구가 진행 중이다.

② TV

레이저가 이용되는 중요한 부분 중의 하나는 텔레비전 기술에의 응용이다. 레이저빔을 텔레비전의 주사선처럼 수평과 수직 방향으로 피사체 위에 주사하고 그 반사광을 검출하면 피사체의 이차원적 영상을 얻는 방법이 있다. 특히 빨강·초록·파랑의 삼색 레이저를 이용하면 칼라 브라운관 형광체의 발광색보다 채색도가 높다. 또한 이렇게 얻은 전기신호를 증폭하고 디지털화해 반도체 메모리에 기억시키면 보다 고정밀도의 영상을 기록할 수 있다. 특히 줌렌즈와 같은 효과를 이용한다면 카메라 본체를 움직이지 않고 어떠한 범위를 임의의 크기로 관찰할 수 있어 감시 카메라 등에 이용할 수도 있다.

텔레비전 프로그램을 녹화·재생하는 데도 이용할 수 있다. 텔레비전의 빨강·초록·파랑 삼색의 신호는 콘트라스트를 강조하는 브라운관에 표시하는 것을 전제로 한다. 레이저를 이용하면 밝은 부분과 어두운 부분의 신호 사이에 더욱 명암이 좋도록 보정할 수 있다. 현재 영화 필름보다 더 좋은 명암이 이뤄질 수 있다는 것이다. 이와 반대 상황도 가능하다. 영화로부터 텔레비전 영상으로의 전환이다. 이것을 레이저 텔레시네 장치로 부르는데 70밀리미터 영화로부터 고품위 텔레비전 신호를 읽어낼 수 있다.

③ 사무용품

정지 영상을 먼 곳으로 전송하는 팩시밀리는 현대 기술 문화의 총아다. 팩시

밀리라는 말은 라틴어의 '같은 것을 보낸다'는 뜻의 Facsimile에서 따온 것이다. 이것은 송신 측에서 영상의 명암을 시간적으로 변환하는 전기신호로 변환해 송전하면 수신 측에서 원래의 영상을 재현시키는 것이다. 레이저를 이용할 경우 밝기가 밝고 100메가헤르츠 정도의 대역폭으로 변조가 용이할 뿐만 아니라, 빔의 편향을 고속으로 해 전송 속도를 향상시킬 수 있다.

레이저 프린터도 급속하게 보급되고 있다. 기존의 도트형 프린터를 순식간에 대체시킨 레이저 프린터는 레이저빔의 세기를 변조해 주사·기록하는 경우 빛이 닿는 부분은 검은색으로 기록된다. 레이저 프린터는 비접촉 프린터이므로 소음이 적고 기록 속도가 빠르다. 스캐너에도 레이저를 이용하고 있으며 레이저 제판 장치도 실용화되고 있다.

④ 의료 분야

레이저를 이용한 의료 기기로 상태가 나쁜 세포를 증발시키거나 파괴할 수

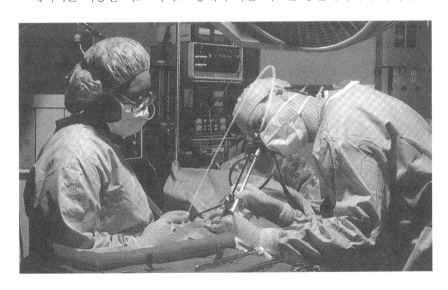

있다. 얼굴의 빨간 얼룩도 지울 수 있으며 동맥경화와 같은 심각한 질병도 치료한다. 레이저 수술은 국부마취로 큰 수술을 할 수 있으며 눈에 쬐어 주변 조직을 상하지 않게 하면서도 늘어난 망막을 재빨리 접합시킬 수 있다. 레이저는 치과 치료에도 적용된다. 이를 전혀 건드리지 않고 손상된 부분

레이저를 이용한 수술.

만 증발시켜 치과에서 가장 문제점으로 지적되는 진동을 제거할 수 있는 것이다. 의료 진찰용으로 가장 많이 사용되는 X선에도 레이저가 이용되고 있다. X선은 파장이 10^{-10}미터 전후의 전자파로서 보통 진공 내를 진행하는 고속의 전자를 금속 전극에 충돌시켜 발생시킨다. 하지만 인체가 X선을 많이 받는 경우 구토, 식욕부진이 생기고 심할 경우 백혈구·적혈구의 감소 등이 뒤따른다.

하지만 레이저빔을 이용하면 보통의 경우 필요한 X선의 세기가 15mR인 것과 달리 0.9mR선의 방사능만으로 보다 분해능력이 좋은 결과를 얻을 수 있다. 즉 20∼30회 정도의 엑스레이 촬영도 가능하며, 더욱 편리한 것은 전기신호로 읽어낸 영상 정보를 즉시 컴퓨터로 영상 처리할 수 있다는 점이다.

⑤ 유통 분야

슈퍼마켓에서 고객에게 상품을 판매하는 즉시 어떤 상품이 언제 얼마만큼 판매됐는가를 파악할 때 바코드를 사용한다. 이는 상품에 인쇄된 바코드를 바코드 리더reader가 판독해 그 데이터를 컴퓨터가 처리하는 것이다. 바코드와 바코드 리더는 유통 분야의 전산화 시스템인 POS(판매시점 정보관리)의 핵심 기기로 여기에 레이저가 사용된다. 바코드는 레이저의 실용화에 큰 기여를 했는

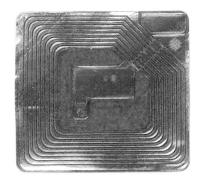

바코드보다 진화된 RIFD태그의 확대 사진.

데, 바코드를 이용한 상품은 링글리의 주시프루트껌이었다. 1974년 6월 25일 오하이오 주 트로이에 있는 한 슈퍼마켓의 계산대에서 바코드 스캐너를 통해 껌 한 통이 통과됐다. '삐' 하는 작은 소리가 울렸을 뿐이지만, 그 순간은 소매업과 물류업의 혁명이 일어나는 순간이었다. 바코드는 대혁명을 일으켰다. 대형 슈퍼마켓 계산대 앞에서 줄을 서서 기다리는 시간을 획기적으로 단축시켰으며, 언제라도 재고를 한눈에 파악할 수 있게 됐다.

하지만 최근에는 바코드도 새로운 디지털 기술로 인해 위협받고 있다. RFID라고 불리는 전자태그의 출현으로 이것은 바코드의 흑백 띠보다 훨씬 많은 정보를 담을 수 있는 실리콘칩을 이용한다. 하나의 바코드는 한 종류의 제품을 확인해주지만, RFID태그는 제품 하나하나를 인식한다. 다시 말해 하나의 바코드가 주시프루트껌이라는 한 종류의 상품을 인식한다면, RFID태그는 껌 한 통 한 통을 별개의 존재로 식별해줘 고유의 태그를 가지게 한다. 그렇게 되면 공급망을 통해 상품이 전달되는 동안 태그는 자동으로 다시 프로그램되어, 태그가 붙어 있는 제품이 언제 공장에서 출하됐는지, 하역장에서 보관창고까지 움직이는 데 얼마나 많은 시간이 걸렸는지, 소매점의 진열대 위에서 얼마나 오래 머물렀는지 등의 정보를 알려주며, 유통기간이 지난 물품은 곧바로 폐기처분할 수 있다.

아쉽게도 RFID에는 결정적인 단점이 있다. 바로 원가 문제다. 껌 한 통마다 반도체 칩을 붙인다면 과연 경제성이 있을까 하는 의문이다. 이 문제를 해결한 사람이 순천대학의 조규진 박사다. 그는 유기물질과 잉크젯 프린터만을 이용해 기존 바코드 생산가보다도 값이 싼 저가형 무선주파수 인식 RFID태그 칩을 개발했다. 이 칩은 100퍼센트 유기물질과 잉크젯 프린터만을 이용해 30킬로헤르츠 발진이 가능한 수동형 기술로 유비쿼터스 환경을 만들 수 있는 종이, 플라스틱, 나무 등 모든 기판에 인쇄가 가능한 장점을 갖고 있다. 하지만 RFID태그가 저렴한 가격으로 공급되더라도 레이저 스캐너가 있어야 한다는 것에는 변함이 없다.[77]

⑥ 공학 분야

레이저는 금속판, 종이, 유리, 플라스틱, 직물 등 연속 제조되는 공정에서 소재에 포함돼 있는 이물질과 공정 과정의 처리 불량을 즉각적으로 판독해 불량률을 줄이는 데도 사용된다. 그동안 육안으로 검안해 제품의 제조 속도를 떨어뜨렸는데, 레이저를 이용하면 이를 방지할 수 있다. 일반적으로 표면 검사를 할 때는 제품의 이동 방향과 직각 방향으로 세기가 일정한 광선을 편향시켜, 표면으로부터의 반사광 이상을 검출하는 방법을 사용한다. 하지만

광섬유.

일반적으로 시료의 표면은 각각 특유의 구조를 갖고 있기 때문에 반사율 측정만으로는 오차가 발생하기 쉬운데, 레이저를 사용하면 표면의 이상 유무를 매우 높은 정확도로 알 수 있다. 또한 비행기를 제작할 때나 교량, 건물을 건설할 때 구조물 안에 광섬유를 내장해 구조물의 긴장 및 부하, 마모 정도를 추적할

수도 있다.

⑦ 재료 가공 분야

레이저를 이용해 금속, 비금속, 세라믹, 보석, 유리섬유, 플라스틱 등 재료를 절단하거나 구멍을 뚫을 수 있으며 종전에는 불가능했던 금속의 용접도 가능하다. 레이저 가공의 특징은 가공 속도가 빠르며 가공 대상 물질이 기계적인 열적 변형이 일어나지 않는다는 것이다. 이 때문에 초정밀 가공이나 고차원 공정에 이용된다. 특히 4메가 D램 이상의 반도체 생산 기술에 레이저 가공 기술이 필수적으로 등장한다.

⑧ 통신 분야

레이저의 장점을 가장 돋보이게 하는 것은 레이저 광선을 반송파로 통신에 이용하는 것이다. 빛은 라디오파보다 훨씬 더 많이 구름이나 안개 입자나 물방울 또는 먼지에 의해 간섭을 받는다. 따라서 대기를 통한 교신이 가능한 것이다. 더구나 레이저는 텔레비전이나 라디오의 신호를 변조시켜 통신으로 이어주는데, 통신위성으로부터 발송되는 약한 신호를 약 1만 배 이상 증폭시킬 수 있다.

또한 광섬유를 이용한 통신도 활발히 연구되고 있다. 실리카(SiO_2)를 순수하게 정화해 그것을 지름 200미크로 이하의 가느다란 섬유에 넣으면 일정한 파장의 광자들이 별다른 변화나 손실 없이 몇 킬로미터를 여행할 수 있다. 게다가 굴절률이 실리카와 비슷한 물질로 이 섬유에 피복을 입히는 간단한 조치만으로도 장거리 여행이 가능하므로 레이저가 통신 분야에 폭발적으로 보급될 수 있다.

번개를 저장하는 기술

—

레이저는 놀라운 발전을 거듭해서 심지어는 사람에게 조사해도 아무 이상이 없는 약한 레이저에서부터, 달리는 기차나 비행기를 폭파할 수 있는 강도 높은 것도 개발됐다. 미국 대통령 레이건의 스타워즈 구상인 전략방위구상SDI도 레이저 기법을 기본으로 하고 있다. 1000대 이상의 ICBM이 미국 본토를 향해 동시에 발사될 경우를 상정한 이 계획은 주로 요격 초기 단계인 1·2단계에 레이저를 동원한다. 재래식무기들이 대응할 시간을 갖추는 동안 대응력이 빠른 레이저로 핵미사일들을 공중 폭파시킨다는 것이다. 하지만 스타워즈의 구상은 360억 달러라는 막대한 예산과 비효율성 때문에 계획이 수립된 지 10년 후에 취소됐다. 그럼에도 불구하고 SF영화 등에서는 레이저를 이용한 각종 무기에 대한 아이디어가 계속 발전되고 있으므로 그런 웅대한 체계가 실현될 날이 올지도 모른다.

레이저를 이용한 재미있는 아이디어 중 하나는 벼락을 유도해 안전한 장소

중력 공간에서의 전투.

에 떨어지게 함으로써 전력을 모으는 기술이다. 벼락이 떨어지는 것을 주의 깊게 관찰하면 처음부터 낙뢰 지점을 향해 곧바로 겨냥하는 것이 아니라, 구불구불하게 진행하고 있음을 알 수 있다. 벼락의 방전이 일어날 때는 '리더'라 불리는 방전의 앞 끝이 먼저 진행해온다. 대기 중에는 비와 눈, 미립자의 분포로 전하가 짙은 곳이 있는데, 리더는 그 부분을 가장 편리하게 진행하는 것이다.

레이저는 공간에 확산되는 일이 없이 매우 짧은 시간에 에너지를 집중시킬 수 있다. 이 성질로 공기 중에 에너지 밀도가 높은 빛덩어리를 만들 수 있다. 그리고 빛의 세기에 의해 대기의 분자를 구성하는 전자와 원자핵이 사방으로 흩어진 '플라스마'라는 상태를 만들어낸다. 겨울철 벼락은 뇌운이 낮고 철탑의 위쪽 끝 등에 강한 자기장이 집중하기 때문에 플라스마를 만들면 방전하기 쉽다. 이것을 이용해 레이저로 벼락을 유도할 때 먼저 지상에서 구름을 향해 벼락을 발생시켜 유도탑 위쪽 끝부터 방전토록 하는 것이다. 이론적으로는 반지름 약 5킬로미터에 걸친 영역의 벼락을 모을 수 있는데, 레이저 출력장치는 순간적으로 2000만 킬로와트를 출력한다. 이것은 100만 킬로와트급 원자력 발전소의 20기분의 출력과 맞먹는다.

가치의
확산 가능성이야말로
위대함의 기준

DNA 이중나선

왓슨 James Watson, 1928~, 크릭 Francis Crick, 1916~2004

20세기에 들어와 인간의 삶을 획기적으로 바꾼 두 가지를 꼽으라면 대부분 컴퓨터와 유전자 연구를 꼽는다. 그중에서도 유전자 연구는 인간을 포함한 생명체가 무엇인가를 근본적으로 알려줄 수 있다는 데 큰 의의가 있다. 이처럼 지구상에 살고 있는 생명체에 대한 기존 상식을 전면적으로 바꿔주고 있는 유전자 연구는 사실상 영국의 젊은 과학자 제임스 왓슨과 프란시스 크릭이 발견한 DNA 이중나선 구조 규명으로부터 시작됐다고 해도 과언이 아니다.

그 외 등 장 인 물

헤르트비히 Oskar Hertwig • 난자와 정자의 결합으로 수정이 이뤄짐을 밝힘 | **미셔** Johann Friedrich Miescher • 뉴클레인 발견 | **코셀** Albrecht Kossel • 세포핵 물질의 주성분이 핵단백질이란 걸 밝힘 | **레빈** Phoebus Aaron Theodor Levene • 핵산 연구의 선구자. 효모핵산에 뛰어남 | **토드** Alexander Robertus Todd • 뉴클레오티드 합성 성공 | **그리피스** Fred Griffith • 폐렴균 발견 | **에브리** Oswald Theodor Avery • DNA가 유전물질임을 증명 | **허시** Alfred Day Hershey • DNA가 유전정보를 지니고 있음을 밝힘 | **샤가프** Erwin Chargaff • DNA 사이에 화학적 증명이 가능한 차이가 있음을 밝힘 | **레더버그** Joshua Lederberg • 바이러스의 형질 도입 현상 발견 | **델브뤼크** Max Delbruck • 파지의 유전적 재구성 현상 발견 | **폴링** Linus pauling • 항원, 항체 반응이론에 막대한 업적 | **테민** Howard Martin Temin • 종양 바이러스의 증식 메커니즘 밝힘

발견은 홀로 이루어질 수 없다

—

유전이 어떻게 적용하게 되는가에 대한 기본, 즉 생명체가 어떻게 태어나게 되는가는 네덜란드의 레벤후크Anthonie van Leeuwenhoek(1632~1723)가 현미경을 발견한 것으로부터 출발한다. 그는 벼룩이 모래알에서 저절로 생겨난다는 당시의 견해가 틀렸고, 암수의 결합에 의해 새끼를 낳는다는 사실을 발견했다. 정자세포가 존재한다는 것도 발견했다. 당시에는 정자세포가 생물체의 축소판이라는 설명이 많은 지지를 받았는데 레벤후크의 현미경에는 정자 속에 아이가 없었다. 1800년대 초 과학자들은 모든 생명체가 기본적으로 세포로 이뤄졌다는 사실을 발견했고, 1827년 과학자들은 개에서 난자를 찾아냈다. 1879년에는 독일의 동물학자 오스카르 헤르트비히Oskar Hertwig가 난자와 정자의 결합으로 수정이 이뤄진다는 것을 알아냈다. 식물학자들 역시 식물이 성적으로 번식한다는 사실을 발견했다. 하지만 생식세포가 어떻게 기능하는지에 대해서는 여전히 알지 못했다.

여하튼 생명의 기본 단위는 세포다. 모든 생물은 세포로 되어 있다. 이 속에서 수천 가지의 화학적 반응이 일어나면서 생명이 유지된다. 세포는 대체로 원형이나 타원 모양으로 생겼고 광학 현미경으로 1000배 정도 확대하면 구조가 보인다. 중심부에는 세포 크기의 몇 분의

미셔(왼쪽)와 코셀.

1정도인 진한 덩어리가 있고 이것을 세포핵이라고 부른다.

프리드리히 미셔Johann Friedrich Miescher는 부패한 수술 상처의 고름에서 얻은 백혈 세포의 단백질을 펩신으로 분해하던 중, 펩신이 세포핵을 분해하지 못한다는 것을 알게 됐다. 핵은 약간 작아지긴 했지만 완전한 형태로 남아 있었던 것이다. 세포들은 끈적거렸는데 미셔는 이 점액질이 세포핵을 둘러싼 세포질이 아니라 세포핵 내에 존재하는 것임을 발견했고, 그것은 인을 함유하고 있었다. 그는 이것을 뉴클레인nuclein이라 불렀고 산성과 염기성 복합체임을 밝혀냈다. 20년 후에 뉴클레인 중에서 강산성을 띠는 것은 '핵산'으로, 염기성 단백질은 '프로타민'으로 이름이 바뀐다.

독일의 생화학자 코셀Albrecht Kossel은 핵산 분자를 분해해 일련의 질소 함유 혼합물을 얻었다. 그곳에는 4가지 혼합물이 있었는데 각각 '아데닌(A)' '구아닌(G)' '시토신(C)' '티민(T)'이라는 이름을 붙였다. 또한 두 개의 고리를 갖고 있는 아데닌 · 구아닌을 '퓨린', 한 개의 고리를 갖고 있는 뒤의 두 화합물은

'피리미딘'이라 불렸다. 즉 계열로 구분한 것인데, 각각의 이 연구로 코셀은 1910년 노벨 생리·의학상을 받았다. 코셀은 진실을 존중하는 과학자였다. 제1차 세계대전 중 그는 독일의 관리들로부터 국민들에게 배급되는 식량의 양이 과학적으로 보아 충분하다고 설득해달라는 부탁을 받았다. 하지만 그는 다음과 같이 말하면서 한마디로 거절했다.

"거짓을 진실이라고 말할 수 없다."

코셀의 용기 있는 거절은 국가의 명이라 하여 진리를 왜곡하는 데 서슴지 않는 과학자나 정치가들에게 좋은 모범으로 자주 인용된다. 그가 노벨상을 수상한 이후부터 유전물질에 대한 연구는 세계적인 주목을 받았고 곧바로 노벨상의 독무대가 된다. 그의 제자 레빈Phoebus Aaron Theodor Levene은 핵산에는 수산기가 있는 디옥시리보스와 수소 원자가 붙어 있는 리보스의 두 종류가 있음을 밝혔고, 각각 DNA와 RNA라고 이름 붙였다. 또한 그는 핵산이 퓨린이나 피리미딘 염기 중 하나, 리보스나 디옥시리보스 하나, 그리고 인산 하나를 포함하는 작은 조각으로 분리될 수 있다는 것을 밝혔다. 이 조합을 '뉴클레오티드'라 하며, 단백질이 아미노산으로 구성된 것처럼 DNA 분자는 뉴클레오티드가 연속적으로 결합된 고분자화합물이다.

DNA는 유전물질
—

과학자들은 두 가지 연구 주제를 갖게 됐다. 첫째는 세포에서 이뤄지는 에너지와 물질대사를 파악해 유전의 메커니즘을 알고자 하는 것이고, 둘째는 '유전자의 화학적 본질'이 무엇인가를 파악하는 것이었다.

부모의 형질이 자손에게 전달되는 유전의 메커니즘은 오랫동안 사람들이 궁금하게 여겨온 것이었다. 사실 우리는 모두 부모와 어딘가를 닮았다. 아주 빼다박은 얼굴도 있기 때문에 부모와 닮은 점이 많지 않으면 돌연변이라고도 한다. 오죽하면 김동인의 『발가락이 닮았다』라는 소설에서 주인공은 발가락이 닮았다는 것을 발견하고서 자기 자식이 틀림없다고 만족하기까지 했겠는가.

미확인 유골의 DNA 검사.

과거의 학자들은 개인의 유전적 특성이 부모에게서 자녀에게로 전달되는 피나 다른 유체fluid에 의해서 유전된다고 생각했다. 이것이 바로 혈족blood relative 같은 용어가 쓰이는 이유다. 물론 이렇게 믿게 된 요인은 당시에는 유전정보를 전달하는 물질이 무엇인지를 알지 못했기 때문이다. 이후 학자들이 세포핵에서 염색체를 발견하고, 이 염색체가 유전에 관계된다는 생각을 막연하게 했다. 또한 세포핵이 단백질로 이뤄져 있기에 유전에 관계되는 물질이 단백질이라고 추측했다. 게다가 매우 복잡한 유전정보를 포함하는 분자라면 거대 분자일 것이라고 여겼다.

특히 영국의 생화학자 토드Alexander Robertus Todd는 간단한 물질로부터 여러 종류의 뉴클레오티드를 합성하는 개가를 얻는다. 곧이어 뉴클레오티드에 대한 인산화에도 성공했을 뿐 아니라, 인산염이나 다인산염의 잔유물과 뉴클레오티드와의 중합도 이뤄냈다. 그는 이 연구로 1957년 노벨 화학상을 받았다. 1920년대에 영국의 세균학자 프레드 그리피스Fred Griffith(1877~1941)는 폐렴의 원인인 병원성 폐렴쌍구균과 비병원성 폐렴쌍구균을 발견했다. 그는 두 세균을 각각 R형과 S형으로 구분했는데, 그중에서 S형만이 폐렴을 일으킨다는 것을 밝혀냈다. 그러던 중 매우 이상한 사실이 발견됐다. 죽은 S형 세균과 살아 있는 R형 세균을 한꺼번에 쥐에게 주사했더니 쥐가 폐렴에 걸린 것이다. 그는 인체에 해가 되지 않던 R형 세균이 죽은 S형 세균으로부터 뭔가 희한한 물질을 넘겨받아 갑자기 공격형 세균으로 돌변했다고 추정했다.

이때 오스왈드 에브리가 1944년 그리피스의 연구에 주목했다. 그는 병원성 세균의 형질이 전이되는 과정을 연구했는데, 당시 학자들은 낯선 단백질이 흘러들어온 것으로 믿었다. 핵산의 존재는 그때도 알려졌지만 단백질에 부수적으로 딸린 물질로만 여겼다. 그러던 중 에브리는 핵산, 즉 DNA가 죽은 폐렴균에서 무해한 다른 세균으로 전이됐다는 것을 밝혔다. 즉 단백질이 유전자가 아니고 DNA가 유전물질이라는 사실을 확실히 증명했다.

그의 연구는 그리피스와 유사했다. 폐렴균에는 표면이 협막으로 둘러싸여 있는 것과 그렇지 않은 것이 있는데, 에브리는 표면에 협막이 있는 폐렴균에서 DNA를 추출해 이것을 협막이 없는 폐렴균에게 주입했다. 그 결과 협막이 없던 폐렴균에 협막이 생기는 것을 발견했다. 그는 이 현상을 DNA가 협막을 만드는 유전정보를 협막이 없는 폐렴균에게 전달했기 때문이라고 주장했다. 하지만 엄밀한 실험에도 불구하고 유전학자들에게 받아들여지지는 않았다.

물론 모든 학자가 그의 발견을 무시한 건 아니다. 그들은 DNA를 연구하면 적어도 유전에 대한 기초 지식을 얻을 수 있다고 생각했다. 그렇더라도 과학자들은 DNA에 대한 연구가 단순하지 않다는 것을 발견했다. 유전자들이 생명과 관계된다지만 이것을 구성하는 원자들은 모두 활성이 없는, 즉 죽은 원자들이기 때문이다. 하지만 이것은 고무적인 사실이기도 했다. 이들 죽은 원자가 서로 결합하고 있는 어딘가에 생명의 비밀이 도사리고 있다는 것은 살아 있는 것을 연구하는 것보다는 훨씬 단순한 작업이기 때문이다. 에브리는 「바이러스의 증식 기구와 유전학적 구조에 관한 연구」로 1969년 노벨 생리 · 의학상을 받았다.

DNA가 유전물질이라는 것이 받아들여진 것은 허시Alfred Day Hershey 등이 다시 DNA가 유전정보를 갖고 있다고 발표

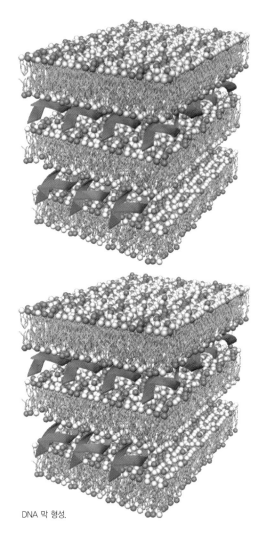

DNA 막 형성.

한 후다. 허시는 바이러스를 이용한 실험을 통해 인(P)을 포함한 DNA만이 세포 내로 침입해서 바이러스 증식에 참여한다는 것을 확인했다. 이 사실은 핵산인 DNA가 유전물질임을 입증한 것으로 매우 중요한 발견이었다. 물론 이러한

연구 결과가 나오는데도 과학자들은 여전히 DNA처럼 단순한 물질이 어떻게 복잡한 유전형질을 전할 수 있겠느냐며 반신반의했다.

하지만 에브리의 연구 논문에 깊은 감명을 받은 어윈 샤가프Erwin Chargaff는 핵산 연구에 몰두했다. 그는 "생물은 그 종에 따라 각기 독특한 형질을 갖고 있다. 만약 그 형질의 차이가 DNA의 차이에 의존한다면 DNA 사이에도 화학적으로 증명할 수 있는 차이가 있어야 한다"고 주장했다. 샤가프는 자신의 이론을 증명하기 위해 인간, 닭, 연어, 메뚜기, 효모, 세균, 소, 돼지 등의 DNA를 분석해 아데닌, 구아닌, 티민, 시토신의 비율을 측정했다. 그의 측정으로 '모든 생물의 DNA 내 아데닌, 구아닌, 티민, 시토신의 비율은 똑같다'는 가설이 무너졌다. 그는 또한 같은 종류의 생물, 예를 들어 소는 어떤 조직을 채취해도 DNA 속의 아데닌, 구아닌, 티민, 시토신의 분자 수 비율은 일정하다는 것을 증명했다. 그의 발견은 그후 DNA의 구조를 고찰하는 데 있어서 매우 중요한 의미를 지닌다. DNA를 통한 유전 현상을 분자 차원에서 고찰할 수 있는 기반이 구축됐기 때문이다.

하지만 샤가프는 노벨상을 수상하지 못했는데 그 점이 바로 노벨상의 미스터리 중의 하나다. 일부 학자들은 1962년에 노벨 생리·의학상을 수상한 크릭과 왓슨은 당연한 수상 대상자라고 생각하지만, 적어도 샤가프가 월킨스를 제치고 수상했어야 한다고 보았다. 또한 샤가프 자신도 자신의 업적을 노벨상 수상자들에게 이용당했다며 노골적으로 불만을 표시했다. 세계의 전문가들을 놀라게 한 이례적인 수상 발표에 대한 진상은 알려진 게 없다. 다만 샤가프의 탈락에 대한 그럴듯한 변명은 그가 미국 콜럼비아대학에서 혼자 고군분투하고 있었던 데 반해, 왓슨과 크릭은 월킨스와 밀접한 교류를 하면서 왕래했기 때문에 세 사람이 심사위원들에게 잘 알려졌을 수 있다는 것뿐이다.

노벨상에서 탈락한 샤가프는 처음에 매우 낙담했다. 그렇지만 인생이 끝난 것은 아니다. 샤가프는 이후 자기 지도하에 모여드는 숱한 연구자들을 거느리고 DNA 염기 배열 연구를 추진했다. 또한 그가 노벨상을 받지 못한 것에 대한 동정과 여론의 비판으로 그는 수많은 국제 과학상을 수상했다. 유전자 사냥에 대한 연구를 보면 과학의 발전에는 일관성 있고 조직적인 연구가 뒤따라야 함을 알 수 있다. 학자들의 부단한 노력에 의해 유전자 분야에 대한 몇 가지 중요한 결론을 내릴 수 있었다.

첫째, 핵산은 미생물, 식물, 동물의 어느 세포에도 들어 있다. 둘째, 핵산은 DNA와 RNA로 돼 있으며, 셋째 DNA는 주로 핵 부분에, RNA는 주로 세포질 부분에 한정되어 있다. 마지막으로 박테리아의 경우는 핵과 세포질이 뚜렷이 구별돼 있지 않지만 DNA와 RNA는 반드시 들어 있다는 것이다. 학자들은 핵산의 일반적인 구조가 단백질과 유사하다는 놀라운 사실을 발견했고, 핵산에 유전물질이 존재한다는 것을 알게 됐다. 이제 학자들은 핵산이 어디에 위치하는가를 정확히 파악하고자 했다.

다행히도 이미 개발된 세포 염색 기술을 이용해

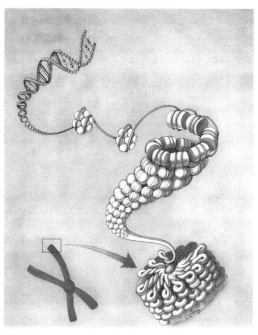

DNA 구조.

DNA가 핵 속에 있고 특히 염색체에 위치하고 있음을 알아냈다. 이것은 동물 세포뿐만 아니라 식물 세포에서도 동일했다. 말하자면 핵산은 모든 살아 있는 세포에 존재하는 보편적인 물질이며, DNA가 유전정보를 갖고 있다는 것이 확인됐다. 최근 연구로는 DNA의 일부는 미토콘드리아나 엽록체 등 세포질 성분에도 들어 있으며 핵소체nucleolus 속에도 RNA가 들어 있다는 것이 발견됐다.

이제 과학자들은 DNA가 유전물질로 확인되자 '생명은 무엇인가' '우리는 어디에서 유래하는가' 라는 질문에 초점을 맞추기 시작했다. DNA가 유전물질인 것이 확인된 이상 이를 규명하면 인간의 근원을 찾을 수 있다는 기대하에 전 세계의 학자들은 본격적인 유전자 사냥에 나선다.

유전자 연구의 일등공신 대장균

유전자 분야가 이처럼 발전하게 된 데는 여러 가지 이유가 있겠지만, 대체로 다음의 세 가지로 요약할 수 있다. 첫번째는 인간의 호기심과 집념이다. 인간들은 어떤 목표를 세워놓고 자신들이 정한 비밀이 풀리기 전에는 후퇴하지 않는 연구자로서의 자세를 갖고 있다. 두번째는 노벨상이라는 과실이 항상 기다리고 있다는 것이다. 유전자 분야가 노벨상을 받는 데 지름길이라는 것이 밝혀지자 모든 학자가 유전자 연구에 매달렸다. 이 분야에서 노벨상의 영예를 차지한 사람이 40여 명이나 된다는 것에서도 증명된다. 세번째는 좀 엉뚱하지만 그런 호기심과 연구를 가능하게 하는 최적의 실험 대상자가 있기 때문이다. 그것은 바로 일반인들이 별로 좋아하지 않는 대장균이라는 세균이다.

생물은 원핵原核세포를 갖고 있는 원핵생물과 진핵眞核세포를 갖고 있는 진핵생물로 나뉜다. 원핵생물로는 대장균이나 아메바가 있으며, 인간을 비롯한 포

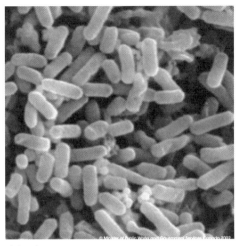
대장균.

유동물이나 조류, 어류 등은 진핵생물이다. 인간은 진핵생물로서 다세포생물이며, 면역계와 신경계를 갖고 있지만 DNA의 특성은 원핵생물과 같다. 이것은 인간이 태초에 하등생물로부터 진화돼 현재와 같은 고등생물이 됐다는 좋은 증거로 이용된다. 결국 두 생물체가 같은 원형을 갖고 있다는 것이다.

즉 DNA가 전하는 정보(암호)의 전달 방식은 대장균이나 고등동물인 인간이나 똑같다. 단지 그 양의 차이가 종의 차이로 나타나는데, 이것은 대장균이나 아메바 등을 연구해도 그 결과가 곧바로 인간을 대상으로 연구하는 것과 마찬가지라는 뜻이다. 그 세균 중에서 발군의 기여를 한 것은 대장균이다. 사실 대장균처럼 인간으로부터 누명을 쓴 세균도 없는데, 왜냐하면 대장균이 대부분 큰창자에 들어 있긴 하지만 여간해서는 인체에 해를 주지 않기 때문이다. 물론 병원성 대장균과 같이 심한 복통이나 설사를 일으키고 장에 출혈을 일으키는 경우도 있다.

대장균의 존재 여부를 공해의 판단 기준으로 조사하는 것은 시험 대상물이 사람의 배설물에 의해 오염됐는가를 알아봐 사람이 먹고 마시기에 적당한가를 판단하는 기준으로 삼기 위해서다. 마시는 물뿐만 아니라 음식물을 파는 요식업소에 대한 위생 조사로 인간에 의한 오염 여부를 결정할 수 있다는 것 등을 고려할 때, 바로 대장균군의 수가 인간에 의한 것임에도 혐오 대상으로 인식되

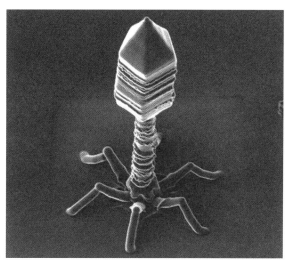

박테리오파지.

어 있다. 그렇더라도 혐오 대상이 인간의 본성을 연구하는 데 가장 큰 공헌을 한다는 것을 생각하면, 무조건 대장균을 욕할 것만은 아니다.

대장균은 봉형棒狀의 길이 약 2미크론, 직경 약 1미크론인 작은 생물로 보통 생물에 대해서 병원성을 지니지 않으며 실험실 내에서 용이하게 배양할 수 있다는 점 때문에 오늘날 인간을 제외하고는 가장 많이 연구된 생물이다. 물론 대장균과 사람의 DNA가 공통의 유전자를 갖고 있지만 사람과 대장균의 유전자의 실상은 전혀 다르다. 사람과 대장균의 DNA를 비교해보면 그 양은 700배에 달한다. 대장균이 만들고 있는 단백질의 종류가 3000여 가지이므로 사람은 200~250만 종류의 단백질을 만들고 있다.

세균 외에 유전자 분야에 기여하는 것으로 바이러스가 있다. 바이러스는 세포의 유전자를 밀어내고 필요한 세포의 화합물을 취하는 과정에서 종종 그 세포나 숙주를 죽이는 침입자로 간주된다. 때로는 하나의 유전자나 일련의 유전자를 자신의 유전자로 대체하고 딸세포에 전수해 새로운 형질을 도입하기도 한다. 이 현상을 '형질도입'이라 하는데 이를 발견한 레더버그Joshua Lederberg는 1958년에 노벨 생리·의학상을 받았다. 형질도입이라는 개념을 획기적으로 완성시킨 것은 바로 박테리오파지Bacteriophage라는 바이러스에 대한 연구다. 박테리오파지란 번식을 위해 박테리아에 침투해서 그 숙주의 세포를 이용하는 바이러스다. 이것은 1915년 영국의 트워드, 1917년 캐나다의 데렐에 의해 발견됐는데 처음에는 진기한 생물로 여겨졌다. 이들은 박테리아 배양액 중 일부가 박테리아를 파괴하는 감염성 매체를 갖고 있음을 발견했는데, 이 매체는 박테리아를 걸러내는 필터를 통과할 수 있을 정도로 작았다. 데렐은 자신들이 발견한 것에 '박테리아 포식자'라는 의미로 '박테리오파지'라는 이름을 붙였다. 이것은 간단히 '파지'라고도 불린다.

현미경의 성능이 크게 개선되자 파지는 단백질 껍질로 쌓인, 이른바 DNA로 알려진 핵산으로 구성돼 있다는 것이 밝혀졌다. 이것의 중요성을 간파한 사람이 막스 델브뤼크Max Delbruck(1906~1981)다. 원래 이론물리학으로 출발한 그는 덴마크의 핵물리학자인 닐스 보어Neils Henrik David Bohr(1885~1962) 교수의 지도로 박사학위를 받은 후 분자생물학으로 전공을 바꿨다. 당시 보어 교수는 분자생물학이 매우 중요한 분야라는 것을 인식하고 델브뤼크를 적극 지지했다. 그는 1940년 미국에 살고 있던 살바도르 루리아Salvador E. Luria(1912~1991), 알프레드 허시와 함께 힘을 합친다. 이들의 협동은 크게 인정받아 1969년 노벨 생리·의학상을 받았다.

여하튼 이들은 박테리오파지가 핵산으로 구성돼 있으므로 유전정보를 어떻게 전달하는지를 규명하는 열쇠가 될 수 있다고 생각했다. 하지만 그 방법론이 무엇인지 전혀 알 수 없었다. 이런 경우 어떤 우연한 모임이나 대화가 결정적인 아이디어를 제공한다는 얘기는 과학사에서 진부하리 만큼 자주 나온다. 그들은 어느 날 동료 토머스 앤더슨과 함께 커피를 마시고 있었다. 그러던 중 자신들의 연구 분야의 문제점에 대해 토론하다가 앤더슨이 그야말로 말도 안 되는 이야기를 했다.

"박테리오파지의 DNA만 다른 박테리아 속으로 침투해 들어가고 나머지 단백질 부분은 외부에 남을 수 있잖아."[78]

말도 안 되는 얘기 같았지만 델브뤼크는 앤더슨의 이야기를 진지하게 들었다.[135] 그의 예상은 틀리지 않았다. 올챙이같이 생긴 파지는 단백질로 이뤄진 '꼬리'를 이용해 박테리아에 달라붙어 자신의 DNA를 박테리아에 주입했다. 이때 단백질 머리, 즉 파지의 머리는 박테리아 바깥에 남아 있고 DNA만 그 안으로 들어갔다. 박테리아 안으로 들어간 파지의 DNA는 박테리아에 의해 복제된 후 그 속에서 단백질 머리가 만들어지고 새로운 파지가 됐다.

이것은 따로따로 부품을 만들고 그것들을 조립하는 자동차 공장의 생산 과정과 비슷하다. 실제로 파지는 20여 분 사이에 수백 마리의 새끼를 만들기도 한다. 새로운 새끼 바이러스들이 만들어질 때 필요한 모든 구성 물질은 숙주세포 안의 물질로부터 공급돼 바이러스 유전자 안의 설계 도면에 따라 만들어진다. 특이한 것은 세포분열에서는 한 개의 세포가 두 개가 되는 식으로 딸세포를 만들지만, 파지의 경우는 한꺼번에 많은 바이러스를 쏟아내듯 만들어낸다. 이렇게 새로 만들어진 파지는 또다른 박테리아를 찾아간다.

이런 놀라운 결과를 델브뤼크가 갑자기 얻은 것은 아니다. 그는 파지가 박테리아에 침투하고 나서 일정 시간이 지나면 세균이 녹고 많은 양의 파지가 방출되는 것을 발견했다. 이것을 '붕괴'라 한다. 붕괴가 일어나면 이제까지 흐렸던 시험관이 투명해지며, 현미경으로 자세히 보면 세균이 갑자기 소실된 것이 포착된다. 델브뤼크에게는 많은 의문점이 생겼다.

'파지는 어떻게 세균에 침입했으며, 붕괴가 일어나기까지의 수십 분 동안에 도대체 어떤 일이 일어난 것일까? 그리고 세균에 침투한 한 마리의 파지에서 어떻게 100마리 이상의 어린 파지가 생기는 것일까?

델브뤼크는 이런 의문을 끈질기게 추적해 파지의 비밀을 파악했고, 유전자 분야에 새 장을 열어놓았다. 다시 말해 인간이나 다른 생물의 유전자를 파지의

파지의 비밀을 밝혀낸 델브뤼크.

DNA에 통합시킨다면 그 유전자를 박테리아를 통해 재생산시킬 수 있다는 것이다. 즉 인간에 의해 재조합된 파지는 박테리아에 침투해 외래 DNA를 번식해주므로, 인간이 원하는 어떤 생물의 유전자를 분리해내거나 만들어준다. 이것 때문에 바로 백신, 진단 단백질, 호르몬 같은 의학적으로 유용한 다른 단백질을 박테리아 안에서 생산할 수 있는 길이 열린 것이다. 델브뤼크는 동료인 살바도르 루리아, 알프레드 허시와 함께 1969년 노벨 생리·의학상을 받았다.

이뿐만이 아니다. 그는 파지가 돌연변이를 일으킬 수 있다는 사실도 발견했다. 이를 근거로 유전적 돌연변이의 결과를 설명할 수 있는 원자 모

델을 제시할 가능성을 발견한 것도 델브뤼크였다. 이것은 유전물질이 무엇으로 이뤄져 있든 돌연변이를 통한 불안정성을 화학적인 측면으로 설명할 수 있음을 뜻한다. 즉 유전자가 분자와 마찬가지로 움직이므로 유전자를 분자라고 가정하면서 생명 과정을 규명할 수 있다는 것이다. 이제 학자들은 핵산의 정확한 분자 구조를 파악하는 데 몰두했다. 그래야만 DNA라는 설계도가 어떻게 유전정보를 전달하고 스스로 증식할 수 있는지를 알아낼 수 있기 때문이다. 하지만 모든 학자는 DNA가 유전의 열쇠라면 반드시 복잡한 구조를 갖고 있으리라 생각했다. 왜냐 하면 DNA는 특정한 효소의 합성을 위해 반드시 정교한 유전암호를 갖고 있어야 하기 때문이다.

학자들의 예상은 틀리지 않았다. 실제로 핵산의 구성이 생각했던 것보다 훨씬 복잡한 것이라는 명확한 증거가 나타났다. 여러 종류의 퓨린과 피리미딘 물질은 같은 양으로 존재하지 않으며 퓨린과 피리미딘의 함량 비는 핵산에 따라 달랐다.

DNA는 이중나선 구조

핵산 구조를 밝히는 데 도전장을 던진 사람은 1954년에 이미 노벨 화학상을 수상한 라이너스 폴링Linus pauling이었다. 그는 우선 자신에게 노벨상을 가져다 준 분야인 X선 회절 연구를 참조해 분자의 축소 모형을 만들려고 했다. 그러던 중 커다란 분자는 여러 번의 연결로 다양한 대칭을 이룰 것이라는 기존 학자들의 일반적인 관념에 문제가 있음을 발견했다. 폴링은 나선형이 '당량當量이지만 비대칭인 두 물체의 일반적 관계'를 표현한다는 것을 깨달았다. 단 하나의 세포 속에 들어 있는 DNA를 풀어서 직선으로 펼치면 그 길이가 무려 2.4미터

라이너스 폴링.

에 이른다. 특히 살아 있는 모든 세포의 생식에서 중요한 역할을 담당하는 어떤 단백질이 나선형 가닥처럼 생겼음을 볼 때, DNA구조는 나선형이 틀림없다고 추측했다.[80]

그의 예측은 정확했지만 노벨상이라는 과실은 돌아오지 않았다. DNA는 삼중나선형을 취한다고 발표했기 때문이다. 그의 모형은 이중나선형이라는 정답에서 약간 벗어난 것이다. 이때 그는 단지 다른 연구팀이 DNA 구조를 발견하는 보조자로서 만족해야 했다. 사실 폴링이 다소 틀린 결론을 내리게 된 배경에는 정치적인 이유도 있었다. 그는 1952년 킹스 칼리지에서 윌킨스가 찍었다는 DNA 분자의 X선 회절 사진을 직접 볼 예정이었다. 하지만 미국무성은 의회 반미활동위원회의 권고에 따라 폴링의 정치적 견해가 자유주의라는 것을 이유로 여권을 갱신해주지 않았다. 결국 폴링은 미국에 남았고 DNA 분자를 삼중나선 모형으로 발표한 것이다.

하지만 그는 이후 많은 정치활동으로 더욱 바쁘게 지냈다. 그는 제2차 세계대전이 끝난 뒤에 냉전 정책을 신랄하게 비판하고 핵실험금지조약을 주창했다. 그의 평화운동은 호응을 얻어 1963년에 노벨 평화상을 수상해 궁극적으로는 두 개의 노벨상을 수상한 이들의 대열에 올랐다.

케임브리지대학의 왓슨James Dewey Watson과 크릭Francis Harry Compton Crick은 DNA가 삼중나선형 구조일 것이라고 주장한 폴링의 견해를 검토하고 있었지

왓슨과 크릭.

만 확신할 수 없었다. 이때 영국의 윌킨스Maurice Huge Frederick Wilkins는 핵산 분
자가 규칙성을 갖고 있으며, 그것은 뉴클레오티드와 뉴클레오티드 사이의 거
리보다 훨씬 더 큰 간격으로 반복된다고 발표했다. 그 역시 핵산 분자가 어떤
특정적인 반복 형태가 나타나는 나선 형태를 갖고 있다고 했다. 이 사실에 흥미
를 느낀 왓슨과 크릭은 윌킨스를 찾아갔다. 윌킨스는 아무 생각 없이 자신의 연
구원인 로잘린드 프랭클린Rosalind Franklin이 찍은 한 장의 사진을 보여줬다. 그
것은 DNA 분자를 세로로 내다본 사진으로, 꼬여 있는 두 갈래의 DNA 줄기와
그것의 중심을 수직으로 싸고 있는 염기의 그림자를 보여주고 있었다. 그 지름
은 20Å, 염기와 염기의 간격은 3.4Å 정도였다.

그런데 프랭클린은 공동으로 연구하는 것보다는 혼자서 하는 타입이었다.
더구나 그녀는 자신의 연구가 완전하다고 확신이 들 때에 한해서 그 결과를 발
표하는 신중파였다. 프랭클린은 당시 DNA 구조를 부분적으로나마 밝혀내기

시작하고 있었다. 그녀는 미세한 DNA 가닥을 묶고 이것을 X선으로 촬영하는 방법을 통해 DNA에 두 가지 형태가 있다는 것을 발견했다. 즉 DNA 분자는 쉽게 물과 결합하거나 건조된다는 것이다.

살아 있는 세포는 대부분 물로 이뤄져 있으며 DNA는 늘 물과 상호작용을 해야 한다. 따라서 그녀는 DNA 표본이 말라버린다면 구조가 변한다고 생각했다. 마른 표본은 사진을 찍기 수월했다. 그녀는 이것을 A형이라고 했다. 반면 B형인 젖은 표본은 선명하게 나타나지 않고 교차되는 선만 보여줬다. 당시 프랭클린은 인지하지 못했지만 교차된 선이야말로 DNA가 나선형 구조로 돼 있음을 보여주는 표시였다. 나선형은 X선 사진의 각도에 따라 나타나기도 하고 그러지 않기도 했다. 긴 축을 위에서 바라보면서 X선 촬영을 했을 때는 통이나 관 모양으로 나타났고, 회절무늬로 봐서는 그것이 실제로 나선형인지 알 수 없었다. 반면 옆에서 촬영했을 때는 DNA 분자가 지그재그 형태나 십자형 무늬였는데, 이것은 나선 구조의 특성을 나타낸다.

사실 프랭클린은 DNA가 나선형 구조로 이뤄졌음을 확인했기에 문제의 핵심까지 갔지만, 그녀는 아직도 논문을 쓸 준비가 되지 않았다고 생각했다. 그러한 상황에서 윌킨스가 아무런 생각 없이 왓슨과 크릭에게 프랭클린의 사진을 보여준 것이다. 이 사진이야말로 왓슨과 크릭이 찾으려 했던 것이었다. 그 사진을 보자마자 그들은 나선형 구조가 새끼줄처럼 두 가닥으로 돼 있다고 생각했다.[81] 그들은 프랭클린의 사진을 기초로 마치 회전 계단과 같은 모형에 당-인산의 두 뼈대는 분자의 바깥쪽에서 서로 꼬여 있고, 그 속에 수소 결합으로 연결된 염기쌍이 들어 있는 이중나선의 구조 모형을 폴링보다 두 달 후에 발표했다. 간단히 말해 폴링이 이미 발표한 삼중나선 구조를 이중나선 구조로 바꾼 것이다.

이것이 바로 제2차 세계대전 이래 과학 분야 중에서 가장 중요한 발견이라고 칭하는 이중나선 구조의 발견이다. 이것은 생물학 전반에 혁명을 가져왔고, 유전 연구를 완전히 뒤바꿨으며 의학에서도 광범위한 발전을 일으켰다. 왓슨과 크릭이 제시한 DNA 모형은 다음과 같다.

첫째, DNA는 이중나선 형태를 갖고 있다.

둘째, DNA 분자는 두 줄기로 당과 인산기를 골격으로 해서 만들어진다. DNA 를 이루는 기본 단위, 즉 당, 염기, 인산으로 이뤄진 구조를 뉴클레오티드라 하므로, 결국 DNA 분자는 뉴클레오티드가 연속적으로 결합된 고분자화합물로 볼 수 있다. 각각의 뉴클레오티드는 매우 강한 공유결합으로 돼 있어 특정한 효소의 작용이 없으면 끊어지지 않는다.

셋째, 두 줄기의 DNA 염기들은 반드시 아데닌은 티민과, 시토신은 구아닌과 짝을 짓고 수소결합을 한다.

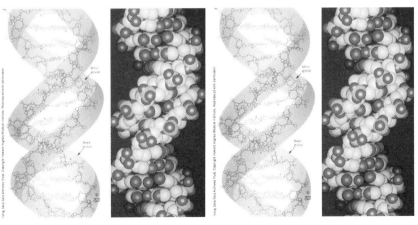

왓슨 & 크릭 구조, B DNA.

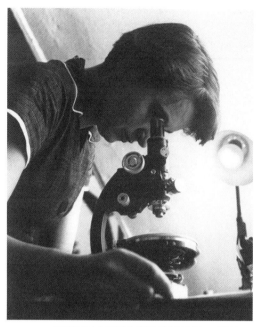
신중하게 혼자서 유전자의 비밀에 접근한 로잘린드 프랭클린.

DNA의 결합은 특별한 규칙에 의해 이뤄진다. 즉 아데닌은 티민과 결합하고 시토신은 구아닌과 결합하며, 결코 다른 경우의 결합은 생기지 않는다. 상대편 DNA 골격에 매달린 염기의 순서는 반대쪽 염기 순서의 음화와 같은 관계가 있는 것이다. 나선 구조를 지퍼로 생각하면 이해하기가 쉽다. 염기는 지퍼의 이빨에, 당의 사슬은 이빨을 붙인 헝겊에 해당한다. 이 두 가닥이 상호 보완적이며 수소로 연결돼 있는데, 두 가닥이 풀렸다가 각 염기의 수소 결합에 의

한 친화력으로 원래 구조와 재결합하기도 한다. 이것은 DNA가 자기복제에 안성맞춤의 구조를 가지고 있다는 뜻으로, 이중나선에서 풀려진 한쪽 염기의 배열법이 결정되면 자동으로 다른 쪽 염기의 배열법이 정해지는 것이다. 따라서 나선 구조가 풀리면서 각각의 기둥에 새로운 뉴클레오티드가 차례로 붙어 새로운 DNA를 만들면서 원래 DNA를 정확히 복제하게 된다.

마지막으로 모든 생물체에서 분리되는 DNA의 구조는 X선 회절 및 화학적 구성으로 보아 서로 비슷하며 생물체 전반에 걸쳐 보편적인 유전물질임이 확실하다는 것이다. 같은 종의 개체들 사이에 있는 차이점과 다른 생물들의 개체 사이의 차이도 모두 DNA 분자 안에 연결된 4개의 염기 총수와 다양한 조합에 의해 결정된다.

핵산의 구조에 대한 왓슨과 크릭의 모델은 추후 사진 촬영에 의해서 정확한 것이 증명됐고, 이 연구로 윌킨스, 왓슨, 크릭은 1962년 노벨 생리·의학상을 받았다. 하지만 수상 이전에 DNA 분자의 X선 회절 사진을 무단으로 공개했다는 것으로 학계에 물의를 일으킨 사건이 있었다. 프랭클린의 주임교수인 윌킨스가 그녀의 허락도 받지 않고 왓슨과 크릭에게 사진을 공개한 사실이다. 단순한 사진 공개가 무슨 큰 의미가 있냐고 반문할지 모르겠지만, 이것은 노벨상을 받느냐 못 받느냐를 결정하는 매우 중요한 문제였다. 노벨상은 같은 연구에 3명까지만 수여되는데, 이 경우 수상 대상자가 4명이 되기 때문이다. 그중 한 명은 반드시 탈락해야 하는데, 많은 학자는 첫번째 수상자는 프랭클린이 돼야 하며 나머지 3명 중 1명이 탈락해야 한다고 생각했다.

하지만 이 논쟁은 싱겁게 끝났다. 윌킨스가 프랭클린에게 자신이 그녀의 허락을 받지 않고 두 사람에게 사전에 공개한 것이 실수라고 자인한 데다, 그녀는 1958년에 사망했기에 나머지 세 명이 1962년 노벨상을 수상하는 데 하등에 문제점이 되지 않았기 때문이다.

유전자 복제 메커니즘

—

왓슨과 크릭의 연구를 계기로 유전의 메커니즘에 관한 연구는 눈부신 발전을 거듭한다. 이 연구의 중요성은 DNA의 구조를 밝혔다는 데만 있지 않다. 이로 인해 유전 현상을 분자 수준에서 이해할 수 있게 됐고, 유전정보가 어떻게 DNA에 기록되며 다음 세대로 전파되는지 등을 규명하는 토대가 마련됐기 때문이다. 한편 유전정보를 담당하고 있는 것은 핵만이 아니다. 세포질에 있는 미토콘드리아라는 소기관에도, 식물세포의 엽록체에도 핵의 DNA와는 별개의

DNA가 있다. 이는 미토콘드리아가 핵의 DNA와는 정보가 다른 독자적인 DNA를 갖고 있다는 뜻이다. 미토콘드리아 DNA는 고작 1만 6569개의 염기와 37개의 유전자를 갖는 작은 DNA인데, 이것이 핵 DNA와 크게 다른 점은 모성 유전을 한다는 사실이다. 아버지의 미토콘드리아 DNA는 차세대에는 전혀 관여하지 않는다.

또 하나의 특징은 미토콘드리아 DNA는 핵 DNA에 비해 염기의 교체, 즉 염기 치환이 일어나기 쉽다는 점이다. 가령 진화 과정에서 인간은 침팬지 같은 선조로부터 분리돼 왔는데, 인간과 침팬지의 미토콘드리아 DNA는 약 9퍼센트 정도나 차이가 난다. 이에 비해 핵 DNA에서는 약 1퍼센트밖에 차이 나지 않는다. 이것은 핵의 DNA에 비해서 미토콘드리아 DNA에서는 생물의 진화를 뜻하는 염기 치환이 빠른 속도로 일어난다는 뜻이다. 즉 비교적 짧은 진화 기간에 일어난 DNA의 이변을 알 수 있게 해주므로, 이러한 성질을 이용해서 종의 진화 또는 인종 간의 다양성을 파악할 수 있다.

미토콘드리아는 독자적인 DNA를 갖고 세포 안에서 분열에 의해 증식한다. 또 항생물질에 대한 내성耐性이 원핵 물질과 비슷한 점으로 보아 호기적 원핵생물이 원시 진핵생물에 흡수돼 세포 공생된 것으로 여겨진다. 미토콘드리아를 획득한 생물 중에는 시아노박테리아를 흡수한 것도 있다. 세포 공생을 한 시아노박테리아는 나중에 엽록체가 된 것으로 추측된다. 이는 다양한 유전자의 염기 배열의 비교를 통해서 봐도 분명하다. 미토콘드리아도 엽록체도 게놈의 크기는 원핵생물에 비해 매우 작은데, 이것은 세포 소기관으로서 정의돼가는 과정에서 많은 유전자가 핵으로 이동하고 그 지배에 들어가게 됐다고 추정한다.

두 개의 효율적 에너지 변환 장치를 흡수해, 핵에 의한 조절을 가능하게 한 것은 그후 진핵생물의 대발전으로 연결됐다고 생각된다. 즉 미토콘드리아라는 고성능 에너지 변환 장치를 얻게 된 진핵생물이 몇 가지 생물로 분화하면서 진화하고, 폭발적으로 많은 생물을 낳게 했다는 뜻이다. 즉 진핵생물의 빅뱅이 일어났다는 뜻으로, 그 결과 태어난 진핵생물의 무리에서 현재 지구상에 번성하고 있는 균류와 녹색식물, 동물이 태어난 것이다.

DNA에 얽힌 구조와 비밀이 어느 정도 밝혀지자 이제 학자들의 관심사는 DNA의 복제 메커니즘의 해명으로 옮겨갔다. 사람에게는 대체로 60조 개의 세포가 있는데, 이들은 모두 하나의 세포로부터 복제된 유전자를 갖고 있으므로 유전자 복제 과정에서 오류가 생길 수도 있다. 참고로 세포 하나의 DNA를 한 줄로 이어놓으면 3미터 정도의 길이가 된다. 이 3미터는 DNA가 지름 50분의 1 밀리미터 정도 크기밖에 안 되는 세포 한 개 속에 모두 들어 있는 것이다. 3미터에 다시 60조를 곱하면 그 크기가 어떻게 될까. 이들 숫자를 모두 적는 것보다, 이들 길이에 비하면 지구와 태양의 거리는 고작 한 발자국밖에 되지 않는다는 설명이 더 쉽게 이해될 것이다.[82]

현실적으로 극히 드물지만 유전자 복제 과정에서 100만~1000만 번 중에 한 번은 실수가 있는 것으로 밝혀졌다. 그럼에도 불구하고 커다란 부작용이 없는 것은 세포에는 염기의 잘못된 변화나 결실, DNA의 절단 등으로 상해를 입은 DNA를 복원시켜주는 효소가 있어 실수를 보완해주기 때문이다. 그만큼 생명체에는 신비함이 깃들어 있다.

이런 DNA의 '판도라 상자'를 여는 데 큰 공헌을 한 사람은 오초아Severo Ochoa와 콘버그Arthur Kornberg다. 그들은 왓슨과 크릭이 제창한 이중나선형인 DNA 분자가 생체 내외에서 복제하는 데 관여하는 효소, 이른바 DNA 폴리머라제를 발견했다. 또한 오초아는 뉴클레오티드로부터 RNA와 유사한 분자를 합성했고 콘버그는 DNA의 합성에 성공했다. 특히 콘버그가 추출한 효소는 실제 생물이 갖는 DNA와 같았으며 DNA 분자의 합성을 촉매할 수 있었다. 이 두 사람은 1959년 노벨 생리 · 의학상을 받았다.

하지만 노벨상 선정에도 실수는 있게 마련이다. 오초아로 하여금 노벨상을 수상하게 한 RNA 합성 효소는 특정한 조건에서, 즉 시험관 안에서만 일어나고 실제로 생체 속에서는 작용하지 않는다는 게 알려졌다. 오초아가 발견한 효소는 오히려 RNA를 분해하는 효소였던 것이다. 오초아에 대한 노벨상 수상의 파장은 컸다. 그가 발견한 효소를 사용해 여러 인공 RNA를 합성하려고 한 다른 학자들의 노력을 모두 허사로 돌리게 한 것이다. 오초아도 나중에 그 사실을 알았지만 이미 노벨상을 받은 후였다. 하지만 그는 낙담하지 않고 이 분해 효소를 사용해 유전 암호 해독에 나섰고, 단백질 합성을 시작하는 인자를 발견해 단백질 합성의 복잡한 경로를 밝히는 데 앞장섰다. 그는 잘못 발견했던 그 효소를 이용하는 역수를 써서 그에게 씌워진 오명을 씻은 것이다.

콘버그가 발견한 DNA 폴리머라제도 DNA를 복제하기 위한 효소가 아니라 DNA를 수복하기 위해 사용되는 효소라는 것이 밝혀졌다. 그것도 노벨상을 수상한 지 10년이나 지난 후였다. 궁지에 몰린 콘버그는 DNA의 합성을 촉매하는 효소를 열심히 찾았다. 그에게는 계속 운이 따랐다. 그의 아들인 토머스 콘버그가 DNA 폴리머라제 II와 III를 발견한 것이다. 토머스는 당시 줄리아드음악원 소속의 첼로 연주가였는데 손가락에 작은 종양이 생겨 연주를 더이상 할 수 없게 되자 아버지를 도와 실험하던 중에 대발견을 한 것이다. 어떤 사람은 아무리 고생해도 뜻을 이루지 못하지만 이렇게 운이 따라주는 사람도 있는 법이다.

이제 학자들은 세포 공장에서 이뤄지는 유전 부품 생산이 정확히 조절되는 메커니즘의 규명에 나섰다. 영양으로 운반되어오는 부품은 소재에 따라 남는 때가 있고 모자라는 경우도 있는데, 그것을 어떻게 조절하는가를 알아내고자 했다. 자코프Françis Jacob와 모노Jacques Monod는 특정한 소재에 따라 그것을 처리하는 효소가 그때그때 대량으로 만들어지기도 하고 억제되기도 한다는 것을 발견했다. 유전자의 활동을 제어하는 메커니즘이 생체 내부에 있다는 것이다. 억제물질은 세포 내에서 환경의 미묘한 차이로 변할 수 있으며 기하학적 구조에 따라 유전자를 억제 또는 방출할 수 있다는 것도 발견했다. 그들은 1965년에 노벨 생리 · 의학상을 수상했는데, 이들이 이러한 연구 결과를 얻은 것도 대장균을 대상으로 한 것이다.

RNA가 관건

핵산 안에 있는 유전 관련 인자 중에서 DNA만 중점적으로 다뤘지만 핵산에는 RNA라는 또다른 중요한 인자가 있다. 이제부터 RNA에 대해 알아본다. RNA는 A · U · G · C라는 유전자 정보 매체가 되는 염기 물질을 갖고 있다.[83] RNA의 역할은 DNA가 발현한 정보를 전사해서 그것을 단백질 제조 공장인 리보솜으로 운반하고, 거기에서 단백질의 원료를 설계대로 배열하는 일이다. 리보솜이란 세포 내 미립자인 미크로솜의 구성분에서

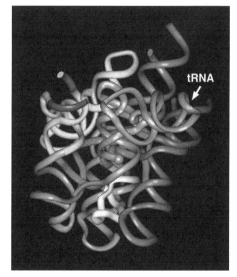

tRNA.

막membrane 성분을 제거한 부분인데, 다른 소기관보다 작지만 세포 안에 여러 개가 들어 있다.

DNA는 아주 중요하기 때문에 세포의 핵이라는 격납고 안에 소중히 간직돼 있다. 함부로 설계도를 밖으로 갖고 나가면 잃어버릴지도 모르며 상처를 입으면 낱낱이 분해될지도 모른다. 그렇게 되지 않으려고 DNA는 자물쇠가 있는 핵이라는 세포 격납고에 챙겨넣는 것이다.

그런데 설계도대로 유전정보를 실행하는 것은 단백질이다. 아미노산이라는 재료로 이 단백질을 만드는데, 그 생산 공장은 핵의 외부, 즉 세포질에 있는 리보솜이라는 입자 모양의 세포 소기관이다. 따라서 핵 안의 정보, 즉 단백질 합성에 관한 설계도를 전해주고 아미노산을 만들라는 명령을 전달해주는 심부름꾼이 필요하다. 그 심부름꾼이 바로 RNA이다.

RNA에는 여러 종류가 있는데 그것은 전령(메신저) RNA(mRNA)와 운반 담당 RNA(tRNA), 리보솜 RNA(rRNA), 유전자의 발현을 조절하는 sRNA 등이다. DNA가 전령 RNA를 시켜 단백질을 합성하는 과정은 사진을 찍기 위해 필름에 옮기는 방법과 비슷하다. RNA가 DNA를 찍어놓은 필름 같다는 것은 필요한 정보를 정확히 반대로 복사하기 때문이다. DNA의 정보를 청사진으로 인화해 mRNA를 완성시키는 것을 전사라고 하며, 이때 RNA 폴리머라제라는 효소가 필요하다. rRNA는 단백질과 협력해 리보솜을 만든다.

학자들은 우선 이들 구조에 대해 규명 작업에 들어갔다. 미국의 홀리Robert W. Holly는 1964년에 알라닌이 부착된 운반 담당 tRNA는 RNA의 15퍼센트 정도라는 것을 발표했다. 또한 tRNA의 분자는 세잎클로버와 같은 3개의 고리 구조임을 밝혔다. 반면 미국의 니런버그Marshall W. Nirenberg는 어떤 코돈(4개의 뉴클레오티드 중 나머지 3개의 염기로 구성된 배열)이 어떻게 특정한 아미노산과 일치하는가를 연구했다. 코돈은 특정한 순서로 아미노산을 조립하는 일련의 명령을 담는데, 세 개의 계속되는 뉴클레오티드가 한 개의 아미노산을 끌어오며, 그 작업이 원활하게 끝나면 단백질로 감싸이게 된다. 이것은 특정 길이의 DNA가 RNA 원형으로 복제된 후 RNA 원형이 단백질을 만든다는 뜻으로, 이러한 발견이 유전자 연구에 얼마나 중대한 기여를 했는지는 더이상 강조할 필요가 없을 것이다.

니런버그는 그의 연구를 더욱 발전시켜 다양한 아미노산과 효소, 리보솜 등 단백질 합성에 필요한 모든 것을 갖춘 체계를 밝히는 코드 사전을 만들었다. 그들의 탁월한 연구로 니런버그와 공동 연구자 코라나Har Gobind Khorana는 홀리와 함께 1968년 노벨 생리ㆍ의학상을 받았다.

한편 DNA가 RNA에게 건네주는 유전정보에는 불필요한 정보가 많이 들어 있다. 예전에는 이 염기 배열을 '의미 없는 유전자'라 불렀으나 오늘날에는 다소 고상한 '말 없는 유전자'라 부른다. 이 유전자들이 생명체와 어떤 관계를 지니고 있는지에 대해서는 아직까지 완전히 해명되지 않고

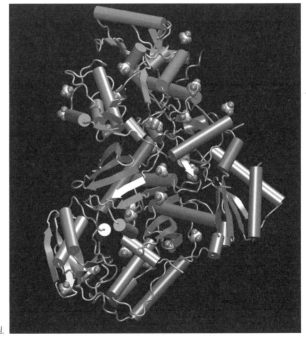

에이즈 역전사 효소의 구조를 나타낸 그림.

있다. 말 없는 유전자의 수는 실제로 기능을 수행하는 유전자들보다 10배나 많다. 학자들은 이들이 어떤 식으로든 생명에 관련된다고 추정한다.

나비나 몇몇 잠자리 등의 알 속에는 아주 특별한 비밀이 숨어 있다. 나비의 알은 서로 완전히 다른 두 개의 게놈, 즉 나비의 게놈과 애벌레의 게놈을 갖고 있다. 나비 애벌레가 허물을 벗고 어른 나비로 변화되는 독특한 과정은 이렇게 전혀 다른 두 생명체가 하나의 알에 들어 있었기 때문이다. 말 없는 유전자도 어떤 역할이 있을지 모른다는 추측이 여기에서 나온다.[84] 그런데 RNA에서는 이 불필요한 정보가 잘려나간다. 체크Thomas R. Cech는 이 절단 작업이 이뤄지는 것은 어떤 단백질의 촉매작용에 의한 것이라고 가정했다. 그는 이 절단 단백질을 분리하는 실험에 착수했는데, 놀랍게도 단백질을 모두 분리한 뒤에도 절단이 계속됐다. 그는 RNA 자체가 촉매 역할을 하되, 자기 자신을 위한 절단 작업만을 하며 다른 것에는 영향을 미치지 않는다는 것을 발견했다. 알트먼Sidney Altman도 tRNA 역시 불필요한 정보에 대한 절단이 이뤄진다는 것을 발견했다. 세코와 알트먼은 RNA 생물 분자의 촉매 특성 발견에 대한 공로로 1989년에 노벨 화학상을 받았다.

역전의 분투, 테민 그리고 sRNA

—

유전자 연구는 계속 전진됐다. 곧바로 모든 학자를 깜짝 놀라게 한 대담한 연구 결과가 발표됐다. RNA 바이러스가 증식될 때 새로운 DNA의 합성이 필요하며 또 이들 간에는 상보성이 있다. 테민Howard Martin Temin은 RNA 바이러스가 감염되면 제일 먼저 RNA 바이러스를 모형으로 해서 DNA가 합성되고, 다음에 이 DNA를 모형으로 해서 다시 RNA 바이러스가 합성된다고 발표했다.

그의 이론은 기존 학설에 비
해 너무 파격적이어서 학자
들은 순순히 믿으려 하지 않
았다. 고전 이론에서는 생명
정보는 DNA에서 RNA,
RNA에서 단백질로 전달되
고 역순은 없다고 생각했기
때문이다. 당시까지 DNA를
모형으로 해서 RNA를 합성

호워드 테민.

하는 효소는 존재하지만, RNA를 모형으로 해 DNA를 합성하는 효소는 존재하
지 않았다.

테민은 자신의 이론을 증명하기 위해 증거가 될 만한 효소를 찾아야만 했다.
그 작업이 얼마나 어려운가는 말할 필요도 없다. 하지만 테민은 행운아였다.
그는 대량으로 RNA 바이러스를 모았고, 그것이 새로운 DNA를 합성하는 것을
확인했다. 그는 이 효소를 역전사逆轉寫 효소라 이름 붙였다. 이것은 DNA →
RNA란 일방통행이 아니라 RNA ↔ DNA 식의 쌍방통행 메커니즘도 존재할 수
있다는 중요한 결과를 확인시켜준 것이다. 데이비드 볼티모어David Baltimore도
쥐의 백혈병 바이러스로부터 이 효소를 추출하는 데 성공해 1975년에 노벨 생
리 · 의학상을 수상한다. 그도 아주 젊은 나이에 노벨상을 받았다. 32세에 쓴
논문으로 37세에 노벨상을 수상했기 때문이다.

이제 학자들은 RNA의 구조를 밝히기 위해 노력했다. RNA 구조는 수백 수천
개의 뉴클레오티드가 일렬로 연결된, 이른바 폴리뉴클레오티드다. 이 구조를
밝히기 위해서는 3단계가 필요한데, 첫번째는 RNA가 어떤 순서로 연결됐는가

를 알 수 있는 1차 구조를 규명하
는 것이다. 다음은 2차 구조로
RNA가 어떻게 꼬이고 접히는가를
알아내는 것이고, 마지막으로 어떤
입체적 모양으로 접히는가를 보는
3차 구조를 확인해야 한다.

프레드릭 생어.

여기서는 RNA를 매우 간단하게
설명했지만, 이론적으로 매우 단순
해 보이는 RNA의 1차 구조조차 규
명한다는 것은 매우 어려운 작업이
다. 2, 3차 구조의 규명이 1차보다
어렵다는 것은 말할 필요도 없다.

대단한 것은 RNA 중에서도 tRNA의 2, 3차 구조를 밝힌 학자가 우리나라의 김
성호 박사라는 점이다. 그는 tRNA를 결정 상태로 분리하고 X선 분석을 가해 3
차 구조를 규명하는 한편, 그것의 모형을 제시했다. 그는 또한 tRNA의 2차 구
조를 클로버 잎 모양으로 제시했고, 3차 구조는 L자형으로 된다고 제시했다.
sRNA는 미국의 사이언스 지가 '2002년 10대 하이라이트'를 선정하면서 '최고
의 과학 업적'으로 평가할 정도로 유전학 분야에서 중요도를 인정받고 있다.

학자들은 작은 크기의 다양한 sRNA(small RNA)가 유전자의 발현을 조절하
는 과정에 여러 형태로 관여해 세포의 기능을 총괄 조정하는 지휘자라는 것을
발견했다. 이를 RNA의 간섭현상이라 하는데, 쉽게 말해 RNA에 의해 유전자
발현이 간섭을 받아 발현되지 못하도록 하는 것이다. 생명체에서 유전정보가
제대로 발현되기 위해서는 DNA의 유전정보가 RNA로 전사된 후 이 유전정보

에 담긴 대로 단백질이 합성돼야 한다. 만약 이런 일련의 과정이 정상적으로 작동하지 않으면 단백질 합성이 제대로 이뤄지지 않는다.

미국 다트머스대학의 빅토르 암브로스 박사는 하등 생명체의 일종인 꼬마선충의 발생 과정에서 이런 사실을 발견하고 sRNA가 특정 발생 단계에서 발현돼 발생을 조절한다는 의미에서 stRNA(small temporal RNA)라 이름 붙였다. 이러한 RNA 간섭현상을 이용하면 질병 치료에 획기적인 기여를 할 수 있다. DNA의 유전정보를 단백질 정보로 전달할 때, 이 과정에 관여하는 mRNA를 방해하거나 파괴해 단백질 정보가 전달되지 못하게 하는 원리를 이용하는 것이다.

현재 4000종 이상의 질환이 유전자 변이나 발현 이상 때문에 발병되는 것으로 추정된다. 만약 질병의 원인이 되는 유전정보를 가진 유전자로부터 단백질 합성을 저해하는 RNA를 세포 내에 주입하면 단백질 합성은 일어나지 않는다. 전선의 스위치를 누르면 전류가 흐르고 스위치를 떼면 전류가 흐르지 못하는 것처럼, RNA 간섭을 일으키는 siRNA(RNA 간섭현상을 효율적이고 특이적으로 유도할 수 있는 것)는 마치 유전정보를 전달하는 RNA 전선의 유전자 스위치처럼 중간에서 단백질 합성 유전정보를 차단한다.[85] 학자들은 RNA 간섭능력은 유전병 치료뿐만 아니라 바이러스 감염성 질환 치료에도 이용될 수 있을 것으로 추정한다. 또한 여러 종류의 암, 에이즈 바이러스, 간염 바이러스, 류마티스성 관절염 등의 질병을 치료할 수 있을 것으로 본다.[86]

이제 다시 DNA로 돌아가자. DNA와 RNA에 대한 성격이 어느 정도 규명되자 학자들은 DNA의 염기 배열을 정확하고 신속히 결정하는 방법에 관심을 돌리기 시작했다. 이 연구가 중요한 것은 DNA 속에 들어 있는 유전정보를 해독할 경우 유전자의 인위적인 조작이 가능하며, 새로운 단백질을 합성시키거나 새로운 동식물을 탄생시킬 수 있기 때문이다. 하지만 이 연구는 시작부터 위기에 봉착했다. 그것은 작업량이 너무 방대해 쉽게 연구 결과를 얻어낼 수 없으리라는 좌절감 때문이었다. 평생을 걸려서라도 해석할 수 없는 연구 프로젝트라면 아무리 의욕 넘친 학자라도 주춤하기 마련이다. 노벨상도 죽으면 수상할 수 없는 법이다.

하지만 이럴 때 인류사에는 재미있는 일이 생긴다. 어려운 연구를 하면서도 노벨상을 바라지 않는 사람이 있다는 뜻이다. 이는 바로 이미 노벨상을 받은 사람이다. 1958년 인슐린을 완전히 분석해 노벨 화학상을 수상한 생어Frederick Sanger가 여기에 도전했다. 그도 폴링과 마찬가지로 처음에 자신이 노벨상을 수상할 때의 연구 방법으로 시작했다. 즉 아미노산 배열을 결정할 때와 같이 DNA 염기 배열 결정법을 연구하는 것이다. 하지만 RNA의 경우 특수 부위를 절단하는 핵산 가수분해 효소를 구할 수 있었던 데 반해, DNA의 경우는 분자량이 큰 데다 염기 종류에 특이한 효소가 발견되지 않았기에 절단할 수 없었다.

그래도 결론은 역시 해피엔딩이었다. 생어는 결국 특정 염기들을 제거하면 DNA 중합체의 작용을 통제할 수 있다는 것을 발견했다. 또 화학적으로 변경된 염기들을 사슬의 말단 고리들로 이용함으로써 그 배열을 더 잘 통제할 수 있음을 알게 됐다. 그는 1978년 첫 연구 결과로 비교적 단순한 파이 X174바이러스의 5386염기의 완전한 배열을 발표했다. 이는 그때까지 배열해낸 것으로는 가장 긴 가닥이었다.

효소로 유전자 조작 가능

—

생어의 연구 결과는 유전자 연구에서 획기적인 전환점을 예고하는 것이다. DNA를 해독할 수 있다는 것은 특정 단백질을 생산하는 특수한 유전자의 제조를 포함해 모든 방면에서 유전물질을 조작할 수 있음을 의미하기 때문이다. 그는 이 공로로 길버트Walter Gilbert, 버그Paul Berg와 함께 1980년 노벨 화학상을 수상했다. 노벨상에 대한 마음을 비운 채 지루하고 어려운 작업에 몰두한 결과 개인적으로 노벨상을 두 번 수상한 과학자가 된 것이다.

생어가 염기 배열을 해독할 수 있는 토대를 마련하자 학자들은 유전자를 조작하는 방법을 제공하는 데 필요한 효소를 발견하는 일에 집중했다. 일반적으로 단백질인 효소는 화학반응 중에 자신은 변화하지 않고 화학반응 속도를 가속시키기에 생명체의 촉매라 할 수 있다. 따라서 이런 효소를 발견한다는 것은 바로 유전자를 임의로 조작할 수 있게 하는 중요한 발판이 되는 것이다.

학자들은 이미 DNA 분자를 정확한 위치에서 절단해 정확히 정해진 조각들을 만들어내는 단백질이 있어야 한다는 것을 예측하고 있었다. 그것은 DNA에서 특별한 염기 배열을 인식해서 절단해주는 효소가 있음을 뜻한다. 이것을 바로 제한효소라고 하는데, 원래 외래 DNA를 절단·배제하기 위해 세균이 간직하고 있는 자기 방어 기구로, 이 연구에서 개가를 올린 사람이 아버Werner Arber다. 아버는 박테리오파지가 새로운 대장균에 감염됐을 경우 파지가 증가하기도 하고 그렇지 않기도 하는 점을 발견했다. 그는 이런 제한 현상은 파지가 감염됐을 때 그 DNA가 부분 분해돼 일어나고, 해제 현상은 파지 DNA가 특정 위치에서 메틸화됨으로써 일어난다는 것을 밝혔다.

이를 보다 쉽게 설명하면 다음과 같다. 박테리아 A와 B가 있는데 A 박테리아에서 파지는 잘 번식할 수 있고 B 박테리아에서는 잘 번식하지 못한다. 신기한 것은 B 박테리아에서 잘 번식하지 못한 파지를 꺼내 또다른 B 박테리아에 주입시키면 번식을 잘 한다는 것이다. 이에 과학자들은 이러한 제한성 박테리아와 비제한성 박테리아의 성질을 이용해 얼마든지 파지를 이용해 유전자를

스미스와 네이선스.

증식시킬 수 있게 된다.

파지 DNA가 제한성 박테리아에 들어가면 잘 자라지 못한다는 것은 그것이 제멋대로의 크기로 깨지는 것이 아니라 정해진 조각으로 절단됨을 암시한다. 이것은 DNA 엔도뉴클레아제(DNA의 특정한 염기 서열을 식별하고 이중 사슬을 절단하는 핵산 분해효소의 하나로 제한효소라 부름)라는 단백질이 파지 번식을 제한하는 것이다. 한편 파지 DNA가 박테리아 안에서 잘 자란다는 것은 DNA 메틸라제가 함유돼 있기 때문이다. 이것은 박테리아가 제한효소로부터의 영향을 배제하기 위해 DNA 메틸라제를 사용해서 파지 DNA를 증식시킴을 뜻한다.

스미스Hamilton O. Smith는 이 효소를 정제해 효소의 분해와 수식 부위의 특이성을 규명했고, 네이선스Daniel Nathans는 이 효소를 DNA의 염기 배열 결정과 DNA의 단일 분리의 도구로 사용해 그 유용성을 밝혔다. 버그는 제한효소로 DNA 가닥을 자른 다음 원래 있던 것과 다른 형태로 된 DNA 가닥으로 재조합시켰다. 이 연구 결과로 아버, 네이선스와 스미스는 1978년 노벨 생리·의학상을 수상했다. 버그는 생어, 길버트와 함께 1980년 노벨 화학상을 수상했다.

제한효소는 DNA 연구에서 매우 중요한 역할을 하는데, 이것이 DNA 분자를 정확한 위치에서 절단해 정확히 정해진 조각들을 만들어내는 단백질이기 때문이다. 제한효소는 박테리아가 지닌 효과적인 방어 무기다. 이를테면 바이러스라는 형태의 낯선 DNA가 침투하려고 하면, 이 제한효소가 그 DNA를 가위질하듯 동강내버린다. 박테리아가 전투 기술에 관한 한 탁월한 재능을 갖고 있다는 것을 알려주는 예다. 물론 앞에서 설명했지만, 교활한 박테리오파지만이 바이러스에 속하면서도 이 가위질을 피할 수 있는 대응 전략을 지니고 있다. 여하튼 다른 유전자들로부터 잘라내 그것들을 분리시킬 수 있게 하는 것은 이 정밀성 때문이다. 제한효소는 DNA의 열에 구획을 지정해주며, 제한효소 분해에 의해 만들어진 절편들은 서로 분리될 수 있다.

이 말은 제한효소가 없으면 재조합 DNA 기술이 존재할 수 없다는 뜻이다. DNA 조각을 정확히 잘라내고 다시 결합하는 제한효소라는 분자 가위는 DNA 연구에서 목수의 톱만큼 중요한 것이다. 이는 제한효소가 생명체 DNA 정보 창고에서 유전자를 잘라내고 그것을 작은 조각으로 자르는 수단을 제공함을 뜻한다. DNA 분자를 조각으로 절단하고 결합하는 작업으로 동식물과 미생물 세포의 DNA 백과사전에 삽입할 수 있다.

유전자 분야에서 또 하나의 중요한 성과는 '리가아제ligase(연결효소)'라는 효소를 분리해냈다는 점이다. 이 물질은 DNA를 특정한 부분에 다시 연결해줄 수 있는 효소다. 드디어 유전공학은 DNA를 원하는 대로 자르고 이어붙이는 데 필요한 도구와 연장을 모두 갖춘 셈이다. 이제 학자들은 세균의 세포나 진핵생물의 핵에 특정 유전자를 집어넣어 새로운 생화학적 특성을 지닌 세포를 만들게 할 수 있다. 학자들이 제한효소와 연결효소가 생물체 안에 있다는 것을 발견했기 때문에 유전자를 변형하거나 새로운 것으로 설계하는 일이 가능해진 것이다.[87]

이제 자연에서는 존재하지 않는 외래 유전자를 포함한 변종transgenic 동식물을 창조하는 것이 이들로 인해 가능해졌다. 유전자를 조작해 과학자들이 원하는 뜻대로 만들 수 있다는 것은 지구에 생명체가 탄생한 이래 어떠한 동물도 시도한 적이 없는 일이다. 이제 유전자를 조작할 수 있는 인간은 새로운 유전공학

유전자의 정체가 알려진 후 인간게놈프로젝트가 활발히 진행되고 있다.

의 시대로 들어서게 됐고, 인간복제도 가능할지 모른다는 생각을 갖게 만들었
다.

왓슨과 크릭의 DNA 이중나선 발견은 20세기 유전자 분야의 두 가지 중대
발견으로 알려진다. 나머지 하나는 다윈 장에서 설명한 매클린턱의 '도약 유전
자 이론'이다. 젊은 나이에 노벨상을 받은 왓슨과 크릭의 생활은 대조적이다.
왓슨은 1968년 롱아일랜드 콜드스프링하버연구소의 책임자로 임명됐다. 그가
임명되자마자 연구소는 단기간에 세계 최고의 유전학 연구소가 됐고 잘 알려
진 인간게놈프로젝트에 도전했다. 그는 1988년까지 이 프로젝트에 참여했지
만, 정치적인 견해차로 1992년에 사임하고 미개척 영역인 신경과학으로 관심
을 돌렸다.

반면 크릭은 이중나선을 발견한 후에도 유전학 연구를 했고, 케임브리지에
있는 자신의 집을 '황금나선'이라고 명명할 정도였다. 1976년 케임브리지연구
소를 떠나 캘리포니아 샌디에이고에 있는 솔크생물연구소에서 강의하면서 인
간 의식 연구에 착수했다. 1970년대에 그는 꿈 이론을 제시했다. 꿈은 두뇌가
잠을 자고 있는 동안 정신분석적인 사고와의 갈등을 해소시켜주는 인위적인
과정이라는 논리였다. 1980년대에는 외계 문명이 지구에 미생물을 남겼다는

가설을 발표해 세상을 깜짝 놀라게 했으며 그는 2004년에 사망했다. 왓슨은 과학 연구는 결과를 예측할 수 없는 과정이고 과학자들은 미지의 영역을 추구하는 모험가라며 다음과 같이 말했다.

"여러분은 선생을 부인하고 이렇게 말해야 할 것이다. '당신들은 제자리걸음을 하고 있다. 나는 다른 무언가를 해보고자 한다'라고. 나와 크릭은 어떤 단계에 올라서 있었고 실제로 우리는 유명인사가 됐다. 우리는 다른 사람들이 하고 있는 것을 따라서는 그 무엇도 이룰 수 없다고 생각했다. 잘 알겠지만 교육은 이런 것이 돼야 한다. 즉 어떤 것이 쓸모없는 일인지를 알게 함으로써 쓸모 있는 다른 것을 할 수 있도록 해야 한다."

꿈은
이루어진다

타임머신

스티븐 호킹 Stephen Hawking, 1942~

호킹을 타임머신의 주인공으로 상정한 것은 타임머신이 만들어질 수 있는 가능성을 많은 사람이 고대하고 있었는데, 이에 부응하기라도 하듯 타임머신이 가능할지 모른다고 주장했기 때문이다. 즉 타임머신의 이론적 배경을 만들어주었다는 데 호킹의 중요성이 있다. 그의 설명은 단순하게 들릴 수도 있다. 간단히 말하면 블랙홀이 유입된 정보를 밖으로 내보내지 않기 때문이라는 것이다. 아이러니한 일은 호킹 자신은 타임머신 제작이 불가능하다고 생각했다는 점이다.

그 외 등장인물

괴델 Kurt Gödel • 논리학에 결정적인 전환점 가져온 '불완전성 정리' 발표 | **손** Kip S. Thorne • 타임머신 가능 이론인 '웜홀 이론' 고안 | **앨리스** G. F. R. Ellis • 또다른 우주의 존재 가능성 제기 | **린데** A. Linde • 인플레이션 우주론 제시 | **고트** J. Richard Gott • 우주끈을 이용한 시간여행의 이론적 기반 제시 | **도시후미** 二間瀬敏史 • 2개의 우주끈으로 과거의 자신과 만나는 이론 제시

타임머신을 타고 싶어요

—

프랑스의 한 텔레비전 프로그램인 〈내가 바라는 세상〉에서는 새 밀레니엄을 맞는 260명의 지구촌 어린이들이 미래에 대한 예측과 희망의 메시지를 전달했다. 메시지는 이렇다. 인간들이 일부 부정적인 요소들을 슬기롭게 제거할 수만 있다면 꿈과 환상이 어우러진 희망찬 미래가 될 수 있다는 것이다. 재미있는 사실은 260명 어린아이들의 가장 큰 소망이 '타임머신을 타고 싶다'는 것이었다. 사실 흥행에 성공한 SF영화는 거의 모두 타임머신을 소재로 했다고 해도 과언이 아니다. 타임머신의 원조라 할 수 있는 조지 웰스의 원작을 영화로 만든 〈타임머신Time Machine〉〈터미네이터The Terminator〉〈백 투 더 퓨처Back to the Future〉〈타임캅Timecop〉〈스피어Sphere〉〈비지터Visiteurs〉〈12 몽키즈12 Monkeys〉 등 수많은 영화가 현재에서 과거나 미래로, 미래에서 현재로 넘나드는 이야기였다.

제임스 카메론 감독의 〈터미네이터〉는 특히 흥미롭다. 2029년은 세계를 지배하는 기계들이 인류 소탕 작전을 벌이는 참혹한 미래다. 핵전쟁으로 30억 인구가 소멸하고 겨우 살아남은 사람들은 인간보다 강해진 기계와 전쟁을 치르게 된다. 인간의 저항이 만만치 않자 기계군대의 독재자는 저항군 지도자인 존을 제거하기 위해 사이보그 인간인 '터미네이터'를 과거로 보낸다. 존의 어머니인 사라를 제거하면 저항군의 지도자 존이 태어날 수 없기 때문이다. 영화에서는 이에 대항해 저항군의 전사인 카일이 사라를 구하기 위해 과거로 날아간다. 사라의 아들 존이 태어나려면 미래가 현재보다 먼저 일어나야 한다. 그의 아버지 카일은 존보다 늦게 태어나 그의 부하가 되고 다시 과거로 돌아가 그의 아버지가 된다. 사라는 뱃속에 있는 아들에게 보낼 녹음 메시지에서 이렇게 말한다.

"카일을 보낼 때 아버지인 줄 알지 못했을 것이다. 하지만 그를 보내지 않았다면 너는 태어나지 않았을 거야."

여기서 흥미로운 것은 2029년 존의 아버지인 카일은 존이 보여준 사라의 사진을 보고 반해 사라를 보호하는 작전에 지원한다는 점이다. 그 사진은 1984년 사라가 주유소에서 찍은 것인데 카일은 사라가 죽은 후에 사라에게 반한다. 그들의 사랑은 미래에서 싹터서 과거에서 실현됐으며 다시 미래로 이어진 것이다. 〈터미네이터〉를 비롯해 타임머신이 나오는 영화의 주인공들은 과거와 미래를 마음껏 넘나들면서 주어진 상황에 적절히 대처한다. 그래서인지 타임머신을 소재로 한 영화는 대부분 블록버스터 영화로 제작되며 흥행에도 성공한다.

〈사랑의 블랙홀Groundhog Day〉처럼 매우 색다른 시간여행을 주제로 삼은 영화도 있다. 성격이 괴팍한 텔레비전 기상통보관 필은 어느 날부터인가 똑같은 하루가 반복되고 있음을 깨닫는다. 혼란에 빠지는 것도 잠시, 필은 곧바로 악

타임머신.

몽을 기회로 삼

는다. 하루라는 짧은 시간에 벌어질 일

을 이미 알고 있다는 점을 적극적으로 이용하는 것이다. 곤경에 처한 사람을 도

와주고 나무에서 떨어지는 아이를 받아주는가 하면, 거지 할아버지에게 따뜻

한 저녁을 사주기도 한다. 결론은 하루라는 시간을 좀더 가치 있게 이용하는 법

을 깨달으며 사랑까지 얻는다는 내용이다.

　하루가 아니라 단 20분이나 한 시간 전으로 돌아가기만 해도 수많은 일이 생

길 수 있다는 것을 루이스 모노 감독은 〈레트로액티브Retroactive〉에서 보여줬

다. 고속도로에서 작은 교통사고를 낸 범죄 심리학자 카렌이 프랭크와 그의 처

가 타고 가는 자동차에 동승하게 되면서 사사건건 일이 꼬인다. 프랭크는 고가

의 컴퓨터 칩을 팔아넘기는 악덕 사기꾼인데 간이 휴게소에서 아내의 부정을

알고 쏴 죽인 후 카렌마저 살해하려 한다. 카렌은 가까스로 탈출해 과거로의

시간여행 시스템을 연구하는 연구소로 들어간다. 그러던 중 연구소의 기계 조작 실수로 타임머신에 탑승하게 된 카렌은 20분 전의 과거로 다시 돌아가게 된다. 자신이 목격했던 살인 사건을 막을 수 있다고 생각한 그녀의 예상과는 달리 과거로 돌아갈수록 희생자만 늘어나는 대형 사고로 치닫게 된다. 물론 마지막 게임에서는 카렌의 의도대로 해피엔딩이 된다. 〈사랑의 블랙홀〉이나 〈레트로액티브〉가 주는 의미는 단 하루일지라도 시간여행은 사람들에게 수많은 영감을 불어넣어준다.

슈퍼맨과 타임머신

—

타임머신이 실용화된다면 아마 한국인들이 가장 반가워할지 모른다. 한국인들은 매년 설이나 추석에 차례와 성묘를 위해 고향에 내려간다. 하지만 귀중한 시간의 대부분을 교통체증으로 도로 위에서 보낸다. 그러니 타임머신이 발명된다면 굳이 죽은 조상의 무덤을 찾아 성묘길을 떠나지 않아도 되는 것이다. 그들이 살아 있던 과거로 거슬러 올라가면 되니까. 이혼이라는 단어도 사전에서 사라질지 모른다. 수많은 장애물을 헤치고 결혼한 연인들이 막상 결혼한 후에 여러 이유로 이혼하게 되는데, 관계가 파국으로 치닫기 전에 사랑하던 시절로 돌아갈 수 있다면 미연에 방지할 수 있을 것이다.

타임머신이 있으면 클레오파트라와 안토니우스의 뜨거운 사랑 현장도 목격할 수 있고, 그 유명한 안토니우스와 아우구스투스 사이의 악티움해전도 관전할 수 있다. 임진왜란 당시 이순신 장군이 어떻게 거북선을 사용해 전투에 승리했는지도 목격할 수 있다. 〈스타트랙〉처럼 역사상 천재 중의 천재라는 레오나르도 다 빈치를 미래로 데려와 발달된 과학 문명을 보여주고, 다시 자신의 시대로 돌아가게 만들 수도 있다.

　타임머신이라는 아이디어가 세상에 등장하자 과학자들은 곧바로 어떻게 하면 타임머신을 현실화시킬 수 있는가 방법론을 찾기 시작했다. 대부분 과학적인 생각이 결여된 아이디어 차원에 지나지 않지만, 초창기에 가장 합리적인 아이디어로 인정된 것은 지구의 자전 방향과 반대 방향으로 회전하면 시간을 거슬러 올라갈 수 있다는 생각이었다. 한쪽 방향의 운동이 앞으로 흐르는 시간과 동등하면 반대 방향의 운동이 거꾸로 흐르는 시간과 동등하다는 뜻이다.

　영화 〈슈퍼맨〉에서 슈퍼맨은 애인인 루이스 레인이 핵폭발의 여파로 죽자 역사의 길을 바꾸기로 결정한다. 그는 지구의 자전 방향과 반대 방향으로 적도 둘레를 빙글빙글 돌면서 루이스 레인이 죽기 직전의 과거로 돌아가 그녀를 살려낸다. 물론 레인이 죽기 직전에 슈퍼맨이 영화에서 구출했던 사람들은 슈퍼맨이 루이스 레인을 구하려고 역사를 바꿨기에 죽지 않으면 안 된다. 죽은 사람이 살아났기 때문에 극적으로 살아난 사람이 죽어야 한다는 것은 썰렁하기 그지없는 아이디어이지만, 이런 일은 일어날 수 없으므로 독자들은 안심해도 된다. 두 물리적 현상인 회전의 방향과 시간의 흐름은 아무런 관계가 없기 때문이다. 〈슈퍼맨〉에서 사용한 논리는 천체의 운동이 시간을 흐르게 한다는 것이다. 하지만 실제로 천체가 운동하니까 시간이 흐르는 게 아니라, 시간이 흐르므로 천체가 운동한다. 슈퍼맨이 광속보다 빨리 달려도 과거로 가는 게 아니라 광속보다 빨리 달린 그 자체에 지나지 않는다. 결국 슈퍼맨은 레인을 만나지 못하고 지쳐서 달리기를 그만뒀을 것이다.

　더구나 우주가 회전하고 있다는 것을 알고 있는 이라면, 설사 타임머신을 타고 미래로 갈 수 있다 해도 다시 과거로 돌아오는 데 중대한 문제점이 있음을 알 수 있다. 시간 차원에서만 여행을 하고 공간이라는 3차원은 바뀌지 않아야 하는데, 지구는 매우 복잡한 방식으로 3차원을 통해 움직이고 있기 때문이다. 타임머신이 놓인 지면상의 한 점은 지구 축을 따라 움직이고 있다. 지구, 태양, 태양계, 우리의 은하도 운동을 하고 있으므로 과거로 달려가더라도 지구는 자신이 출발했던 장소에 존재하지 않는다. 광속보다 빠른 우주선을 타고 갔다 해도 그곳은 지구가 아닌 컴컴한 우주 공간일 뿐이다.

슈퍼맨이 바보인가? 우주의 회전까지 고려해 과거로 갈 수 있도록 만반의 준비를 했다 하더라도 지구는 과거에 있었던 자리에서 이미 옮겨져 있다. 텅 빈 허공에서 애인을 찾는다는 것은 난센스에 불과하다. 슈퍼맨의 애인은 슈퍼우먼이 아니므로 보호복 없이 우주 공간에서 단 1분도 살 수 없다. 슈퍼맨이 불쌍할 따름이다.

아인슈타인의 상대성이론과 타임머신

—

시간여행을 다룬 영화들이 세계적으로 흥행에 성공하면서 많은 사람이 어린 아이처럼 타임머신이 언젠가 발명될 것이며 그렇게 되면 누구나 쉽게 시간여행을 할 수 있을 것이라고 믿고 있다. 그것이 정말로 가능한가? 이 해답은 아인슈타인이 쥐고 있는데 어쩐 일인지 그는 타임머신은 절대로 불가능하다고 결론 내렸다. 이런 결론의 근거는 상대성이론으로, 절대공간과 절대시간은 결코 존재하지 않는다.

우선 타임머신은 SF영화의 전유물처럼 알려져 있지만 원래는 소설가들이 현실을 풍자하기 위한 기법으로 도입한 것이다. 가장 유명한 것이 찰스 디킨스의 『크리스마스 캐럴』이다. 소설의 주인공 스크루지 영감은 타임머신이라는 복잡한 장치 없이도 자신의 미래를 미리 가본 행운의(?) 주인공이다. 또 유명한 것

영화 〈백 투 더 퓨처〉의 한 장면.

은 조지 웰스가 1895년에 발표한 소설『타임머신』으로, 그 작품 속의 타임머신 장치는 오늘날 시간여행을 의미하는 고유명사로 확정되기에 이르렀다.

타임머신은 물론 조지 웰스가 처음은 아니다. 1888년에 미국의 에드워드 벨라미는 소설『회고: 2000년에서 1887년까지』에서 현재 시점에서 본 과거나 미래의 모습을 묘사하고 있으며,『톰소여의 모험』과『허클베리 핀』의 작가 마크 트웨인이 1889년에 발표한 소설『아서 왕궁의 코네티컷 양키』도 같은 소재의 시간여행을 한다. 이 소설은 19세기 말 미국의 한 기술자가 정신을 잃은 뒤 다시 깨어나보니 영국의 아서 왕 시대로 날아갔다는 특이한 소재로, 봉건제와 지배계급에 대한 풍자를 담았다. 이들 소설에서는 조지 웰스의『타임머신』에 필적할 만한 과학적 지식은 찾아볼 수 없다.

1930년대 중반에 미국의 냇 샤크너는『선조의 목소리』를 통해 타임머신의 심각한 문제점을 지적했다. 이 소설의 주인공은 타임머신을 타고 멸망 직전의 로마제국으로 갔다가 우연히 자신을 습격한 훈족 사나이를 살해한다. 그로 말미암아 그 사나이의 후손인 게르만 계, 유태 계 혈손들이 순식간에 사라진다. 그중에는 히틀러를 포함한 나치당의 지도자들도 상당수 포함돼 있어 정치적인 파장이 적지 않았다. 영화 〈백 투 더 퓨처〉도 극적인 미래와 과거의 이야기를 주제로 삼았는데, 『선조의 목소리』에서 많은 아이디어를 차용한 듯 보인다. 〈백 투 더 퓨처〉 시리즈의 1편에서 주인공 마티는 타임머신을 만든 과학자 브라운 박사에 의해 자신의 부모가 결혼하기 전의 과거로 간다. 그곳에서 마티는 어릴 적 어머니를 만나는데 그녀가 마티를 좋아하면서부터 일이 꼬인다. 어머니가 마티의 아버지와 결혼하지 않으면 마티 자신은 태어날 수가 없기 때문이다.

타임머신이 실제로 가능하다면 다음과 같은 유명한 역설이 등장하는 것은 당연하다. '만약 당신이 태어나기 이전의 과거로 돌아가 어머니를 죽인다면 당신에게는 어떤 일이 생길까? 어머니를 살해하면 당신은 존재할 수 없다. 하지만 당신이 존재하지 않게 되면 과거로 돌아가 어머니를 살해하는 일도 저지를 수 없게 된다. 그리고 어머니를 죽이지 않는 한 당신은 계속 존재한다.'

다소 유쾌하지 않은 가설이지만 타임머신이라는 아이디어가 세상에 발표됐을 때의 문제점을 이보다 정확하게 지적한 것은 없다. 〈백 투 더 퓨처〉는 바로 이런 모순점을 다른 각도에서 설명한 것이다. 만약 마티가 자신의 어머니가 될 사람과 결혼해 자신이 태어날 가능성을 원천적으로 봉쇄한다면 어떻게 될까? 영화에서는 이런 일이 생기지 않도록 마티의 어머니와 아버지가 결혼해 자연스럽게 인과율의 모순점을 해결했지만, 이런 질문은 타임머신 연구자들을 곤경에 빠뜨렸다. 이 상황을 좀더 쉽게 말한다면 '존재한다면 존재할 수 없고 존재하지 않으려면 존재해야 한다' 는 것이다. 타임머신에 관한 역설은 타임머신이 원천적으로 가능해서는 안 된다는 실망스러운 결론에 도달하는데, 여기서 유명한 '쌍둥이 형제의 패러독스'도 등장한다. 쌍둥이 패러독스의 답은 우주여행에서 형이 돌아왔을 때 아우보다 형 쪽이 젊다는 것이다.

타임머신이 불가능한 이유로 다소 철학적인 설명도 있다. 역사가 바뀌지 않도록 시간 순찰차가 언제나 감시하고 있는데, 자연계에도 '시간 순서 보호국'이 존재하고 있다는 것이다. 그런데 타임머신은 시간의 본성을 어기는 것이므로 이 같은 상황은 절대로 일어날 수 없다는 것이다. 이를 보다 쉽게 풀이하면 물이 높은 곳에서 낮은 곳으로만 흐르듯이 시간은 한 방향으로만 흐른다는 것이다. 즉 시간은 과거에서 현재로, 현재에서 미래로만 향한다. 아직까지 시간이 역류한 예는 없었다. 따라서 어떤 기계를 만들더라도 시간의 비가역성을 바꿔놓을 수 없으므로 타임머신은 불가능하다는 결론이다.

어찌어찌 과거로 여행할 수는 있다 해도 이미 일어난 과거에는 아무 영향도 미칠 수 없다는 의견도 있다. 〈백 투 더 퓨처〉에서처럼 마티가 어머니가 될 여자와 사랑에 빠지고 싶어도 결코 그렇게 될 수 없는 상황이 발생하며, 자신의 아버지를 살해하려 해도 총알이 빗나가든가 누군가가 대신 맞아줘 그 일은 결코 성공할 수 없게 된다는 뜻이다. 〈타임머신 2〉에서도 이런 가설을 채택해 주인공 하디건은 과거로 돌아갔지만, 약혼자 엠마가 계속 죽자 과거를 변경할 수 없다는 사실을 깨닫고 낙담한 후 미래로 방향을 돌린다.

이러한 생각은 타임머신의 패러독스를 해결하는 방법으로 그럴듯하지만, 인류의 모든 과정이 이미 결정돼 있다는 유쾌하지 않은 모순점에 도달한다. 〈터미네이터〉에서처럼 이미 일어난 사건이나 재앙을 막기 위해 과거로 여행한다는 발상 자체가 아예 불가능하다는 것이다. 타임머신도 마찬가지다. 후손들에게 미래가 어떻게 전개될 것인지를 말해줄 수 있어야 할 것인데, 이 역시 불가능하다는 결론에 도달한다.

타임머신의 개발이 불가능하다는 아주 간단한 증거는 첨단 과학기술로 무장했을 미래로부터의 여행자가 아직도 우리 주위에 나타나지 않았다는 사실로도 알 수 있다. 물론 우리가 사는 이 순간에 미래인들이 몰려오지 않았다는 것만으로 시간여행이 불가능하다고 결론지을 수는 없다. 미래인들이 볼 때 지금이 너무 보잘것없는 시대이므로 미래인이 오지 않을 수도 있다는 주장도 일리가 있다.

쿠르트 괴델.

시간여행의 방정식 등장

—

상대성이론이 태동한 지 30년이 지난 후 뉴저지 프린스턴 고등과학원의 쿠르트 괴델이 드디어 시간여행을 실현시킬 수 있는 명확한 방정식의 해解를 찾아냈다고 발표했다. 우주 자체가 회전을 하면 그 주변의 빛을 끌어당기면서 '일시적인 인과율의 고리'가 실제로 생성될 수 있다는 것이다. 이것을 '닫힌 시간성 곡선closed timelike curve(시간성 폐곡선)'이라 한다. 이에 대해 괴델은 입자 바로 근처에서는 빛의 속도를 초과함 없이 시간의 닫힌 경로에 따라 움직일 수 있으므로, 시간여행을 한 뒤 정확히 출발 지점과 당시의 시간으로 되돌아올 수 있다고 주장했다.

드디어 타임머신을 타볼 기회가 생긴 것이다. 괴델은 균일한 속도로 회전하는 우주에서는 거대한 반경으로 원운동만 해도 과거로 돌아갈 수 있다는 환상적인 아이디어를 제시했다. 하지만 환호성도 잠시, 그의 아이디어는 불행히도 우리가 살고 있는 팽창하는 우주가 아닌 균일한 속도로 회전하는 우주에만 적용된다. 한마디로 우리가 살고 있는 우주에서 타임머신은 불가능하다.

그럼에도 불구하고 일단 아인슈타인의 상대성이론을 거스르지 않으면서 극히 한정된 조건하에서 타임머신이 가능하다는 희망은 학자들을 흥분시키기에 충분했다. 타임머신이 가능하다는 조그마한 실마리가 나타나자 갖가지 아이디어가 쏟아졌다. 그중 가장 유명한 것이 바로 웜홀worm hole(벌레 구멍)을 이용하는 것이다. 타임머신 가능 이론 중 가장 유명한 웜홀은 스티븐 호킹의 블랙홀 이론에 따라 1988년에 캘리포니아 공과대학의 손Kip S. Thorne 교수 등이 보다 구체적으로 발전시켰다. 웜홀에서는 중력에 의해 시공간space time이 극단적으로 변형돼 두 장소를 순식간에 이동할 수 있으므로, 이를 이용하면 타임머신이 가능하다는 것이다.

손 교수가 제시하는 타임머신은 다음과 같다. 먼저 웜홀을 만들어서 두 점을 잇고, 웜홀의 한쪽 입구를 광속에 가까운 속도로 이동시킨다. 그렇게 되면 특수상대성이론에 의해 시간의 지연 현상이 반대쪽 입구에서 일어난다. 즉 웜홀 한쪽 입구의 고유 시간과 시간 지연 현상이 있는 다른 입구에서의 시간의 흐름이 서로 달라진다. 따라서 정지하고 있는 쪽의 웜홀 입구에서 또 한쪽의 입구까지 이동하고, 웜홀을 통과해 원래의 지점으로 되돌아간다면 출발한 시각보다도 앞선 시각으로 되돌아가게 된다.

손 교수가 웜홀을 착상한 것은 뒤에서 얘기할 천문학자 칼 세이건 때문으로 알려졌다. 세이건 박사는 공상과학소설인 『콘택트Contact』를 집필하면서 26광년 떨어진 항성에 1시간 만에 도달하기 위한 방법론을 손 교수에게 질문했다.

손 박사는 그 수단으로 유명한 웜
홀을 제안했고 그것으로부터 시간
여행 이론은 급속도로 빨리 알려
지기 시작했다.[88]

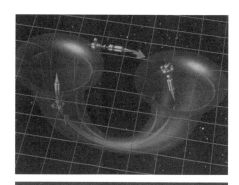

웜홀을 이해하려면 우주에 있다
는 블랙홀과 화이트홀을 이해해야
한다. 세 가지 홀은 모두 상식에서
벗어난 이상한 천체(시공간)라는
공통점이 있다. 상식에서 어긋나
는 까닭은 이들 세 홀이 우리가 잘
알고 있는 지구나 태양의 중력에
비해 엄청나게 큰 규모이기 때문
이다. 블랙홀이란 간단히 말해 '물
질은 물론이고 빛조차 빨아들여
검게 보인다'고 설명된다. 이것의
특징은 막대한 중력으로 주변의
모든 물체를 일방적으로 삼켜버리
는 데 있다. 여기서 일방적이라는
뜻은 일단 검은 구멍 속으로 들어

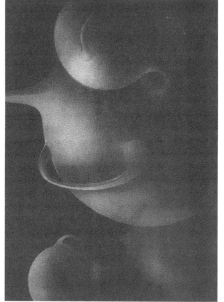

웜홀을 이용한 시간여행(위), 웜홀과 아기우주.

간 물체는 다시 검은 구멍의 중력으로부터 빠져나올 수 없다는 것이다. 블랙홀
에 들어간 물체가 빠져나올 수 없는 것은 탈출속도가 중력을 이기지 못하기 때
문이다. 이는 바꿔 말하면 중력을 이길 수 있는 속도만 있으면 언제든 탈출이
가능하다는 뜻이다.

블랙홀은 별의 진화 이론에 따라 생긴 이론으로, 일반적으로 별의 진화 마지막 단계에 이르면 여러 변수가 생긴다. 그중에서도 질량이 큰 별, 특히 태양보다 30배 이상 질량이 큰 것은 블랙홀이 되어 생을 마감한다. 실제로 태양이 블랙홀이 되려면 반지름이 3킬로미터가 돼야 하고, 지구가 블랙홀이 되려면 1센티미터 정도로 작아져야 한다. 사람의 경우 전자(10^{-18}m)보다 1000만 배나 더 작아져야 한다. 이론적으로 가장 적은 블랙홀의 질량은 10만분의 1그램이다. 이렇게 작은 블랙홀은 고온 고압 상태였던 빅뱅 때 만들어졌다고 추정된다. 여하튼 천문학자들은 별의 시체로서의 블랙홀을 찾는 데 주력했다. 그것은 이름 그대로 아무런 빛도 내지 않기에 우주 공간에 홀로 있으면 관측할 방법이 없다. 하지만 학자들은 블랙홀이 쌍성을 이루고 있을 경우 방출되는 X선을 관측하면 블랙홀의 존재를 알 수 있다는 것을 발견했다.

아인슈타인의 시간 원리.

찬드라는 2000년 1월 18일 백조자리 X-1에서 블랙홀의 증거를 포착했다. 이것은 블랙홀로 밝혀진 최초의 별이며, 그후 미 항공우주국은 "허블 우주망원경 통계에 따르면 대부분의 은하에 거대한 블랙홀이 있다"고 결론지었다. 블랙홀은 여느 은하만큼이나 흔한 천체라는 뜻이다. 웜홀, 즉 벌레 구멍은 블랙홀의 사촌뻘 되는 시공간이다. 우주(시공간)의 구조를 결정하는 중력방정식에 의하면 블랙홀과 비슷한 성질을 갖는 웜홀의 해가 자연스럽게 얻어진다. 이런 웜홀이 학자들의 주목을 끄는 이유는 시공간 사이를 잇는 좁은 지름길 역할을 할 수 있다는 점 때문이다.

웜홀은 간단히 사과 위를 기어가는 벌레에 비유된다. 사과 표면에서만 움직일 수 있는 2차원 공간의 벌레는 두 점 사이를 표면을 따라서 갈 수밖에 없다. 하지만 3차원이 허용된다면 두 점을 직선으로 잇는, 즉 사과 속으로 파 들어가는 벌레 구멍이라는 지름길이 생긴다. 마찬가지로 별과 별 사이, 또는 우리 은하와 다른 은하 사이에도 이런 지름길이 있다고 생각하는 것이다. 모든 지름길이 그렇듯이 길이 갈라지는 곳에서는 급하게 꺾이는 법이다. 즉 웜홀은 시공간이 급하게 구부러지는 곳에서 시작된다. 아인슈타인에 따르면 시공간의 구부러짐은 중력에 의한 것인데, 여기서는 강한 중력이 작용할 것으로 짐작된다. 이것이 블랙홀과 웜홀이 서로 관련을 갖고 있다고 생각하는 이유다. 화이트홀은 수학적으로는 블랙홀을 시간적으로 뒤집은 것이다. 아인슈타인의 중력방정식은 뉴턴의 중력방정식이나 양자론의 방정식과 같이 시간을 뒤집어도 그대로 성립한다. 화이트홀은 블랙홀과는 반대로 물체를 일방적으로 뱉어내는 구멍이므로 상식으로 이해하는 것이 쉽지 않지만, 물리학자들은 이론적으로 가능하다고 설명한다.

블랙홀과 화이트홀을 이해하면 웜홀을 이용해 타임머신이 가능하다는 걸 이해할 수 있다. 웜홀은 기관throat 모양의 관으로 연결된 두 개의 입구를 가지며, 여행자는 웜홀의 한쪽 입구로 빨려들어가 기관을 따라 내려가서는 아주 짧은 순간에 다른 쪽 입구로 빠져나올 수 있다고 설명된다. 웜홀이 얼마나 떨어져 있는가는 문제가 되지 않는다. 공간을 굽힐 수 있다면 실제 거리가 얼마이든 웜홀

블랙홀.

의 길이는 일정하게 조절할 수 있기 때문이다. 일례로 지구에서 달까지의 거리는 38만 4000킬로미터인데, 1미터의 웜홀이 생기면 한 발짝만 옮겨도 달에 갈 수 있다. 순간적이긴 하나 그 과정은 우주를 가로지르는 것이 될 수도 있다. 바로 공상과학자들이 원하는 원리이며, SF영화들은 대부분 이 이론을 채택한다.

미래와의 조우

—

엄밀한 의미에서 타임머신이란 말은 오래전부터 사람들의 상상력에서 도출됐다. 따라서 스티븐 호킹이 타임머신이란 말을 만들어낸 장본인이 아니며, 아이디어 제공자도 아니다. 그럼에도 불구하고 여기서 호킹을 그 주인공으로 상정한 것은, 타임머신이 만들어질 수 있는 가능성을 많은 사람이 고대하고 가운데 이에 부응이라도 하듯 가능하다고 주장한 이가 호킹이기 때문이다. 즉 타임머신의 이론적 배경을 호킹이 만들어주었다.

그는 갈릴레이가 죽은 지 딱 300년 만인 1942년 1월 8일, 영국 옥스퍼드에서 한 의사의 맏아들로 태어났다. 옥스퍼드대학 시절 철학자 버트런드 러셀을 숭배하는 평범한 학생이었고, 케임브리지대학원에서 우주론 박사과정을 막 시작할 무렵 몸속의 운동신경이 차례로 파괴돼 온몸이 마비되는 루게릭병에 걸렸다. 천재성을 막 싹 틔우던 21세 때로 의사는 2년의 시한부 인생을 선고했다. 의사의 판정대로라면 1965년에 그는 이미 죽었어야 하는데, 지금까지 살아 우주의 신비를 한 꺼풀씩 벗겨내고 있다. 1985년 기관지 절개 수술로 파이프를 통해 호흡하고 음성합성기를 통해서만 대화할 수 있지만, 그가 이론물리학에서 세계적인 학자가 될 수 있는 것은 이론물리학의 특수성 때문이다.

이론물리학은 사고능력만 있으면 연구할 수 있는 학문이어서 루게릭병이 오

히려 호킹으로 하여금 연구에 매진하게
하는 계기가 되었다. 학문적인 업적만으
로는 뉴턴, 아인슈타인과 같은 반열에
올랐다고까지 평가되는데, 그가 타임머
신에 대한 가능성을 시사했지만 정작 그
자신은 그것을 제작하는 것이 불가능하
다고 생각했다. 그렇지만 그가 타임머신
이 가능하다고 생각한 것은 매우 단순한
생각에서 출발했다는 데 큰 장점이 있
다. 간단히 말해 그는 블랙홀이 유입된
정보를 밖으로 내보내지 않기 때문에 가
능할 수도 있다고 생각한 것이다. 호킹

스티븐 호킹.

박사가 1975년에 발표한 블랙홀에 대한 설명은 다음과 같다.

"거대 질량이 수축·붕괴해 생긴 '무한히 작은 점'인 블랙홀에는 엄청난 중력이
존재해 모든 것을 빨아들여 파괴되므로, 블랙홀에는 아무런 구조도 정보도 없다
는 것을 순수한 수학적 계산을 통해 입증했다."

그는 블랙홀 중력의 가장자리('사건의 지평선')에선 이른바 '호킹복사'라는
에너지 방출이 일어나 블랙홀은 결국 질량을 잃어 소멸한다고 밝혔다. 호킹복
사는 애초 정보가 아닌 소실된 정보이므로, 결국 과거의 정보는 블랙홀 소멸과
더불어 '흔적 없이 존재를 상실한다'는 얘기다. 호킹은 일반 상식과는 달리 블
랙홀은 소모한 에너지만큼 홀쭉해지기도 하며 마침내 증발하기도 한다고 발표

했다. 미니 블랙홀이 에너지를 내뿜을 때는 검은색이 아닌 흰색이 될 수도 있다는 것이다. 현재까지의 이론에 의하면 미니 블랙홀이 소멸되면 그 자리에는 빛만 남게 된다. 이것이 유명한 호킹 박사의 증발 이론으로, 이에 따르면 웜홀을 통해 시간 이동이 가능하며 다른 우주가 있을 수 있다는 상상도 가능하게 해준다.

여기서 다른 세계, 즉 다른 우주의 아이디어가 태어난다. 호킹의 블랙홀 이론에 의해 파생된 웜홀을 곰곰이 따져보면 색다른 아이디어가 태어날 수 있다. 그것은 다른 세계의 우주가 존재할지도 모른다는 것이다. 학자들은 시간의 축을 따라 현재에서 미래로 일방통행하는 여행과는 달리 공간 축으로 여행할 경우 상황이 달라질지도 모른다는 점에 착안했다. 우리는 공간상 모든 방향으로 자유롭게 움직인다. 휴가를 위해 자동차를 타고 서울에서 부산으로 향하다가 맘이 바뀌면 차를 돌려 설악산으로 갈 수 있다. 공간은 시간과 달리 특정 방향성을 갖지 않기 때문이다. 이처럼 자유로운 공간의 이동성에 대비해 물리학에서는 시간의 경직된 방향성을 '시간의 비대칭성time asymmetry'이라 한다.

이 비대칭성에 착안해 앨리스G. F. R. Ellis는 만약 우주가 무한하다면 우리와 같은 모습을 한 우주가 어딘가에 존재하고 있을 거라는 가설을 제기했다. 우주가 무한하다면 우리가 모르는 셀 수 없는 대폭발Big Bang이 있을 것이고, 따라서 각기 나름대로 진화하고 있는 우주가 셀 수 없을 정도로 많이 존재할 수도 있다는 뜻이다. 그의 가설에 따라 수많은 SF 작품들이 태어났다. 마이클 크라이튼의 『타임라인』이 바로 이 아이디어를 차용한 것이다. 그는 우리가 경험하는 세계는 그와 동등한 많은 세계 중 하나라고 가정한다. 타임머신을 타고 과거로 여행할 때 여행자는 그가 살아온 세계로 가는 것이 아니라 자신이 살던 세계와 평행적인 다른 세계로 여행한다.

이 경우 장점은 여행자가 도착한 다른 세계에서 그의 아버지를 살해하거나 어머니와 결혼해도 문제가 되지 않는다. 그가 도착한 세계에서 자신의 의지에 따라 새로운 역사를 만들 수 있기 때문이다. 그의 이런 발칙한 상상이 아무런 모순점이 없다는 것은 물리학 지식을 이용한 '무한 우주'라는 개념을 초기에 설정했기 때문이다. 우리가 모르는 우주들이 있고 그것들은 각각의 다른 역사를 갖고 있을 터이므로, 우리의 과거 · 미래 또는 갖가지 다른 역사를 가진 우주가 존재한다는 것은 그렇게 무리한 얘기는 아니다. 국내에서 만들어진 게임 〈창세기전〉에도 유사한 이론이 나온다. 시간여행의 모순점으로 미래의 사람이 타임머신을 통해 과거로 들어가 역사의 진행을 방해할 경우 미래세계에 큰 영향을 미친다는 반발을 '평행세계' 이론으로 교묘하게 빠져나간다.

이러한 무한 우주 개념은 여태껏 논의한 타임머신과는 또다른 이론으로 발전할 수 있음을 보여준다. 즉 시간여행이라면 시간 축을 따라 과거나 미래로 가는 여행이 아니라, 무한 우주로 여행을 가서 어느 우주에 도착해보니 그곳엔 우리의 10년 전 모습의 사람들이 살고 있을 수 있다는 얘기다. 따라서 우리는 10년 전의 과거로 여행한 것이 된다. 그곳의 모습이 우리의 10년 전, 100년 전 모습과 정확히 같다면 물리학적으로 '구분 불가능indistinguishable'이라 부를 수 있다. 즉 우리는 과거로의 시간여행을 한 것이다.

웜홀을 실질적으로 태어나게 만든 장본인인 칼 세이건의 동명 소설을 영화화한 〈콘택트〉는 외계인에 대한 인간의 관심을 단적으로 보여주는 영화다. 앨리 애로우는 밤마다 우주의 모르는 상대의 교신을 기다리며 단파방송에 귀를 기울인다. 그녀는 '이 거대한 우주에 우리만 존재한다는 것은 공간의 낭비다'라는 생각에 외계 생명체를 찾아내려 한다. 그녀의 목표는 드디어 이뤄져 베가성(직녀성)으로부터 정체불명의 메시지를 수신한다. 그것은 1936년 나치 히틀

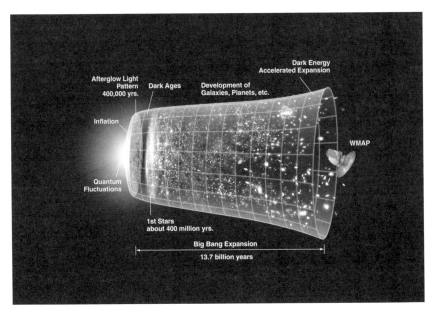

인플레이션 우주론의 개념도.

러 시대에 개최된 뮌헨 올림픽 중계방송이 발신되자 이것을 외계인이 수신해 다시 지구로 발송한 것인데, 그 프레임 사이에 은하계를 왕복하는 운송 수단을 만드는 데 필요한 수만 장의 디지털 신호가 담겨 있었다. 우여곡절을 겪은 후 애로우는 우주선을 타고 베가성에 도착해 아버지의 형상을 한 사람과 이야기를 나눈다. 이 장면을 보고 아버지가 사망했는데 어떻게 다시 나타나느냐고 시나리오의 모순점을 질책하는 사람도 있지만, 천만의 말씀이다. 이 장면은 손 교수가 주장한 웜홀을 이용해 우주 어디엔가 우리와 똑같은 환경을 가진 우주로 이동할 수도 있다는 무한대 우주 이론을 접목시킨 것이다.

여하튼 지금 이 시간에 수많은 우주가 존재하고, 따라서 어느 우주에 나와 똑같은 모습을 하고, 똑같은 옷을 입고, '나'와 똑같은 생각을 하면서 책을 읽고 있는 또 하나의 '나'가 존재할 수도 있다는 생각은 인간에게 알지 못할 위안과

기쁨을 준다. 어느 우주엔가 지구의 근대사와 똑같은 시대가 벌어지고 있는데 작금의 현실과는 달리 광개토대왕이 차지했던 만주 벌판이 한국 땅으로 존재하는 곳일 수도 있다. 임진왜란이 발발했지만 조선군이 역습해 일본을 점령하고 오히려 일본을 식민지로 만들고 있을지도 모른다.

무한 우주 개념은 구소련의 린데A. Linde에 의해 구체화됐는데, 그는 인플레이션 우주론을 통하면 이런 우주들이 자연스럽게 생성된다고 주장했다. 린데는 이렇게 각양각색으로 생기는 우주들을 '딸 우주daughter universes'라고 불렀다. 기존 인플레이션 우주론의 모델들을 면밀히 살펴보면 이런 딸 우주들이 도처에서 생기는 수학적 해가 나타난다. 다만 이들 각개 우주 간에는 어떤 교신도 불가능하다. 이들 딸 우주 간에는 오직 빛의 속도보다 빠르게 여행하는 자만 건널 수 있는 '시공간의 여울spacelike interval'이 존재하기 때문이다.

하지만 특수상대성이론에 의하면 어떤 관측자도 빛의 속도에 이를 수 없다. 이런 관점에서 본다면 시간의 비대칭성, 즉 우리가 과거로 여행할 수 없다는 것은 결국 우주가 유한하거나 빛보다 빠른 속도로 여행하지 못한다는 절대적 한계 때문이지만, 이 역시 블랙홀이란 개념을 이용하면 다른 우주로의 이동이 가능하게 된다. 블랙홀이 SF 작가들을 비롯한 수많은 전문가들이 절대적인 지지와 애정을 보이는 이유이다.

SF 작가들에게 미안하다

—

2004년 7월 호킹 박사는 여태껏 많은 SF 작가나 영화감독이 차용해 시간 이론이 가능하다고 설명했던 블랙홀에 대한 자신의 이론이 틀렸다고 발표해 세계 천문학계와 물리학계를 깜짝 놀라게 했다. 호킹이 이 같은 발표를 하게 된 근본 요인은 블랙홀이 방출하는 호킹복사가 '뒤섞인 정보'라고 설명됐기 때문이다. 뒤섞인 정보란 블랙홀의 호킹복사가 어떤 유한한 온도의 열평형상태에서 이뤄지는 에너지 방출이라는 뜻으로, 이것이 이른바 '블랙홀 정보 패러독스' 논쟁의 시발점이 됐다.

양자 이론에 의하면 확률보존법칙(정보는 완전히 소실될 수 없으며, 모든 과정은 되돌릴 수 있는 가역성을 지닌다)이 성립돼야 한다. 하지만 그는 열복사를 보이는 블랙홀은 주변의 양자 물질을 모두 섞인 상태로 바꾸며, 따라서 양자 확률과 물질이 보존되지 않는다고 설명했다. 특히 우주 탄생 직후엔 작은 블랙홀들이 무수히 만들어졌던 것으로 추정되는데, 호킹에 따르면 현재 우주는 태초 우주의 정보가 거의 유실된 이상한 상태에 도달한 것을 의미하므로 양자 이론 학계가 벌떼같이 그의 이론을 공격했다. 호킹은 블랙홀은 지금의 양자 이론으로는 설명되지 않는 '예외 현상'이므로 기존 이론은 수정돼야 한다며 자기주장을 견지했다.

2004년 7월의 발표는 결국 호킹이 30년간이나 견지하던 자신의 주장을 일부 철회했음을 의미한다. 그는 블랙홀 안에서 모든 것이 파괴되는 것은 아니며, 파괴되지 않은 정보는 오랜 시간에 걸쳐 블랙홀 밖으로 서서히 나올 수도 있음을 인정했다. 그는 다음과 같이 말했다.

"블랙홀 속에서 이어지는 또다른 우주는 없다. 정보는 우리 우주 속에 있다. 공상과학 팬들에게는 실망을 주게 돼 미안하지만 정보가 보존된다면 블랙홀을 이용해 다른 우주로 여행하는 것은 불가능하다. 만일 블랙홀로 뛰어든다면 질량에너지는 우리의 우주로 되돌아올 것이다. 하지만 그 정보는 뭉개져서 알아볼 수 없는 상태가 돼 있을 것이다."

블랙홀에 대한 그의 이론은 발표 당시 양자론과 중력을 결합시킨 첫 시도라는 점에서 주목을 받았고 후에는 열역학까지 합쳐져 '블랙홀 열역학' 분야까지 생겨났다. 하지만 그의 이론 수정은 양자학계에서 주장한 의견을 대폭 수용한다는 것을 의미한다. 블랙홀에서 일어나는 양자 수준의 미시 현상을 이해하는데 양자역학이 더 적합할 수 있음을 인정한 것으로 볼 수 있기 때문이다. 더구나 그의 새로운 설명은 블랙홀이 다른 우주로의 통로를 제공해줄 것이라는 웜홀 이론을 여지없이 부숴버렸다. 한마디로 호킹은 지구인들에게 가장 매력적으로 들리는 이론, 즉 블랙홀과 화이트홀, 그리고 그 통로 역할을 하는 웜홀을 근본적으로 부정한 것이다.

그의 수정된 이론에 의하면 블랙홀이 삼킨 물질들은 사라지는 게 아니라, 결국 특별한 형태로 바뀌어 다시 나오기 때문에, 시공간을 초월해 과거의 것이 한 장소에서 다른 장소로 이동하는 것이 불가능함을 의미한다. 이래저래 간단하게 생각되지 않았던 시간여행이지만, 그의 항복 선언은 시간여행에 관한 한 다른 곳에서 해법을 찾아야 할 계기가 된 셈이다. 물론 그의 이론 수정은 다른 많은 아이디어들을 사장케 할지 모르지만, 현재 1991년에 미국 프린스턴대학의 리처드 고트 교수가 제안한 시간여행 이론은 아직도 살아 있다고 볼 수 있다. 그것은 '우주끈'이라는 물체를 이용하는 것이다(통일장 이론에 나오는 초끈 이론과는 다른 개념임).

우주끈은 그 폭이 원자핵보다도 작은 끈 모양의 물체로 질량은 1세제곱센티미터당 10^{16}톤이나 된다. 또한 무한한 길이의 닫힌 고리 형태로 우주를 아광 속으로 떠돈다고 한다. 우주끈은 원자로 이뤄진 물체가 아니라 불가사의한 성질을 지닌 어떤 종류의 에너지 덩어리로 추정되며, 상대성이론에 따라 그 강력한 중력으로 주위의 시공간을 일그러지게 한다. 이 일그러짐이 과거로 돌아가는

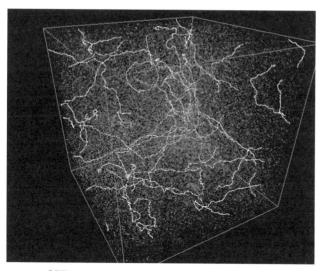

우주끈.

시간여행의 문을 연다는 것이다. 물론 우주끈은 몇몇 물리학의 이론에서 그 존재가 예언된 것인지, 우리가 사는 우주에 실존하는지의 여부는 아직 알려지지 않았으며 이에 대해 회의적인 학자가 더 많다.

설령 우주끈이 존재한다고 해도 기술적으로 과거로의 시간여행을 실현시킨다는 것은 상당히 어렵다. 아광 속으로 날아다니는 우주끈을 포착해 마음대로 운동을 제어한다는 것이 간단한 일이 아님을 알 수 있다. 일본 도호쿠대학의 후타마세 도시후미 교수는 아광 속의 우주끈 2개를 사용해 과거의 자신과 만날 수 있는 이론을 다음과 같이 설명했다.

'2개의 우주끈 A와 B가 아광 속으로 서로 스쳐가듯 운동을 하고 있는 시공간을 생각한다. 아광 속으로 항행할 수 있는 우주선이 정오에 지구를 출발해 행성 X로 향한다. 보통의 시공간에서는 곧바로 행성 X를 향하는 것이 최단거리지만, 시공간에 잘려진 부분이 있다면 우주끈 A의 근처를 지나 행성 X로 향하는 것이 훨씬 빠르다. 그래서 우주선은 곧바로 오는 빛보다 먼저 행성 X에 도착할 수 있다. 이것은 겉보기 초광속운동이라 볼 수 있다. 초광속운동은 과거로 시간여행의 문을 연다. 행성 X에 우주선이 도착하는 시각은 정오가 된다. 이어 우주선이 우주끈 B의 근처를 지나 아광 속으로 지구로 귀환하면 거기도 출발 시점이었던 정오이다. 따라서 출발하려는 과거의 자신과 만날 수 있다.'[89]

다소 난해한 설명이지만 여하튼 우주끈이란 이론으로 타임머신이 가능하다는 것은 호킹이 타임머신의 가능성을 원천적으로 봉쇄한 것에 비해 신선하지 않을 수 없다.

소설과 영화 등은 원래 상상력의 산물이다. 하지만 현대인들은 그 상상력에도 과학적 근거가 있기를 바란다. SF는 과학적 이론이 받쳐주지 않으면 블록버스터는 고사하고, 극장에 간판을 걸기도 어려울 것이다. 비록 우주끈 이론이라는 최후의 피난처는 있다고 하지만 호킹의 항복 선언은 지금까지 웜홀을 이용해 시간 이동을 자유자재로 하던 SF 작가들에게는 혼돈을 주고 있다. 물론 여기에도 명쾌한 해법이 제시돼있는 것은 맞다. 아이작 아시모프는 매우 간단한 문장으로 시간 이동은 물론 초광속 여행을 해결했다.

"이 우주선은 시간과 공간을 초월해 비행합니다."

1 연금술alchemy이란 말은 후대에 좀더 진정한 과학, 즉 화학chemistry이라는 이름과 같이 단지 '붓다'를 뜻하는 그리스어에서 유래한다는 설과, 연금술 및 화학의 어근이 되는 chem이란 말은 이집트어로 '검은흙'을 뜻하는 khem 또는 주조를 뜻하는 chyma에서 유래했다는 설이 있다.
2 송성수, 『청소년을 위한 과학자 이야기』, 신원문화사, 2002
3 송성수, 『청소년을 위한 과학자 이야기』, 신원문화사, 2002
4 레슬리 앨런 호비츠, 박영준 외, 『유레카』, 생각의나무, 2003, 송성수
『청소년을 위한 과학자 이야기』, 신원문화사, 2002
5 최성환, 「에디슨이 전기의자를 발명한 까닭은」, 사이언스타임스, 2005.10.26
6 최성환, 「에디슨이 전기의자를 발명한 까닭은」, 사이언스타임스, 2005.10.26
7 이영희, 「濠 백열전구 퇴출 선언」, 문화일보, 2007.2.21
8 『20세기 대사건들』, 리더스다이제스트, 1885
9 앙마뉘엘 툴레, 김희균, 『영화의 탄생』, 시공사, 2005
10 찰스 플라워스, 『사이언스 오딧세이』, 가람기획, 1998
11 김석환, 「전기의 웰빙선언, 직류로 돌아가자」, 과학동아, 2005. 2
12 『20세기 대사건들』, 리더스다이제스트, 1885
13 페터 크뢰닝, 이동준, 『오류와 우연의 과학사』, 이마고, 2005
14 찰스 플라워스, 『사이언스 오딧세이』, 가람기획, 1998
15 찰스 플라워스, 『사이언스 오딧세이』, 가람기획, 1998
16 이관수, 『뉴턴과 아인슈타인』, 창비, 2004
17 『20세기 대사건들』, 리더스다이제스트, 1885
18 『20세기 대사건들』, 리더스다이제스트, 1885
19 『20세기 대사건들』, 리더스다이제스트, 1885
20 페터 크뢰닝, 이동준, 『오류와 우연의 과학사』, 이마고, 2005

21 서태석, 「방사선 치료 물리학」, 가우리블러그정보센터, 2004.12.11

22 「에드워드 퍼셀」, 뉴턴, 2004. 1
「NMR 현상의 발견에서 응용까지」, 박범순, 과학과 기술, 2004. 11

23 레슬리 앨런 호비츠, 박영준 외, 『유레카』, 생각의나무

24 유디트 라우흐, 「다시 돌아보는 천재의 삶」, 리더스다이제스트, 2005. 4

25 레슬리 앨런 호비츠, 박영준 외, 『유레카』, 생각의나무

26 레슬리 앨런 호비츠, 박영준 외, 『유레카』, 생각의나무

27 레슬리 앨런 호비츠, 박영준 외, 『유레카』, 생각의나무

28 유디트 라우흐, 「다시 돌아보는 천재의 삶」, 리더스다이제스트, 2005. 4

29 홍대길, 「아니수타인 박사를 모셔라」, 과학동아, 2005. 7

30 빌 브라이슨, 이덕환, 『거의 모든 것의 역사』, 까치, 2005,
레슬리 앨런 호비츠, 박영준 외, 『유레카』, 생각의나무

31 「알프레트 베게너」, 모리 이즈미, 뉴턴, 2005. 5

32 『유레카』, 레슬리 앨런 호비츠, 생각의나무, 2002
『거의 모든 것의 역사』, 빌 브라이슨, 까치, 2005

33 빌 브라이슨, 이덕환, 『거의 모든 것의 역사』, 까치, 2005

34 빌 브라이슨, 이덕환, 『거의 모든 것의 역사』, 까치, 2005

35 『유레카』, 레슬리 앨런 호비츠, 생각의나무, 2003

36 『소설처럼 읽는 미생물 사냥꾼 이야기』, 폴 드 크루이프, 몸과마음, 2005

37 예병일, 『현대 의학, 그 위대한 도전의 역사』, 사이언스북스, 2004

38 찰스 플라워스, 『사이언스 오딧세이』, 가람기획, 1998

39 레슬리 앨런 호비츠, 박영준 외, 『유레카』, 생각의나무

40 페터 크뢰닝, 이동준, 『오류와 우연의 과학사』, 이마고, 2005

41 찰스 플라워스, 『사이언스 오딧세이』, 가람기획, 1998

42 찰스 플라워스, 『사이언스 오딧세이』, 가람기획, 1998

43 『20세기 대사건들』, 리더스다이제스트, 1885

44 레슬리 앨런 호비츠, 박영준 외, 『유레카』, 생각의나무

45 『20세기 대사건들』, 리더스다이제스트, 1885

46 페터 크뢰닝, 이동준, 『오류와 우연의 과학사』, 이마고, 2005

47 이인식 외, 『세계를 바꾼 20가지 공학기술』, 생각의나무, 2004

48 페터 크뢰닝, 이동준, 『오류와 우연의 과학사』, 이마고, 2005

49 레슬리 앨런 호비츠, 박영준 외, 『유레카』, 생각의나무

50 페터 크뢰닝, 이동준, 『오류와 우연의 과학사』, 이마고, 2005

51 예병일, 『현대 의학, 그 위대한 도전의 역사』, 사이언스북스, 2004

52 예병일은 왁스먼이 기회를 놓친 정황을 아래와 같이 세 가지로 추측했다.

53 페터 크뢰닝, 이동준, 『오류와 우연의 과학사』, 이마고, 2005

54 레슬리 앨런 호비츠, 박영준 외, 『유레카』, 생각의나무

55 『20세기 대 사건들』, 리더스다이제스트, 1985

56 『20세기 대 사건들』, 리더스다이제스트, 1985

57 『20세기 대 사건들』, 리더스다이제스트, 1985

58 찰스 플라워스, 『사이언스 오딧세이』, 가람기획, 1998

59 레슬리 앨런 호비츠, 박영준 외, 『유레카』, 생각의나무

60 레슬리 앨런 호비츠, 박영준 외, 『유레카』, 생각의나무

61 『20세기 대 사건들』, 리더스다이제스트, 1985

62 레슬리 앨런 호비츠, 박영준 외, 『유레카』, 생각의나무

63 『20세기 대 사건들』, 리더스다이제스트, 1985

64 『20세기 대 사건들』, 리더스다이제스트, 1885

64 박부성, 『천재들의 수학노트』, 향연, 2004

66 볼프 슈나이더, 박종대, 『위대한 패배자』, 을유문화사, 2005

67 볼프 슈나이더, 박종대, 『위대한 패배자』, 을유문화사, 2005

68 박부성, 『천재들의 수학노트』, 향연, 2004

69 박부성, 『천재들의 수학노트』, 향연, 2004

70 볼프 슈나이더, 박종대, 『위대한 패배자』, 을유문화사, 2005

71 볼프 슈나이더, 박종대, 『위대한 패배자』, 을유문화사, 2005

72 이인식 외, 『세계를 바꾼 20가지 공학기술』, 생각의나무, 2004

73 찰스 플라워스, 『사이언스 오딧세이』, 가람기획, 1998

74 이인식 외, 『세계를 바꾼 20가지 공학기술』, 생각의나무, 2004

75 이인식 외, 『세계를 바꾼 20가지 공학기술』, 생각의나무, 2004

76 박부성, 『천재들의 수학노트』, 향연, 2004

77 스티븐 존슨, 김한영, 『이머전스』, 김영사, 2004

78 김광호, 「바코드, 앞으로 40년 이상 유용」, 내일신문 2004. 7. 1

79 페터 크뢰닝, 이동준, 『오류와 우연의 과학사』, 이마고, 2005

80 찰스 플라워스, 『사이언스 오딧세이』, 가람기획, 1998

81 레슬리 앨런 호비츠, 박영준 외, 『유레카』, 생각의나무

82 페터 크뢰닝, 이동준, 『오류와 우연의 과학사』, 이마고, 2005

83 이 경우 DNA의 티민(T)은 RNA의 우라실(U)로 바꾸어 생각할 수 있다.

84 페터 크뢰닝, 이동준, 『오류와 우연의 과학사』, 이마고, 2005

85 김연수, 「RNA로 유전병 고친다」, 과학동아, 2004. 11

86 김연수, 「RNA로 유전병 고친다」, 과학동아, 2004. 11

87 페터 크뢰닝, 이동준, 『오류와 우연의 과학사』, 이마고, 2005

88 「공상과학 소설에서 태어난 시간 여행 이론」, 뉴턴, 2004. 10

천재를 이긴 천재들 2 세계의 확장
ⓒ 이종호 2007

1판 1쇄 2007년 12월 3일
1판 4쇄 2015년 3월 31일

지은이 이종호
펴낸이 강성민
편집 이은혜 박민수 이두루 곽우정
편집보조 이정미 차소영
마케팅 정민호 이연실 정현민 지문희 김주원
온라인마케팅 김희숙 김상만 한수진 이천희

펴낸곳 (주)글항아리 | 출판등록 2009년 1월 19일 제406-2009-000002호

주소 413-120 경기도 파주시 회동길 210
전자우편 bookpot@hanmail.net
전화번호 031-955-8891(마케팅) 031-955-8898(편집부)
팩스 031-955-2557

ISBN 978-89-546-0436-9 04900
978-89-546-0434-5(세트)

이 도서의 국립중앙도서관 출판시도서목록(CIP)은 e–CIP홈페이지(http://www.nl.go.kr/ecip)에서
이용하실 수 있습니다. (CIP제어번호 : 2007003492)